DER

EINFLUSS DES KONKURSES

AUF DIE SCHWEBENDEN PROZESSE DES GEMEINSCHULDNERS.

VON

DR. JUR. WALTHER VOIGT.

LEIPZIG
VERLAG VON VEIT & COMP.
1903

Druck von Metzger & Wittig in Leipzig.

DR. IUR. WALTER BRACHMANN

IN FREUNDSCHAFT ZUGEEIGNET

Inhalt.

Literatur.

I. Materialien.

Die gesamten Materialien zur Zivilprozeßordnung u. s. w., herausgeg. von Hahn, Berlin 1880.

Die gesamten Materialien zur Konkursordnung, sowie zu dem Gesetze betr. die Anfechtung von Rechtshandlungen u. s. w., herausgeg. von Hahn, Berlin 1881.

II. Kommentare.

Gaupp-Stein, Die CPO. für das Deutsche Reich. 2 Bde. 5. Aufl. Tübingen und Leipzig 1901.

Hartmann-Frankenburger, Das Gesetz betr. die Anfechtung von Rechtshandlungen eines Schuldners außerhalb des Konkursverfahrens. 4. Aufl. Berlin 1892.

Hullmann, Die KO. für das Deutsche Reich. Nördlingen 1879.

Jäger, Die KO. auf Grundlage des neuen Reichsrechts. Berlin 1902.

Kleiner, Kommentar zur CPO. 3 Bde. Würzburg 1878—1882.

Meisner, Die deutsche KO. Berlin 1881.

Petersen-Anger, Die CPO. für das Deutsche Reich. 2 Bde. 4. Aufl. Lahr 1899 und 1901.

Petersen-Kleinfeller, Die KO. für das Deutsche Reich. 4. Aufl. Lahr 1900.

Puchelt, Die CPO. für das Deutsche Reich. 2 Bde. Leipzig 1877 und 1878.

Rehbein, Allgemeine deutsche Wechselordnung. 6. Aufl. Berlin 1900.

Reincke, Die deutsche CPO. für die Praxis erläutert. 4. Aufl. Berlin 1900.

von Sarwey-Bossert, Die KO. für das Deutsche Reich. 4. Aufl. Berlin 1901.

Seuffert, Die CPO. 7. Aufl. München 1895. 8. Aufl. München 1902.

Siebenhaar, Kommentar zur CPO. Leipzig 1877.

Stieglitz, Die KO. für das Deutsche Reich. Tübingen 1879.

Struckmann-Koch, Die CPO. für das Deutsche Reich. 8. Aufl. (unter Mitwirkung von Rasch und Koll). Berlin 1901.

von Völdерndorff, Die KO. für das Deutsche Reich. 2 Bde. 2. Aufl. Erlangen 1885.

— — Gesetz, betr. die Anfechtung von Rechtshandlungen u. s. w. Erlangen 1885.

Wengler, Die KO. für das Deutsche Reich. Leipzig 1879.

Willenbücher, Die Reichs-KO. 2. Aufl. Berlin 1896.

von Wilmowski, Deutsche Reichs-KO. 5. Aufl. Berlin 1896. 6. Aufl., herausgeg. von A. Kurlbaum, K. Kurlbaum und Kühne, 1. Lief. (bis § 16). Berlin 1902.

von Wilmowski-Levy, Die CPO. und das GVG. 2. Bde. 7. Aufl. Berlin 1895.

Wolff, KO. Kommentar. Berlin 1900.

III. Systematische Werke, Monographien u. dgl.

*von Amelunxen, Die sog. notwendige Streitgenossenschaft. Mannheim 1881.

*Cosack, Das Anfechtungsrecht der Gläubiger u. s. w. Stuttgart 1884.

*Endemann, Das deutsche Konkursverfahren. Leipzig 1889.

*Falkmann, Die Zwangsvollstreckung. 2. Aufl. 1. u. 2. Lief. Berlin 1899 und 1902.

*Fitting, Der Reichszivilprozeß. 8. Aufl. Berlin 1893. 10. Aufl. Berlin 1900.

*— — Das Reichskonkursrecht und -konkursverfahren. 2. Aufl. Berlin und Leipzig 1883.

*Hachenburg, Die besondere Streitgenossenschaft. Mannheim 1889.

*Hellmann, Lehrbuch des Zivilprozeßrechts. München 1886.

*Jäckel, Die Anfechtung von Rechtshandlungen zahlungsunfähiger Schuldner außerhalb des Konkurses. 2. Aufl. Berlin 1889.

Kohler, Der Prozeß als Rechtsverhältnis. Mannheim 1888.

*— — Lehrbuch des Konkursrechts. Stuttgart 1891.

— — Das Recht des Markenschutzes. Würzburg 1884.

*Korn, Anfechtung von Rechtshandlungen der Schuldner. 2. Aufl. Berlin 1885.

*Oetker, Konkursrechtliche Grundbegriffe. Bd. I. Die Gläubiger. Stuttgart 1891.

Osterloh, Der ordentl. bürgerl. Prozeß nach Kgl. Sächsischem Recht. 3. Aufl. Leipzig 1851.

Planck, Die Mehrheit von Rechtsstreitigkeiten. Göttingen 1844.

*— — Lehrbuch des Deutschen Zivilprozeßrechts. 2 Bde. Nördlingen bezw. München 1887—1895.

*Rintelen, Der Zivilprozeß. Berlin 1891.

*Schmidt, Lehrbuch des Deutschen Zivilprozeßrechts nebst Ergänzung, die Änderungen nach der Novelle enth. Leipzig 1898.

*Schollmeyer, Der Zwischenstreit unter den Parteien. 1. Abt. Berlin 1880.

*Schultze, Das deutsche Konkursrecht in seinen juristischen Grundlagen. Berlin 1880.

SEUFFERT, Zur Geschichte und Dogmatik des deutschen Konkursrechts. 1. Abt. Die Rechtsverhältnisse der Aktivmasse. Nördlingen 1888.
*— — Deutsches Konkursprozeßrecht. Leipzig 1899.
*SKEDL, Das Mahnverfahren. Leipzig 1891.
*STEIN, Der Urkunden- und Wechselprozeß. Leipzig 1887.
*WACH, Handbuch des deutschen Zivilprozeßrechts. I. Bd. Leipzig 1885.
— — Der Feststellungsanspruch. Leipzig 1889.
— — Vorträge über die Reichs-Zivilprozeßordnung. 2. Aufl. Bonn 1896.
*WEISMANN, Hauptintervention und Streitgenossenschaft. Leipzig 1884.

IV. Abhandlungen, Rezensionen u. dgl.

BORCHARDT, Die ausländische Judikatsforderung im deutschen Konkurse (in Beitr. 33, 612 ff.). 1889.
BUNSEN, Die Parteien im Zivilprozesse (in Z. 26, 197 ff.). 1899.
VON CANSTEIN, Konstruktion der Konkursrechtsverhältnisse (in Grünh. 9, 461 ff.). 1882.
— — Die Stellung des Nebenintervenienten nach der CPO. (in Z. 8, 217 ff.). 1885.
DREYER, Zu § 59 [a. F.] der CPO. (in Beitr. 38, 16 ff.). 1894.
E[CCIUS] (Rezension d. Komm. z. CPO. VON WILMOWSKI-LEVY. 2. Aufl. 1. u. 2. Lief.) in Beitr. 24, 774 ff. 1880.
— — (Das selbe, 3. bis 5. Lief.) in Beitr. 25, 158 ff. 1881.
ECCIUS (Rezension d. Komm. z. KO. von PETERSEN-KLEINFELLER, 2. Aufl.) in Beitr. 33, 730 ff. 1889.
FISCHER, Über WACHS Handbuch des Zivilprozesses (in Z. 10, 406 ff.). 1887.
FITTING, Über die Folgen von Mängeln des Verfahrens (in Z. 11, 1 ff.). 1887.
FRANCKE, Bezieht sich § 559 [a. F.] DCPO. nur auf die erste Instanz? (in Z. 5, 242 ff.). 1882.
FRANK, Der Einfluß des Todes einer Partei auf das Feststellungsverfahren im ord. Prozeß (in Z. 13, 184 ff.). 1889.
FUCHS, Zur Lehre von der Prozeßfähigkeit, der gesetzlichen Vertretung und der Prozeßlegitimation (in Beitr. 38, 241 ff. und 548 ff.). 1894.
GOLDENRING, Das Mahnverfahren (in Z. 1, 449 ff.). 1879.
— — Zur Auslegung und Anwendung des § 267 [a. F.] CPO. (in Z. 9, 84 ff.). 1886.
HACHENBURG, Wie ist dem Mahnverfahren Fortgang zu verschaffen, wenn nach Zustellung des Zahlungsbefehls, aber vor Zustellung des Vollstreckungsbefehls der Gläubiger oder der Schuldner stirbt? (in Bad. Ann. 54, 235 ff.). 1890.
HARTMANN (Besprechung einer gerichtl. Entsch.) in Z. 9, 499 ff. 1886.
HAUSER (Rezension mehr. Komm. zur KO.) in Z. f. R. u. LR. 3, 467 ff.
HEIDENFELD, Die Erweiterung des Klageantrags in der Berufungsinstanz (in Beitr. 25, 583 ff.). 1881.

HELLWIG, Anfechtungsrecht und Anfechtungsanspruch nach der neuen KO. (in Z. 26, 474 ff.). 1899.

HENRICI, Der Konkursverwalter der deutschen KO. (in Sä.A. 2, 337 ff.). 1892.

JASTROW (Besprechung gerichtl. Entsch.) in Z. 7, 554 ff. 1884.

KIEHL, Der Eintritt des sachlich Berechtigten in einen Prozeß, den ein anderer kraft der ihm zustehenden Verfügungsmacht geführt hat (in Z. 30, 289 ff.). 1902.

KOHLER, Prorogation, Kombinationsgerichtsstand, Prinzipalintervention (in Beitr. 30, 481 ff.). 1886.

— — Über die Sukzession in das Prozeßrechtsverhältnis (in Z. 12, 97 ff.). 1888.

— — Konkursrechtliche Studien (in Civ.A. 81, 329 ff.). 1893.

— — Weiterer Beitrag zur Prozeßstandschaft und zur prozessualischen Sukzession (in seinen Gesamm. Beiträgen S. 346 ff.).

KRUG, Die Urheberbenennung (in Z. 20, 299 ff.). 1894.

LANDSBERG, Zwischen Einreichung und Zustellung der Klage (in Beitr. 36, 236 ff.). 1892.

VON LANG, Die Fortsetzung des Anfechtungsprozesses nach abgeschlossenem Zwangsvergleich (in Z. 21, 421 ff.). 1895.

LEONHARD, Der Anspruchsbegriff des Entw. eines BGB. (in Z. 15, 327 ff.). 1891.

LIPPMANN, Die rechtliche Stellung des Konkursverwalters (in Jb. f. D. 41, 222 ff.). 1900.

MAKOWER, Zur Revision der deutschen KO. (in Z. 20, 441 ff.). 1894.

MARCUS, Setzt die Anfechtungsklage stets einen auf eine Geldforderung gerichteten Schuldtitel voraus? (in Beitr. 33, 251 ff.). 1889.

NEUBAUER, Beginn der Berufungsfrist, falls das Verfahren wegen Todes einer Partei nach Zustellung des Urteils erster Instanz ausgesetzt ist (in Z. 19, 269 ff.). 1894.

— — (Besprechung gerichtl. Entsch.) in Z. 23, 204 ff. 1897.

OETKER (Rez. von SEUFFERTS Komm. zur CPO., 5. Aufl.) in JLBl. 2, 188 ff. 1890.

— — Über den Einfluß der Eröffnung des Konkursverfahrens auf noch nicht erfüllte zweiseitige Verträge (in Z. 14, 1 ff.). 1890.

— — Konkursrechtl. Probleme und neuere Konkursliteratur (in Z. 25, 1 ff.). 1899.

OSTERLOH, Die Lehre von den prozeßhind. Einreden (in Z. 3, 43 ff.). 1881.

PETERSEN, Beiträge zur jurist. Konstruktion der Konkursrechtsverhältnisse (in Z. 9, 1 ff.). 1886.

— — Die rechtliche Stellung des Konkursverwalters (in Sä.A. 1, 1 ff.). 1891.

— — (Rezension von OETKER, Konk. Grundbegr.) in Beitr. 36, 133 ff. 1892.

— — Über den Parteibegriff und die Parteifähigkeit (in Z. 18, 1 ff.). 1893.

P[ETERSEN] (Rezension von WEISMANN, Hauptintervention) in Beitr. 29, 734 ff. 1885.

RINTELEN (zu DELIUS, Kompetenzstreitigkeiten zw. ord. Gerichten und Auseinandersetzungsbehörden) in Beitr. 40, 271 ff. 1896.

Rocholl, Die Feststellungsklage im heutigen Klagensystem (in Z. 8, 329 ff.). 1885.

Schlodtmann, Über die Streitverkündung an den dritten Forderungsprätendenten (in Z. 13, 293 ff.). 1889.

Schmidt, Können Gläubiger eines im Auslande in Konkurs geratenen Schuldners . . . aus den im Inlande befindlichen Vermögensgegenständen des Kridars im Wege der Klage Befriedigung wirksam erlangen? (in Z. 6, 1 ff.). 1883.

Senst, Findet das Kostenfestsetzungsverfahren auch nach Eröffnung des Konkurses über das Vermögen des Kostenschuldners statt? (in Z. f. GV. 5, 10 ff.). 1891.

Seuffert, Zur Kritik reichsgerichtlicher Entscheidungen aus dem Gebiete des Prozeßrechts. Erörterung über Endurteil, Devolutiveffekt und Zurückverweisung (in Z. 7, 1 ff.). 1884.

— — Zur Revision der CPO. bei Einführung des BGB. (in Z. 22, 322 ff.). 1896.

Sprenger, Die Einrede der Unzuständigkeit bei Erweiterung des Klageantrags vor dem Landgericht als Berufungsinstanz (in Civ.A. 72, 471 ff.). 1888.

Stegemann, Die Parteien im Prozeß (in Z. 17, 326 ff.). 1892.

Thiele, Wer ist Partei, wer ist Dritter im Sinne des § 414 [a. F.] CPO.? (in Civ.A. 82, 30 ff.). 1894.

Wach, Die Änderungen der CPO. im Entwurf der Denkschrift (in DJZ. 1, 285 ff.). 1896.

Wolff, Die Massegläubiger im Konkurse (in Z. 22, 207 ff.). 1896.

V. Präjudiziensammlungen

siehe im Verzeichnis der Abkürzungen.

Verzeichnis der Abkürzungen.

Bad.Ann. = Annalen der Großherzoglich Badischen Gerichte.

Beitr. = Beiträge zur Erläuterung des deutschen Rechts, begründet von Gruchot, herausg. von Rassow, Küntzel und Eccius.

Bolze = Praxis des Reichsgerichts in Zivilsachen, von A. Bolze.

Civ.A. = Archiv für die zivilistische Praxis, herausg. von Franklin u. a.

DJZ. = Deutsche Juristenzeitung, herausg. von Laband, Staub und Stenglein.

E. = Entscheidungen des Reichsgerichts in Zivilsachen, herausg. von den Mitgliedern des Gerichtshofs.

EOb.LG. = Sammlung von Entscheidungen des Obersten Landesgerichts für Bayern.

Els.Z. = Juristische Zeitschrift für das Reichsland Elsaß-Lothringen.

Frankf. Rsch. = Rundschau. Sammlung von Entscheidungen aus dem Bezirke des OLG. Frankfurt a. M.

Grünh. = Zeitschrift für das Privat- und öffentliche Recht der Gegenwart, herausg. von Grünhut.

HGZ. = Hanseatische Gerichtszeitung. *B.* Beiblatt: Zivilrechtliche Fälle.

Jb.f.D. = Jahrbücher für Dogmatik des bürgerl. Rechts, begr. von Jhering, herausg. von Regelsberger und Ehrenberg.

JLBl. = Juristisches Literaturblatt, herausg. von Carl Heymanns Verlag.

JW. = Juristische Wochenschrift. Organ des deutschen Anwaltsvereins, herausg. von Kempner und Kuhlenbeck.

KGBl. = Blätter für Rechtspflege im Bezirk des Kammergerichts, herausg. von Perl und Wreschner.

Meckl.Z. = Mecklenburgische Zeitschrift für Rechtspflege und Rechtswissenschaft.

RAnz. = Entscheidungen des Reichsgerichts. Besondere Beilage zum Deutschen Reichsanzeiger.

Rh.A. = Archiv für das Zivil- und Kriminalrecht der Kgl. Preuß. Rheinprovinzen.

Rspr. = Die Rechtsprechung der Oberlandesgerichte u. s. w., herausg. von Mugdan und Falkmann.

SA. = Archiv für Entscheidungen der obersten Gerichte, begr. von Seuffert, herausg. von Schütt.

Sä.A. = Sächsisches Archiv für Bürgerliches Recht und Prozeß, herausg. von Hoffmann und Wulfert.

Sä.Ann. = Annalen des Königl. Sächs. Oberlandesgerichts.

Schl.-H.Anz. = Schleswig-Holsteinische Anzeigen. Neue Folge.

Thür.Bl. = Blätter für Rechtspflege in Thüringen und Anhalt.

We.A. = Archiv für zivilrechtliche Entscheidungen. Neue Folge. Begr. von Wengler.

Z. = Zeitschrift für deutschen Zivilprozeß u. s. w., begr. von Busch, herausg. von Schultzenstein und Vierhaus.

Z. f. GV. = Zeitschrift für Gerichtsvollzieher, jetzt Zeitschrift für Vollstreckungs-, Zustellungs- und Kostenwesen, herausg. von Walter.

Z. f. R.- u. LR. = Zeitschrift für Reichs- und Landesrecht, herausg. von Hauser.

Es sind zitiert die Kommentare und die mit * bezeichneten Werke nur mit dem Namen der Verfasser, Fitting mit dem Zusatze Ci., Ci.[10] od. Ko., die Kommentare nach Paragraphen und Anmerkungen und, falls nichts anderes angegeben, nach den neuesten Auflagen, die übrigen Werke nach (Band und) Seite, von den Präjudiziensammlungen die JW. nach Jahr und Seite, Bolze nach Band und Nummer der Entscheidungen, die übrigen nach Band und Seite.

Erstes Kapitel.

§ 1.

Die Unterbrechung des Verfahrens und ihr Grund.

Der Einfluß des Konkurses auf die schwebenden Prozesse des Gemeinschuldners ist eine mittelbare Folge des Einflusses, den der Konkurs auf die rechtliche Persönlichkeit des Gemeinschuldners ausübt.

Die Frage, welcher Art dieser Einfluß sei, führt mitten hinein in den Kampf der Meinungen. Die Kontroverse berührt die Fundamente nicht nur der konkursrechtlichen, sondern — weil man die Frage nach dem Begriffe der Partei in die Debatte gezogen hat — der zivilprozessualen Theorie überhaupt. Ob nach der Stellung, die unsere Konkursordnung ihm zuweist, der Kridar prozeßfähig sei oder nicht, ob in den die Konkursmasse betreffenden Prozessen der Gemeinschuldner, oder der Konkursverwalter, oder die Konkursgläubiger, oder wer sonst Partei sei, diese Fragen sind so alt, wie das Gesetz selbst. Die wissenschaftliche Tätigkeit, der nach den Motiven (S. 16) ihre Beantwortung überlassen worden ist — freilich in Verkennung ihrer praktischen Bedeutung, — hat sich mit ihnen eingehend wie mit wenigen anderen konkursrechtlichen Problemen befaßt.[1] Es kann hier nicht die Aufgabe sein,

[1] Abgesehen von den Kommentaren und den Hand- und Lehrbüchern des Konkurs- und Zivilprozeßrechts sei namentlich verwiesen auf Schultze S. 36 ff., 85 ff.; Oetker I S. 319 A. 2 und die Abhandlungen von: v. Canstein in Grünh. 9, 461 ff.; Petersen in Z. 9, 1 ff.; Eccius in Beitr. 33, 731 ff.; Oetker in JLBl. 2, 188 ff. und in Z. 14, 1 ff.; Petersen in Sä.A. 1, 1 ff. und in Beitr. 36, 136 ff.; Henrici in Sä.A. 2, 337 ff.; Stegemann in Z. 17, 326 ff.; Petersen das. 18, 1 ff.; Kohler in Civ.A. 81, 329 ff.; Thiele das. 82, 65 ff.;

die Für und Wider der Kontroverse, welche für die gegenwärtige Untersuchung nur die Bedeutung einer Vorfrage hat, erschöpfend zu erörtern. Indessen ist es erforderlich, den Standpunkt in Kürze zu charakterisieren. Wir müssen uns bescheiden, dies ohne nähere Begründung zu tun, welche auch andeutungsweise nicht mit wenigen Worten gegeben werden könnte.

Die Quelle des Streites liegt in den §§ 6 und 7 KO., wo es heißt:

§ 6. „Mit der Eröffnung des Verfahrens verliert der Gemeinschuldner die Befugnis, sein zur Konkursmasse gehöriges Vermögen zu verwalten und darüber zu verfügen.

Das Verwaltungs- und Verfügungsrecht wird durch einen Konkursverwalter ausgeübt.“

§ 7. „Rechtshandlungen, welche der Gemeinschuldner nach der Eröffnung des Verfahrens vorgenommen hat, sind den Konkursgläubigern gegenüber unwirksam; . . .“

Hierin liegt in negativer Beziehung, daß der Gemeinschuldner Subjekt seines Vermögens bleibt; in positiver Beziehung, daß er in der Geschäftsfähigkeit beschränkt wird.

Die Konkurseröffnung tastet die Rechts- und insbesondere die Vermögensfähigkeit des Kridars nicht an.[1] Er bleibt Subjekt seines gesamten, auch desjenigen Vermögens, welches zur Verteilung an die Gläubiger bestimmt ist („sein“ zur Konkursmasse gehöriges Vermögen). Ein Übergang dieses Vermögens auf die Gläubiger oder etwa ein besonderes Rechtssubjekt (Konkursmasse, „Verwalteramt“) findet nicht statt. Der Gemeinschuldner bleibt danach Subjekt aller in seiner Person begründeten Rechte und Verbindlichkeiten, bleibt also, soweit diese zur Zeit der Konkurseröffnung im Prozesse befangen sind, aktives und passives Subjekt der *res in iudicium deducta*: in „seinen“ Prozessen — d. h. in den Prozessen, in denen er Partei ist — bleibt er Partei.[2]

Fuchs in Beitr. 38, 241 ff. u. 548 ff.; Thiele das. 39, 601 ff.; Oetker in Z. 25, 1 ff.; Bunsen das. 26, 197 ff.; Lippmann in Jb. f. D. 1900 S. 222 ff.; Kiehl in Z. 30, 289 ff.; von der Judikatur auf Reichsgericht in E. 29, 29 ff.

[1] Über die besondere Stellung von Vereinen und Stiftungen (§§ 42, 86 BGB.) vgl. Seuffert S. 236.

[2] Das kann auf der Basis, daß ein Vermögensübergang im Konkurse

Damit ist zugleich ausgesprochen, daß der den Kridar treffende Verlust der Verwaltungs- und Verfügungsbefugnis über die Masse, ungeachtet des Wortes „Befugnis“, nicht bedeuten kann den Verlust der Sachlegitimation.[1] Nach wie vor Subjekt der in der Masse ruhenden Rechte und der auf ihr lastenden Verbindlichkeiten ist der Gemeinschuldner nach wie vor der rechte Kläger und der rechte Beklagte. Die „Befugnis“, wie das Gesetz sie nennt, die Konkursmasse zu verwalten und über sie zu verfügen, erschöpft nicht den Inhalt des Rechtes an ihr; ihre Entziehung ist nicht Verlust des Rechtes selbst. Jene Befugnis ist überhaupt kein besonderes und selbständiges, von dem Rechte an der Masse verschiedenes Recht. Sie ist vielmehr nur das diesem Rechte ohne weiteres inhärierende, aus ihm abfließende Vermögen, es auszuüben, durch Willensakt verändernd darauf einzuwirken. Was dem Gemeinschuldner entzogen wird, ist nur dies, daß er sein Recht an der Masse handelnd, rechtsgeschäftlich betätige. Daher ist es sachlich richtig und dem Sinne des Gesetzes entsprechend, wenn man das Wort Befugnis als Fähigkeit deutet, wie denn auch die Motive ungeachtet des schon im Entwurfe enthaltenen Ausdrucks Befugnis dem Kridar die Fähigkeit zu verfügen absprechen.[2] Es ist aber auch weiter richtig, wenn in der Entziehung der Ad-

---

nicht stattfinde, füglich nur leugnen, wer den im Texte vertretenen herrschenden Parteibegriff ablehnt, wie namentlich Oetker I S. 317 und Stegemann a. O. S. 357 (Partei sei der *rem in iudicium deducens* u. s. w.; dagegen Petersen in Z. 18, 8 ff.), denen sich Stein in Gaupp-Stein vor § 50 I anschließt, und etwas abgeschwächt Bunsen a. O. S. 203 ff. es tun. Allerdings muß jener (gemeinrechtliche) Parteibegriff etwas erweitert (Petersen a. O. S. 7 f.), aber er darf nicht beseitigt werden: er trifft das Wesen der Sache. — Die Annahme eines dinglichen Rechtes der Konkursgläubiger am Vermögen des Kridars: v. Canstein a. O. S. 471 und namentlich Kohler S. 99 ff. u. s. („Beschlagsrecht“) und Seuffert S. 152 ff. (Pfandrecht) — eine für unser Recht m. E. nicht haltbare Konstruktion — hilft nicht über die Parteiqualität des Kridars hinweg (Wach I S. 545).

[1] So Gaupp-Stein § 51 III C.; Struckmann-Koch § 52, 3; Planck I S. 215; Eccius in Beitr. 33, 732; Reichsgericht in E. 29, 37 u. a.

[2] Motive S. 35 u. s.; Wach I S. 543: „Das Nicht-disponieren-dürfen ist ... ein rechtliches Nicht-disponieren-können“; Oetker I S. 319 A. 2: „Das Wort „Befugnis“ ... bedeutet „Fähigkeit“; ebenso ders. in Z. 25, 31; ferner Petersen in Z. 18, 31 f.; Jäger § 6, 15 u. a.

1*

ministrations- und Dispositionsbefugnis erkannt wird eine Beschränkung der Geschäftsfähigkeit des Gemeinschuldners, soweit das zur Masse gehörige Vermögen in Frage kommt. Der Kridar ist unfähig zu jedem rechtsgeschäftlichen Willensakt, der auf den Umfang der Konkursmasse einwirken würde.[1]

Die Handlungen des Geschäftsunfähigen sind nichtig. Diese Konsequenz spricht der § 7 für den Kridar besonders aus, um sie einzuschränken. Er übernimmt zunächst aus § 6 die dort ausgesprochene Beschränkung auf das zur Konkursmasse gehörige Vermögen. Seine selbständige Bedeutung liegt in dem weiteren, mit der eben erwähnten Beschränkung nicht identischen Zusatz, daß die Rechtshandlungen des Kridars nur „den Konkursgläubigern gegenüber" unwirksam — oder, wie es ohne sachliche Verschiedenheit in der früheren, wegen §§ 134 f. BGB. aufgegebenen Fassung hieß, nichtig — seien. Dieser Zusatz kennzeichnet die Nichtigkeit der gemeinschuldnerischen Handlungen als eine bloß relative. Es handelt sich aber dabei nicht um bloße Anfechtbarkeit,[2] sondern um echte Nichtigkeit, welche besteht, ohne daß es ihrer Geltendmachung von irgend einer Seite bedarf, und die daher von Amts wegen zu berücksichtigen ist. Ihre Relativität erklärt sich daraus, daß die Beschränkungen des Gemeinschuldners ihm auferlegt sind nicht so sehr in seinem eigenen, als im Interesse seiner Gläubiger, und nicht weiter zu reichen brauchen, als dieses erfordert. Sie besteht im wesentlichen darin, daß nicht der Kridar und sein Gegenkontrahent, sondern nur die Konkursgläubiger sich auf sie berufen können, und daß diese letzteren durch ihre Genehmigung die gemeinschuldnerische Handlung mit voller Rechtswirksamkeit ausstatten können. Diese Genehmigung steht den Gläubigern

---

[1] Geschäfts- und nicht bloß Dispositionsunfähigkeit nehmen mit Recht an Jäger §§ 6, 27 u. 7, 1 und Schmidt S. 152. Denn wenn man auch nach bürgerlichem Recht einen eigenen zivilistischen Begriff der Verfügungen als einer Kategorie der Rechtsgeschäfte annehmen und ihn in § 6 KO. gegeben finden will, so kann auf Grund dieser im Objektiven liegenden Unterscheidung doch nicht eine besondere Fähigkeit zu solchen Verfügungen konstruiert werden. Daß eine auf einen bestimmten Vermögenskomplex beschränkte Geschäftsunfähigkeit begrifflich unmöglich sei, ist Fuchs' in Beitr. 38, 282 u. a. nicht zuzugeben.

[2] So Schultze S. 26 ff. u. a. gegen die gemeine Meinung.

regelmäßig zu in ihrer Gesamtheit als Gläubigerschaft; dann werden sie bei ihrer Ausübung durch den Konkursverwalter vertreten. Wir werden Gelegenheit haben, auf diese Funktion des Verwalters für besondere Fälle zurückzukommen (unten S. 84 f.).

Hiernach ist dem Gemeinschuldner zwar im allgemeinen die Geschäftsfähigkeit zuzuerkennen, aber seine Geschäftsfähigkeit ist in eigentümlicher Weise, in einer doppelten Beziehung, modifiziert. Der Kridar ist geschäftsunfähig hinsichtlich eines Teiles, nämlich hinsichtlich des die Konkursmasse bildenden Teiles seines Vermögens, also zwar nicht total, aber partiell geschäftsunfähig. Und soweit hiernach Geschäftsunfähigkeit besteht, ist sie keine absolute, sondern eine nur relative, sie besteht nur gegenüber den Konkursgläubigern.[1]

Nach der Geschäftsfähigkeit einer Person, speziell nach der in ihr enthaltenen Fähigkeit der Verpflichtnng durch rechtsgeschäftlichen Akt, bestimmt und bemißt sich die Prozeßfähigkeit.

§ 52 CPO. „Eine Person ist insoweit prozeßfähig, als sie sich durch Verträge verpflichten kann.“

Man ist einig, daß dabei nur die selbständige Verpflichtungsfähigkeit in Frage steht. Selbständig verpflichten kann sich aber der Gemeinschuldner nur mit Wirkung für sein konkursfreies Vermögen oder in nicht vermögensrechtlicher Beziehung. Insoweit ist er prozeßfähig, im übrigen nicht. Daß seine Handlungen in Ansehung der Masse durch nachträgliche Genehmigung seitens des Verwalters rechtliche Wirksamkeit erlangen können, kommt für die Frage der Prozeßfähigkeit nicht in Betracht, wie auch der Minderjährige, der sich mit Einwilligung seines Vertreters wirksam verpflichten kann, doch darum völlig prozeßunfähig ist, nur daß bei dem gleichen Effekt des Ausschlusses selbständiger Verpflichtungsfähigkeit die Genehmigung hier nach dem Interesse des Minderjährigen, dort nach demjenigen dritter Personen, der Gläubiger, sich bestimmt. Der Gemeinschuldner ist unfähig zum prozessualischen Handeln in allen Prozessen, welche die Konkursmasse betreffen; er ist partiell prozeßunfähig.[2] Da er aber

---

[1] Übereinstimmend Jäger a. O.; vgl. auch Fitting in Z. 11, 13 A. 18.

[2] Wach I S. 543; Schmidt S. 152; Fitting Ci. S. 90, Ko. S. 54 (ab-

in den anhängigen Prozessen Partei bleibt, bedarf seine Prozeßunfähigkeit der Ergänzung durch „gesetzliche Vertretung“ (§ 51 CPO.). Sein gesetzlicher Vertreter ist der Konkursverwalter, denn dieser ist es, der kraft Gesetzes an Stelle des Kridars dessen Rechte an der Konkursmasse ausübt.[1]

Der Wegfall der Prozeßfähigkeit des Gemeinschuldners in Ansehung der die Konkursmasse betreffenden Rechtsstreitigkeiten,

---

weichend in Z. 11, 13 A. 18); Oetker I S. 319 A. 2; Petersen in Z. 18, 32 f. u. s.; Schollmeyer S. 97 f. u. a., sowie die Kommentare von Jäger § 6, 38; Petersen-Kleinfeller §§ 10 f., 1 und v. Wilmowski vor § 1, 3e u. f., ferner OLG. Hamburg in SA. 38, 255 f.; OLG. Jena das. 41, 248; OLG. Darmstadt das. 41, 371; OLG. Kiel das. 43, 245 f. und wiederholt gelegentlich das Reichsgericht.

[1] Die Frage nach der Rechtsstellung des Konkursverwalters ist der Ausgangspunkt für die an §§ 6 und 7 KO. anknüpfenden Kontroversen gewesen. Hierzu noch folgendes. Die Anerkennung des amtlichen Charakters der Funktionen des Verwalters schließt die Annahme seiner Vertreterqualität nicht aus. Jene kann so wenig geleugnet werden, wie diese entschieden behauptet werden muß. Denn der Verwalter handelt nicht für sich, nicht im eigenen Namen, nicht auf seine Kosten, nicht mit Wirkung für sein eigenes, sondern für fremdes Vermögen (Petersen a. O. S. 24 ff.; Jäger § 6, 10). An der Ausübung seines Amtes hat er natürlich ein Interesse, wie jeder Amtsträger. Aber dieses Produkt des Pflichtgefühls macht ihn nicht zur Partei, weil ihm das Handeln im eigenen Namen abgeht. Der Konkursverwalter vertritt — nicht die Konkursmasse, die „Verwaltung“, das „Verwalteramt“, sondern — in erster Linie den Gemeinschuldner, in einzelnen Funktionen auch die Konkursgläubiger, diese verbunden zur „Gläubigerschaft“ (Seuffert S. 155 f.; Kohler S. 370 ff.; Wach I S. 590). Das Konkursverfahren ist kein Verwaltungsverfahren (so Oetker S. 13 ff.), sondern zivilprozessuale Generalexekution gegen den — mit Ausnahmen — prozeßunfähigen Kridar als Schuldner (Wach I S. 46; 543 f.; Seuffert S. 2 f.). Zunächst in dieser Parteirolle als Exequendus vertritt ihn der Verwalter gesetzlich, kraft Willens des Gesetzes (§ 6 Abs. 2 KO.; Wach S. 587). Das ist die grundsätzliche, hier nicht weiter berührende Richtung seiner Vertreterqualität. Er vertritt aber weiter den Kridar als prozeßunfähige Partei in den Aktiv- und Passivprozessen des Konkurses (§§ 10, 11, 146 KO.), die Gläubigerschaft als prozeßfähige Partei in den Anfechtungsprozessen nach §§ 29 ff. KO. (Wach S. 489 f. und herrschende Meinung gegen Petersen in Z. 9, 45 ff.; in Sä.A. 1., 36 ff.); auch in anderen Beziehungen? (vgl. Jäger § 6, 20 gegen Petersen in Z. 9, 20). Wir werden den Verwalter in seinen Funktionen als Vertreter im Prozesse unten näher kennen lernen.

die damit für ihn gegebene Unmöglichkeit zu weiterer selbständiger Vornahme prozessualer Handlungen in den anhängigen Prozessen dieser Art, äußert ihre Wirkung auch auf diese Prozesse selbst. Allerdings ist mit dem Augenblicke der Konkurseröffnung sogleich ein Vertreter des Gemeinschuldners in der Person des Konkursverwalters vorhanden. Allein angesichts des Umstandes, daß der Verwalter plötzlich vor die Aufgabe gestellt ist, eine ihm völlig fremde und oft recht komplizierte Vermögenslage zu übersehen, kann man ihm billigerweise und ohne Nachteil für die Konkursmasse nicht zumuten, sich sofort über die in den einzelnen Prozessen im Interesse der Masse einzunehmende Stellung schlüssig zu machen. In Würdigung dieser Schwierigkeiten zieht deshalb das Gesetz hier wie in einer Reihe ähnlicher Fälle der inzidenten Behinderung einer Partei am prozessualen Handeln, ohne Rücksicht auf die Möglichkeit einer Vertretung, die Konsequenz dahin, daß es zu Gunsten der an ihrer Rechtsverfolgung und -verteidigung behinderten Partei die sog. „Unterbrechung des Verfahrens" anordnet.[1] Der einschlägige § 240 CPO. besagt:

„Im Falle der Eröffnung des Konkurses über das Vermögen einer Partei wird das Verfahren, wenn es die Konkursmasse betrifft, unterbrochen, bis dasselbe nach den für den Konkurs geltenden Bestimmungen aufgenommen oder das Konkursverfahren aufgehoben wird."

Auf das Wesen der Unterbrechung ist später des näheren

---

[1] Diese Begründung des § 240 CPO. aus den §§ 6 und 7 KO. ist in der Literatur die herrschende. Gaupp-Stein § 240, 1 sehen in der Vorschrift von dem Standpunkte des Verlustes der Sachlegitimation des Kridars aus konsequent eine rein positive Anordnung. Seuffert S. 179, 188 findet den Grund der Unterbrechung bei Prozessen über die Aktivmasse darin, daß der Gemeinschuldner wenig Interesse an dem Streite habe, dessen Ergebnis seinen Gläubigern nütze oder schade, bei Prozessen über die Passivmasse darin, daß der Konkurs und ein anderes Rechtsschutzverfahren sich ausschließen. Aber die Parallelität der übrigen Fälle der Unterbrechung zeigt, daß die *ratio legis* auch hier in der die Partei treffenden Behinderung liegt. Auch kann ein geringes Interesse des Gemeinschuldners am Ausgange der Aktivprozesse nicht zugegeben werden; handelt es sich doch um sein Vermögen. Vgl. übrigens Seuffert in Z. 22, 479.

einzugehen. Zunächst sind ihre Voraussetzungen zu betrachten. Es sind neben der Tatsache der Konkurseröffnung (s. unten S. 66 f.) folgende drei:

I. Der Prozeß muß anhängig sein.
II. Der Kridar muß in ihm Partei sein.
III. Er muß die Konkursmasse betreffen.

Zweites Kapitel.

Die Voraussetzungen der Unterbrechung.

§ 2.

I. Die Anhängigkeit des Prozesses.

Die Voraussetzung der Anhängigkeit des Prozesses ist nicht spezifisch für die durch den Konkurs herbeigeführte, sondern besteht für alle Fälle der Unterbrechung des Verfahrens. Sie kann aber der Vollständigkeit halber hier nicht übergangen werden. Unterbrochen im Sinne der §§ 239—245 CPO. wird nur ein anhängiger Rechtsstreit; das Prozeßrechtsverhältnis muß schon und muß noch begründet sein. Es handelt sich darum, Anfang und Ende der Anhängigkeit zu bestimmen.

I. Den Anfangspunkt der Anhängigkeit fixiert das Gesetz in § 263 CPO., indem es ausspricht, daß die Rechtshängigkeit der Streitsache durch die Erhebung der Klage begründet werde. Vor der Klagerhebung kein Prozeß, also auch keine Unterbrechung des Prozesses. Soweit die Klage in der mündlichen Verhandlung erhoben wird (§§ 500 Abs. 2, 510 Abs. 2, 280 vb. 281, 269 CPO.), bietet die Anwort auf die Frage, ob Unterbrechung oder nicht, dank der genauen Fixierung des Zeitpunktes des unterbrechenden Ereignisses (§ 108 KO.), höchstens Beweisschwierigkeiten. Komplizierter gestaltet sie sich im Fall der Erhebung der Klage durch Zustellung des Klagschriftsatzes.

Die Einreichung der Klagschrift bei Gericht oder ihre Anbringung zu Protokoll des Gerichtsschreibers ist prozeßvorbereitender, nicht prozeßbegründender Akt. Dieser liegt erst in der Zustellung der Klage. Was der Zustellung vorangeht, ist für den Prozeß gleichwertig ohne Unterschied, ob es auch der Klageinreichung vorangeht oder zwischen ihr und der Zustellung liegt. Ist über das Vermögen einer der in der Klagschrift bezeichneten Parteien vor ihrer Zustellung Konkurs eröffnet worden, so findet eine Unterbrechung des durch jene erst eingeleiteten Prozesses nicht statt und die Vorschriften über sie keine Anwendung.[1] Allerdings ist die Erhebung der Klage möglicherweise unwirksam. Sie ist es dann, wenn der durch sie anzubahnende Rechtsstreit die Konkursmasse betrifft, und daher die Klagerhebungshandlung von einem oder gegen einen Prozeßunfähigen vorgenommen worden ist.[2] Das formelle Zustandekommen eines Prozesses wird durch solche in Wahrheit ungültige Klagerhebung nicht verhindert, denn die bloße Klaghandlung, auch die ungenügende, schafft Prozeß. Im Prozesse aber muß, wenn das Gericht auf Grund der ihm von Amts wegen obliegenden Prüfung die Beziehung des eingeleiteten Verfahrens zur Konkursmasse und damit die Prozeßunfähigkeit der bankerotten Partei festgestellt hat und in einer gemäß § 54 Abs. 2 CPO. etwa gestellten Frist nicht dieser Mangel durch Genehmigung des Konkursverwalters beseitigt worden ist, nach mündlicher Verhandlung die Klage durch Endurteil *ab instantia* abgewiesen werden. Sie muß das deshalb, weil keine gültige Klagerhebung vorliegt und es daher an einer wesentlichen, von Amts wegen zu prüfenden Prozeßvoraussetzung mangelt. Sie muß es auch dann, wenn der Prozeßunfähige (Kläger oder Beklagter) nicht erschienen ist und sein Gegner Versäumnisurteil beantragt hat, denn ohne gültige Klage keine relevante Versäumnis. Erscheint keine von beiden Parteien, so hat es dabei sein Bewenden;

---

[1] Landsberg in Beitr. 36, 236ff.; Frank in Z. 13, 215f. in seiner ein Grenzgebiet der vorliegenden Untersuchung erörternden Abhandlung: „Der Einfluß des Todes einer Partei auf das Feststellungsverfahren im ordentlichen Prozeß" (S. 184ff.). — Beispiele OLG. Dresden in We. A. 6, 783; Reichsgericht in Beitr. 39, 1138.

[2] Das ist insbesondere dann nicht der Fall, wenn der klagende persönliche Gläubiger spätestens im Termine erklärt, daß er Befriedigung aus dem konkursfreien Vermögen des Beklagten begehre. Jedoch kann er Versäumnisurteil nur erlangen, wenn er diese Erklärung rechtzeitig angekündigt hatte.

die Abweisung *ab instantia* wird hinausgeschoben, da ein Urteil nur auf Grund mündlicher Verhandlung ergehen kann, möglicherweise wird sie überhaupt nicht ausgesprochen. Das selbe gilt, wenn die klagende Partei erklärt, sie nehme die Klage zurück. Dann ist zwar tatsächlich keine Klage zurückgenommen, weil keine erhoben war, aber die prozeßschaffende Klagehandlung ist beseitigt, und damit für das Gericht der Anlaß, tätig zu werden.

Anders liegt der Fall, wenn im Termine an Stelle des prozeßunfähigen Kridars oder seines Prozeßbevollmächtigten der Konkursverwalter oder dessen Prozeßbevollmächtigter erscheint. Dann kann der letztere kraft seiner gesetzlichen Vertretung die Prozeßführung des Gemeinschuldners genehmigen und dadurch den Prozeß für die Masse übernehmen. Die Genehmigung bringt die unwirksame Klagehandlung rückwärts, *ex tunc*, zur Entstehung. Der Verwalter kann sie aussprechen in der Klägerrolle, indem er den Anspruch als Aktivum der Masse geltend macht; dadurch beugt er der Einrede der mangelnden Prozeßfähigkeit ebenso wirksam vor, wie einer Rüge des Beklagten aus der Klagerhebung.[1] Auch wenn der Kridar der Beklagte ist, kann der Vertreter die Klagerhebung ratihabieren, auch stillschweigend, indem er nach Vortrag des Antrags und der Klage in die Sachverhandlung eintritt.[2] Freilich wird es zu solchem Klagvortrag dem Verwalter gegenüber allemal dann nicht kommen, wenn eine persönliche Forderung (KO. § 3) eingeklagt ist. Denn dieser Anspruch kann im Konkurse nur durch Beteiligung am gemeinsamen Verfahren, Anmeldung zur Tabelle u. s. w. (§§ 12, 138 ff. KO.), außerhalb des Konkurses aber nur gegen den Kridar selbst (*arg.* § 144 Abs. 2 KO.) verfolgt werden. Beim Vorliegen eines der in § 11 KO. bezeichneten Ansprüche aber kann der Fall sehr wohl praktisch werden. Erscheint der Gegner des Konkursverwalters nicht, so

---

[1] Richtig OLG. Dresden a. O., nur darf der Ausdruck „Aufnahme der Klage" nicht als Reassumtion verstanden werden.

[2] Der Vorgang ähnelt äußerlich der Unterlassung der Mängelrüge nach § 295 CPO., hat aber sachlich damit nichts zu thun; es handelt sich um einen nach § 295 nicht heilbaren Mangel (Schmidt S. 808; Fitting in Z. 11, 13 und Anm. 18). Im Ergebnis richtig, aber in der Begründung verfehlt Reichsgericht in E. 10, 69.

ist der Antrag auf Versäumnisurteil mangels ordnungsmäßiger Ladung zum Termin zurückzuweisen (§ 335 Z. 2 CPO.). War die Klage wegen der inzwischen erfolgten Eröffnung des Konkurses über das Vermögen des zu Beklagenden von vornherein dem Konkursverwalter zugestellt worden, so ist sie natürlich gültig erhoben.[1]

II. Der Endpunkt der Anhängigkeit und damit die Grenze der Möglichkeit einer Unterbrechung des Verfahrens ist der Moment der Rechtskraft des Endurteils, welches den Rechtsstreit als Ganzes abschließt. Mit diesem allgemein anerkannten Satz ist für den speziellen Fall der Zwangsvollstreckung auf Grund rechtskräftiger Entscheidung bereits ausgesprochen, daß das Verfahren in der Exekutionsinstanz der Unterbrechung unzugänglich ist; das ist später noch besonders zu rechtfertigen und auf den Fall vorläufiger Vollstreckung zu erweitern (s. unten III S. 14 ff.). Für das *iudicium*, das Verfahren im Rechtsstreite, ergibt sich die angegebene Begrenzung im allgemeinen aus dem ihm zu Grunde liegenden Zwecke, und die Prozeßordnung selbst erkennt diese Grenze an, wenn sie als die generelle Voraussetzung der Wiederaufnahmeklagen ein „durch rechtskräftiges Endurteil geschlossenes" Verfahren verlangt (§ 578). Das Verfahren im Sinne des § 240 CPO. anders zu begrenzen, ist kaum möglich und verbietet sich durch den Umstand, daß die *ratio* der Unterbrechung, die in Angriff und Verteidigung behinderte Partei vor Nachteil zu schützen, nicht mehr besteht, wenn der Streit zu Ende ist. Wesentlich ist nur, daß das rechtskräftige Endurteil in der Tat auch den Abschluß des Feststellungsverfahrens darstellt. Das ist nicht der Fall bei rechtskräftigem bedingten und bei rechtskräftigem Teilendurteil. Dort bedeutet erst die Rechtskraft der Purifikatoria, hier die Rechtskraft des von den mehreren zuletzt rechtskräftig werdenden Teilurteils den Abschluß des Rechtsstreits und den endgültigen Ausschluß der Unterbrechung.[2]

---

[1] Vgl. noch Reichsgericht in Bolze 1, 1694, wo freilich mit der mangelnden Passivlegitimation des statt des geladenen Verwalters erschienenen Kridars operiert wird.

[2] Beispiel einer Unterbrechung nach rechtskräftigem bedingten Endurteil Reichsgericht in E. 16, 358.

Die Rechtskraft des Urteils tritt ein, wenn es in letzter Instanz unanfechtbar ergeht, mit seiner Verkündung, sonst mit dem Ablaufe der durch die Zustellung zu eröffnenden Rechtsmittel- oder Einspruchsfrist. Je nachdem die Urteilszustellung der Rechtskraft vorangeht oder folgt, gehört sie zum Verfahren im Rechtsstreite oder nicht.

1. Bei den mit der Verkündung rechtskräftigen Urteilen, also den Urteilen des Reichsgerichts, des Obersten Landesgerichts für Bayern und denen der Landgerichte in der Berufungsinstanz, ist die Unterbrechung von der Verkündung, genauer von dem Schlusse der letzten mündlichen Verhandlung ab (§ 249 Abs. 3 CPO.) ausgeschlossen. Was folgt, gehört nicht mehr zum Verfahren im Rechtsstreite. Insbesondere unterliegt die zum Zwecke der Zwangsvollstreckung erfolgende Urteilszustellung (§ 750 CPO.) den Wirkungen der Unterbrechung nicht. Sie ist ihrem Zwecke nach eine Maßregel der Exekution, und inwiefern sie als solche nach dem Eintritt des Konkurses nicht mehr wirksam vorgenommen werden kann, beurteilt sich nach besonderen Vorschriften (s. unten III S. 19 ff.).[1] Keine Ausnahme von den vorstehenden Sätzen bildet das Verfahren zur Ergänzung eines Urteils dieser Art wegen Übergehung eines Anspruchs (§ 321 CPO.). Das ergänzende und das ergänzte Urteil sind im Verhältnis zueinander Teilurteile; die Rechtskraft des zuletzt rechtskräftigen schließt erst das Verfahren definitiv ab. Ein während des Ergänzungsverfahrens eintretender Konkurs unterbricht also dieses; er unterbricht insbesondere die einwöchige Frist für den Antrag auf Ergänzung. Auch die Zustellung des rechtskräftigen Urteils, an die der Lauf dieser Frist gebunden ist, ist, wenn schon gültig als Basis der Zwangsvollstreckung (darüber unten S. 17 f.), doch nach § 249 Abs. 2 CPO. unwirksam als Prozeßhandlung im Rechtsstreite und zur Eröffnung jener Frist nicht geeignet, wenn zuvor der Konkurs eröffnet ist und die sonstigen Voraussetzungen der Unterbrechung vorliegen. Das Entsprechende

---

[1] Übereinstimmend für den Fall des Todes der Partei Frank in Z. 13, 216. Auf die streitige, nicht einheitlich zu beantwortende Frage, wann die Zwangsvollstreckung beginne, ist hier nicht einzugehen.

gilt für das Verfahren zur Berichtigung des Tatbestandes nach § 320 CPO. als einen nachgeholten Teil des Verfahrens *in iudicio.* Die Unterbrechung ist möglich bis zum Erlaß des Beschlusses über den Berichtigungsantrag.[1]

2. In den Fällen, wo die Rechtskraft des Urteils erst mit dem Ablauf der durch seine Zustellung in Lauf gesetzten Notfrist eintritt, ist mit deren Ablaufe der definitive Abschluß des Verfahrens in dem hier fraglichen Sinne dann nicht gegeben, wenn die beschwerte Partei die *restitutio in integrum* beantragt (§ 233 CPO.). Es werden durch den Konkurs nicht nur die Restitutionsfrift (§§ 234 ff. das.), sondern auch das laufende *iudicium rescindens,* und selbstverständlich das *iudicium rescissorium* unterbrochen. — Was die Urteilszustellung angeht, so kann es in diesen Fällen des anfechtbaren Urteils keinem Zweifel unterliegen, daß sie zum Verfahren im Rechtsstreit zu rechnen und den Wirkungen der Unterbrechung ausgesetzt ist. Auf die sich hierbei für das Verfahren ergebenden Komplikationen näher einzugehen, bleibt der Darstellung dieser Wirkungen vorbehalten (unten S. 77 f., bes. S. 81 f.). Nur folgendes sei hier bemerkt.

Es ist zu unterscheiden, ob die Unterbrechung eintritt nach der Verkündung und vor der Zustellung, oder nach der Zustellung und vor der Rechtskraft des Urteils. Fällt die Konkurseröffnung zwischen die Verkündung und die Zustellung, so ist die letztere unwirksam; das Verfahren muß erst aufgenommen werden, damit durch eine gültige Zustellung die Notfrist eröffnet werde. Tritt der Konkurs während der Notfrist ein, so ist die Urteilszustellung nach wie vor wirksam, aber die durch sie in Lauf gesetzte Frist ist unterbrochen, und es bedarf der Aufnahme, um sie aufs neue, und zwar von vorn, in Lauf zu setzen, einerlei ob ein Rechts-

---

[1] Dagegen gilt nicht das gleiche für das Verfahren nach § 319 CPO., weil die Berichtigung hier auf Grund einer der Unterbrechung nicht ausgesetzten Offizialentschließung des Gerichts (s. unten S. 79) und „jederzeit" eingeleitet werden kann, damit aber von dem abgeschlossenen Verfahren völlig losgelöst erscheint. Hier liegt ein selbständiges Verfahren mit fakultativer mündlicher Verhandlung vor; wiefern ein solches der Unterbrechung unterliegt, ist unten zu zeigen (S. 199 ff.).

mittel, bezw. der Einspruch, eingelegt oder die Rechtskraft herbeigeführt werden soll.[1]

Was vorstehend von den Urteilen gesagt worden ist, gilt entsprechend für die sie ersetzenden Prozeßvergleiche, die definitiv, also rechtskräftig, oder mit Vorbehalt des Widerrufs binnen bestimmter Frist abgeschlossen sind. Nur bedarf es keiner Zustellung der auf Widerruf abgeschlossenen Vergleiche, und außerdem ist in der Natur der Widerrufs- als einer vereinbarten Frist der wichtige Unterschied begründet, daß sie durch eine Konkurseröffnung nicht unterbrochen werden kann, sondern trotz ihrer als *tempus continuum* abläuft (vgl. unten S. 74).

III. Im Verfolg der Erörterung über den Endpunkt der Anhängigkeit ist endlich noch die Frage zu prüfen, ob das Vollstreckungsverfahren der Unterbrechung zufolge Konkurses zugänglich sei oder nicht. Grundsätzlich und dem Zwecke des Prozesses als der Bewährung konkreten Privatrechts entsprechend gehört die der Kondemnatoria folgende Exekution zum Prozesse als sein letzter, den eigentlichen Prozeßzweck erst erfüllender und darum *in praxi* wichtigster Abschnitt. Dieser allgemeine Gesichtspunkt ist hier nicht ausschlaggebend. Es handelt sich vielmehr speziell um die Frage, ob im § 240 CPO. durch das Wort „Verfahren" die Zwangsvollstreckung ein- oder ausgeschlossen sein soll.

Die *communis opinio* entscheidet sich mit Recht für die letztere Alternative. Man beruft sich, angesichts der Gleichstellung von Tod und Konkurs einer Partei in §§ 239, 240 CPO., unter anderem auf die besondere Regelung des Eintritts einer Rechtsnachfolge während der Vollstreckung durch § 665 CPO., auf die Analogie aus § 779 Abs. 1 das., da nicht zu erkennen wäre, warum die Erben ungünstiger gestellt sein sollten, als der zur Wahrung der Interessen des Kridars nunmehr berufene

---

[1] Vgl. die noch oft in Bezug zu nehmende interessante Entscheidung eines nicht einfachen Falles durch das Reichsgericht in E. 27, 350ff., insbes. S. 353 Abs. 2 und 3 (*in extenso*, namentlich mit vollständigem Tatbestande, abgedruckt in RAnz. 1891 S. 29 ff.). Im übrigen s. unten S. 81f. und wegen der Frage der Konvaleszenz hiernach ungültiger Zustellungen und Rechtsmittel unten S. 77.

Konkursverwalter; man zieht den § 14 KO. heran, der nur die Zwangsvollstreckung zu Gunsten einzelner Konkursgläubiger verbiete, im übrigen sie also gestatte. Die Beweiskraft dieser und anderer Gründe kann auf sich beruhen. Wenn dem Ergebnis der herrschenden Meinung — wenigstens grundsätzlich — beizutreten ist, so ist dafür das selbe Moment entscheidend, wie für die Begrenzung des *iudicium* durch das rechtskräftige Urteil: auf die Vollstreckungsinstanz trifft der legislative Grund der Unterbrechung nicht mehr zu. Allerdings wird der Kridar, wenn das Verfahren die Konkursmasse betrifft, prozeßunfähig, und da auch die Exekution auf seiten des Gläubigers wie des Schuldners die prozessuale Handlungsfähigkeit voraussetzt, so kann durch und gegen den Kridar persönlich die Vollstreckung nicht weiter betrieben werden, sondern nur durch und gegen den Verwalter als seinen gesetzlichen Vertreter. Aber die Unterbrechung zufolge Konkurses rechtfertigt sich, wie bereits angedeutet worden und später noch auszuführen ist (oben S. 7, unten S. 64 ff.) aus dem Wegfalle der Prozeßfähigkeit allein noch nicht, denn dieser wird ja durch die Aufstellung des Vertreters rechtlich sofort paralysiert. Sie beruht vielmehr auf der für diesen Vertreter faktisch gegebenen Schwierigkeit, im konkreten Prozesse alsbald zu Angriff oder Verteidigung Stellung zu nehmen; sie soll ihm Zeit zu seinen Entschließungen gewähren. Diese Rücksicht auf die Notwendigkeit einer Deliberation entfällt für die Vollstreckungsinstanz zwar nicht völlig, aber sie besteht in diesem Stadium, wo es sich nicht mehr um den Streit der Parteien über Recht und Nichtrecht, sondern nur noch um die Art der Realisierung eines zuerkannten Anspruchs und deren Duldung handelt, nicht mehr in solchem Maße, daß ein Stillstand des ganzen Verfahrens als Regel geboten erschiene. Daß das Gesetz in der Tat die Unterbrechung auf das *iudicium*, das Verfahren im Rechtsstreite, beschränken will, zeigen die §§ 10, 11, 144 Abs. 2, 146 Abs. 3 KO., welches die Vorschriften sind, auf die § 240 CPO. wegen der Aufnahme des Verfahrens verweist. Sie enthalten eine erschöpfende Einteilung der unterbrochenen Prozesse (darüber unten S. 101), und sie alle sprechen nur von der Aufnahme von „Rechtsstreitigkeiten“ bezw. eines „Rechtsstreits“, Termini, die nach dem

Sprachgebrauche der Prozeßordnung die Zwangsvollstreckung ausschließen.[1]

Hiernach hat als Grundsatz zu gelten, daß, wenn *durante executione* der Gläubiger oder der Schuldner in Konkurs verfällt, eine Unterbrechung des Verfahrens nicht eintritt.[2] Eine Ausnahme ist zu machen für den Fall, daß innerhalb der Vollstreckung entstandene Streitigkeiten getroffen werden, worauf noch zurückzukommen ist. Dagegen begründet keine Ausnahme die ebenfalls noch zu erörternde Vorschrift des § 14 KO., welche auf die Dauer des Konkurses Singularexekutionen von Konkursgläubigern untersagt. Abgesehen von diesen Modifikationen wird das Vollstreckungsverfahren vom Konkurse einer seiner Parteien überhaupt nicht berührt; es kann unbeschränkt eingeleitet und als solches fortgeführt werden, wenn der Konkursifex der Gläubiger oder als Schuldner nicht Schuldner einer Konkursforderung ist. Freilich tritt der Verwalter an die Stelle des Kridars, aber der Eintritt geschieht formlos, ohne Aufnahmeakt, ohne erneuten Auftrag an den Gerichtsvollzieher, ja ohne daß es einer Umstellung der Vollstreckungsklausel auf den Namen des Verwalters bedürfte.[3]

Die Nichtunterbrechung des schwebenden Vollstreckungsverfahrens besteht auch in dem Falle, daß es, auf vorläufig vollstreckbarem Urteil ruhend, während der Anhängigkeit des Verfahrens *in iudicio* betrieben wird. Bei gegenteiliger Meinung hätte die vorläufige Vollstreckbarkeit im Falle nachmaligen Konkurses

---

[1] Hierüber namentlich Fischer in Z. 10, 419 ff., bes. 420; vgl. auch Falkmann S. 3 nebst Anm. 1.

[2] Übereinstimmend die Kommentare, ferner u. a. Seuffert S. 103; Fitting Ci. S. 260 Anm. 1; Ko. S. 64 Anm. 23; Frank a. O. S. 216; OLG. Colmar in Els. Z. 18, 309 und das. 15, 18; OLG. Hamburg in HGZ. *B.* 16, 304; zu den beiden letzten Entscheidungen s. jedoch unten S. 19 A. 1. — And. Mein. nur Endemann S. 225 f.

[3] Über den letzten Punkt gehen die Meinungen je nach der Auffassung des Verwalters als Vertreters oder Partei auseinander. Wie im Texte: Petersen-Anger § 727, 3; v. Wilmowski-Levy § 665, 1; Jäger § 14, 10; Kammergericht in KGBl. 8, 63 u. a.; für die Umstellung der Klausel Gaupp-Stein § 704 VI 1 a; Struckmann-Koch § 727, 2; Planck II S. 660, 670 f.; Falkmann S. 157 Anm. 13 und S. 257 f.; Oetker in Z. 25, 45 f. u. a.

überhaupt so gut wie keinen Wert. Es ist darum möglich und häufig, daß das Verfahren im Rechtsstreite nach Eintritt des Konkurses still steht, bis die Aufnahme erfolgt, während aus dem vorläufig vollstreckbaren Urteil weiter exequiert wird; die Unterbrechung erstreckt sich eben nicht auf die Exekution.[1] — Fraglich erscheint, wie es zu halten sei, wenn die Zustellung des gültig erlassenen Urteils in die Zeit der Unterbrechung fällt. Daß die Zustellung dann die Not- und andere Fristen nicht in Lauf setzt, haben wir gesehen; in dieser Funktion ist sie unwirksam. Ist sie auch ungeeignet als Basis der Zwangsvollstreckung zu dienen (§ 750 CPO.)?. M. E. ist das zu verneinen. Es sprechen zunächst praktische Rücksichten für diese Entscheidung. Die vorläufige Vollstreckbarkeit hat ihren Zweck und ihren Wert in der Möglichkeit rascher Realisierung des, wenn schon noch nicht rechtskräftig, zuerkannten Klaganspruchs. Würde man beispielsweise den Verwalter nötigen, mit der Zustellung des zu Gunsten des Kridars erlassenen, vorläufig vollstreckbaren Urteils und mithin mit der Exekution zu warten, bis er sich über die Aufnahme des Rechtsstreits hat schlüssig machen können und aufgenommen hat, so hieße das dem bankerotten Gläubiger alle die Vorteile entziehen, die dem Gläubiger sonst aus der schleunigen Vollstreckung erwachsen. Denn es ist natürlich — ganz abgesehen von Versäumnisurteilen — nie ausgeschlossen, daß auch bei erstinstanzlichem Obsieg für den Verwalter die Ablehnung der Aufnahme in ernste Erwägung kommt, und es würden dann, namentlich bei erforderlicher Befragung des Gläubigerausschusses (§ 133 Z. 2 KO.), die Aufnahme und die Vollstreckung erheblich verspätet werden können. Ein theoretisches Bedenken gegen die verschiedene Behandlung der Zustellung je nach der Verschiedenheit ihrer Funktion besteht nicht. Die selbe Zustellung kann ungeeignet sein, die Notfrist in Lauf zu setzen, weil sie insoweit Bestandteil des unterbrochenen Streitverfahrens ist, und doch eine wirksame Unterlage der Exekution darstellen, denn sie

---

[1] Gaupp-Stein § 240 I 2; Frank in Z. 13, 216 (für den Fall Todes); Oetker in Z. 25, 45 f.; Reichsgericht in RAnz. 1891, 30; abweichend Bunsen in Z. 26, 317 (s. die folg. Anm.).

gehört selbst schon zur Zwangsvollstreckung, wenn sie zum Zwecke dieser erfolgt. Es ist also, wenn der Verwalter während der Unterbrechung das Urteil zustellt und vollstreckt, oder wenn ihm gegenüber, z. B. wegen eines Vindikationsanspruchs, das gleiche geschieht, einer Einwendung aus § 766 CPO. keine Folge zu geben.[1]

Wenn wir oben in dem Mangel eines Parteienstreits den maßgebenden Grund für die Nichterstreckung der Unterbrechung auf das Zwangsvollstreckungsverfahren erkannt haben, so ergibt sich eine Ausnahme der Nichtunterbrechung für den Fall, daß bei Eintritt des Konkurses das Verfahren den Charakter eines streitigen angenommen hat. Zu denken ist dabei nicht an solche Streitigkeiten, die vom Gläubiger, vom Schuldner oder von Dritten (§§ 731, 767, 771 CPO. u. a.) im Wege der Klage eingeleitet sind, denn dann findet § 240 CPO. unmittelbar Anwendung. Es handelt sich hier vielmehr um die innerhalb der Vollstreckungsinstanz im Beschwerdeverfahren zu erledigenden Streitigkeiten über die Berechtigung von Einwendungen gegen die Art und Weise der Zwangsvollstreckung, oder gegen die Zulässigkeit der Vollstreckungsklausel, über die Erteilung der vollstreckbaren Ausfertigung im Falle der Rechtsnachfolge u. s. w., oder der weiteren vollstreckbaren Ausfertigung (§§ 766, 732, 730, 733 CPO.) u. dgl. Ist es dabei zur Zeit der Konkurseröffnung bereits zu einem Be-

---

[1] Die Meinung des Textes teilen anscheinend, wenn auch nicht ausdrücklich, Falkmann S. 257; Stein S. 354; Oetker in Z. 25, 46. Vgl. auch die in der vorigen Anm. zitierte Reichsgerichtsentscheidung, wo der Verwalter die Widerklagforderung hat beitreiben lassen auf Grund einer Zustellung, deren Lage vor oder nach der Konkurseröffnung unter den Parteien streitig ist, ohne daß, wie es scheint, irgend welche Einwendungen gegen die Vollstreckung erhoben worden wären. — And. Mein. ist Bunsen a. O.; er leugnet die Legitimation des Verwalters zur Vollstreckung, solange der Prozeß nicht aufgenommen sei, auf Grund der unten S. 55 ff. zu bekämpfenden Ansicht, daß nur das zur Konkursmasse gehöre, was der Verwalter in sie einbeziehe. — Da es sich für den Verwalter zunächst nur um schleunige Beitreibung handelt, ohne Rücksicht auf die nicht so rasch zu überblickenden Aussichten des Rechtsstreites, so kann die vorläufige Vollstreckung nicht, wie Oetker a. O., will, schlechthin als Verzicht auf die Ablehnung der Reassumtion ausgelegt werden. Das ist vielmehr *quaestio facti* (vgl. Reichsgericht a. O. S. 39).

schwerdeverfahren gekommen, so wird dieses unterbrochen, eventuell zugleich mit dem noch anhängigen Verfahren im Rechtsstreite, und kann dann nur mit diesem aufgenommen werden. Das Nähere bleibt der Darstellung der Unterbrechung des Beschwerdeverfahrens vorbehalten (unten S. 200 ff.). Die Anwendung des § 240 CPO. ist unerläßlich schon wegen der laufenden Fristen; ihre Nichtanwendung insbesondere bei angeordneter mündlicher Verhandlung wäre mit § 249 CPO. nicht zu verneinen. Daß das Verfahren Teil der Vollstreckunginstanz ist, steht der Anwendung nicht schlechthin entgegen; hat doch die Prozeßordnung die Unterbrechung in den allgemeinen Bestimmungen über das Verfahren, nicht in dem Buche über das Verfahren in erster Instanz geregelt.[1]

Besonderes für das Zwangsvollstreckungsverfahren im Falle inzidenter Konkurseröffnung ordnet der schon erwähnte § 14 KO. an.

> „Während der Dauer des Konkursverfahrens finden Arreste und Zwangsvollstreckungen zu Gunsten einzelner Konkursgläubiger weder in das zur Konkursmasse gehörige, noch in das sonstige Vermögen des Gemeinschuldners statt."

Diese Vorschrift bildet von dem oben aufgestellten Satze, daß das Zwangsvollstreckungsverfahren durch die Eröffnung des Konkurses nicht unterbrochen werde, keine Ausnahme. Allerdings bringt sie zum Ausdruck, daß die Exekution zu Gunsten einzelner Konkursgläubiger in das Vermögen des Kridars nicht fortgesetzt werden darf, und statuiert damit eine Hemmung des

---

[1] Die Notwendigkeit der Unterbrechung solcher inzidenter Streitigkeiten hat, speziell für den Fall, daß der Kridar der Schuldner ist, schon Hauser in Z. f. R. u. LR. 3, 468 ff. dargetan, der nicht etwa, wofür man ihn gelegentlich anführt, die Unterbrechung schlechthin auf die Exekution hat erstrecken wollen (s. z. B. Fitting Ko. S. 65 A. 23). Anerkannt wird die Unterbrechung vom Reichsgericht in E. 30, 409 für das Verfahren auf Grund § 766 CPO. bei Konkurs des (Arrest-)Schuldners nach Einlegung der sofortigen Beschwerde gegen die vollstreckungsgerichtliche Entscheidung; geleugnet für das selbe Verfahren von den OLG.en Hamburg in HGZ. *B.* 16, 303 f. und Colmar in Els. Z. 15, 17 f., von diesem im Gegensatz zur Vorinstanz. Es enthält einen Widerspruch, wenn Gaupp-Stein vor § 239 III A. 7 die reichsgerichtliche und zu § 240 I 2 A. 8 die Hamburger Entscheidung billigen.

normalen Fortschreitens der Exekution. Allein diese „Hemmung", wie sie zur Unterscheidung von der Unterbrechung bezeichnet sein mag, ist keine Unterbrechung im Sinne der §§ 239 ff. CPO. Sie ist von ihr verschieden nach Grund, Voraussetzungen und Wirkungen.

Der § 240 CPO. hat seinen Grund in dem Schutzbedürfnis des plötzlich defensionsunfähig gewordenen Kridars, der § 14 KO. in der *par condicio creditorum*, dem Rechte der Konkursgläubiger auf gleichmäßige anteilige Befriedigung. Die Unterbrechung setzt die Anhängigkeit des Verfahrens voraus, der § 14 KO. bezieht sich ausschließlich auf die Exekutionsinstanz. Die Vorschrift des § 240 CPO. verordnet die Unterbrechung für diejenigen Prozesse, welche die Konkursmasse betreffen, die Hemmung des § 14 KO. kennt diese Bestimmung nicht; denn der Zugriff beispielsweise der Absonderungsberechtigten, deren Ansprüche doch auch die Masse betreffen, ist gestattet. Umgekehrt tritt die Unterbrechung ein durch den Konkurs einer Partei schlechthin; die Hemmung dagegen unterliegt der doppelten Beschränkung, daß sie nur Platz greift, wenn der Exequendus — nicht auch, wenn der Exekutionssucher — in Konkurs verfällt, und wenn dieser letztere ein Konkursgläubiger im Sinne des § 3 KO. ist. Während endlich hinsichtlich der Wirkungen eine im Laufe der Unterbrechung vorgenommene Prozeßhandlung — wie zu zeigen sein wird — nach § 249 CPO. nur der anderen Partei gegenüber, also nur relativ, unwirksam und ein heilbarer Mangel ist, sind die der Vorschrift des § 14 KO. zuwiderlaufenden Vollstreckungshandlungen absolut unwirksam. Daher sagt Seuffert bei Erörterung der Unterbrechung mit Recht: „Daß nach KO. § 11 [a. F.] eine Zwangsvollstreckung während des Konkurses nicht stattfinden kann, ist eine Sache für sich".[1]

Wenn hiernach die Hemmung der Exekution als eine besondere, der Unterbrechung nach § 240 CPO. koordinierte Erscheinung angesehen werden muß, so haben wir in ihr einen

[1] CPO.[7] § 218, 6; vgl. die übrigen Kommentare zur CPO. § 240 u. KO. § 14 und Fitting Ko. S. 64 f. — Was von der Zwangsvollstreckung gilt, gilt auch von der Vollziehung von Arresten (§§ 928 ff. CPO.), nicht aber vom Arrestprozeß als Streitverfahren (hierüber unten S. 200 ff.).

selbständigen Fall des Einflusses des Konkurses auf schwebende Prozesse des Gemeinschuldners, dessen Eigentümlichkeiten sich so präzisieren: es bewirkt der Konkurs einer Partei:

a) wenn der Prozeß anhängig ist und die Konkursmasse betrifft, eine Unterbrechung nach § 240 CPO.;

b) wenn diese Partei die im Prozesse unterlegene, der Prozeß im Exekutionsstadium und der Gegner ein Konkursgläubiger ist, eine Hemmung des Zwangsvollstreckungsverfahrens nach § 14 KO.

Die Parallelität dieser beiden Fälle tritt auch darin zu Tage, daß es auch für die gehemmte Exekution etwas der Reassumtion Entsprechendes gibt (§§ 117, 126, 127 KO.). Ein näheres Eingehen auf die Bedeutung des § 14 KO. würde zu weit führen. Wir beschränken die gegenwärtige Untersuchung auf den Fall der Unterbrechung des Streitverfahrens.

§ 3.

II. Die Parteistellung des Kridars.

An zweiter Stelle setzt die nach § 240 CPO. eintretende Unterbrechung voraus, daß es „eine Partei" sei, über deren Vermögen der Konkurs eröffnet wird. Auch diese Voraussetzung ist dem Falle des § 240 CPO. nicht eigentümlich. Immerhin ergeben sich für diesen Fall hie und da Besonderheiten, die eine Besprechung erforderlich machen. Vor allem handelt es sich um die Feststellung, was das Gesetz hier unter „Partei" versteht, und welche Verschiedenheiten durch besondere Qualifikationen der Partei begründet werden.

Es ist für die Unterbrechung infolge Konkurses unerheblich, ob die in Konkurs verfallene Partei eine physische oder eine juristische Person ist oder ob sie ein nur passiv parteifähiger Verein (§§ 54 BGB., 50 Abs. 2 CPO., 213 KO.) ist. Dagegen ist zunächst zu erwähnen, daß die Bezeichnung „Partei" im eigentlichen, technischen Sinne als *dominus litis*, Subjekt der *res in iudicium deducta* zu verstehen ist.[1] Sie umfaßt also selbstver-

---

[1] Daher unterbricht der Konkurs eines Sozius der offenen Handelsgesellschaft nicht den Prozeß der Gesellschaft (Reichsgericht in E. 34,

ständlich nicht den Prozeßbevollmächtigten, aber auch nicht, wie sonst mehrfach (vgl. §§ 137 Abs. 2 u. 4; 141 CPO.), den gesetzlichen Vertreter.[1] Die Eröffnung des Konkurses über das Vermögen des gesetzlichen Vertreters einer Partei führt überhaupt nicht zur Unterbrechung des Verfahrens zwischen dem prozeßunfähigen Vertretenen und seinem Gegner, auch nicht auf Grund des § 241 CPO. Denn nur die Verfügung über sein eigenes Vermögen wird dem gesetzlichen Vertreter durch die Konkurseröffnung entzogen, nicht über das des Vertretenen (§§ 6 u. 1 KO.). Soweit es sich um des letzteren Vermögen handelt, erleidet seine Geschäfts- und damit seine Prozeßfähigkeit keine Einbuße.

Im Gegensatze zu den Fällen der §§ 239, 241 u. 242 und in Übereinstimmung mit dem Falle des § 245 tritt die Unterbrechung nach § 240 CPO. ein ohne Rücksicht darauf, ob der Kridar im Prozesse durch einen Prozeßbevollmächtigten vertreten ist oder nicht. Das ergibt sich ohne weiteres aus § 246 CPO., der die Ausnahmen von der Unterbrechung auf § 240 nicht erstreckt. Mit dieser Gleichstellung des Konkurs-

363), der Konkurs der Gesellschaft nicht den Prozeß über das Privatvermögen des Gesellschafters, auch wenn eine Gesellschaftsschuld im Streite befangen ist (unbeschadet der materiellen Einwendungen des Gesellschafters; Kammergericht in KGBl. 6, 21), der Nachlaßkonkurs nicht den Prozeß des Benefizialerben über dessen ursprüngliches Vermögen (LG. Zwickau in We. A. 1, 340), überhaupt der Konkurs einer Gemeinschaft zur gesamten Hand nicht den Prozeß des Gemeinschafters und umgekehrt (Seuffert § 240, 2); ferner der Konkurs des Schuldners nicht den Prätendentenstreit (über ihn Schmidt S. 145), der Konkurs des nicht mitbeklagten Schuldners nicht den Prozeß des Exszindierungsklägers gegen den Gläubiger (§ 771 CPO.; vgl. OLG. Kiel in Schl.-H. Anz. 45, 10; entsprechend § 805 CPO.), der Konkurs des nicht als Nebenintervenienten beigetretenen Schuldners nicht den Prozeß des Forderungspfandgläubigers gegen den Drittschuldner (§ 841 CPO.), der Konkurs des Ehemannes einer Handelsfrau nicht den Prozeß der letzteren (Reichsgericht in JW. 1897, 417 f.) und der Konkurs des Schuldners den Prozeß zwischen Anfechtungskläger und -gegner nur auf Grund der besonderen positiven Vorschrift des § 13 Anf.-G. (hierüber unten S. 208 ff.). — Mehrere Fälle aus dem ehelichen Güterrecht s. bei Jäger § 10, 11.

[1] Siehe die Kommentare zu § 239 CPO. und vgl. Wach I S. 288.

falles mit dem Falle des *iustitium* hinsichtlich der Wirkungen wird dem Wegfall der Prozeßfähigkeit infolge Konkurses von der *lex specialis* des § 240 eine besonders große prozeßunterbrechende Energie verliehen. Der durch Konkurs veranlaßte ist gegenüber dem aus andern Gründen eintretenden Verlust der Prozeßfähigkeit (§§ 241, 246) qualifiziert.

Die Unterbrechung ergreift „das Verfahren", d. h. das ganze Verfahren, welches zwischen dem Konkursifex und seinem Gegner schwebt. Sie ergreift daher in den Fällen der objektiven Klagenhäufung sämtliche kumulierte Prozesse, sei es daß der Kläger *pluribus actionibus* streite (§§ 260, 147 CPO.), sei es daß der Beklagte Widerklage erhoben habe (§§ 33, 280 CPO.). Nur dann natürlich zessiert diese universelle Wirkung der Unterbrechung, wenn für den einen oder anderen der kumulierten Prozesse die dritte Voraussetzung der Unterbrechung, die Beziehung zur Konkursmasse, nicht begründet ist. Solche Fälle können vorkommen. Sie führen zu der interessanten Erscheinung einer *ex lege* eintretenden Trennung gehäufter Klagansprüche — bei der Widerklage wird meist die Konnexität entgegen stehen (vgl. aber unten S. 221 f.) — mit der Folge der weiteren Verhandlung „in getrennten Prozessen" (vgl. § 145 Abs. 1 CPO.). Es klagt z. B. ein außereheliches Kind nach dem Tode der Mutter beim Amtsgerichte gegen den Vater 1. auf Anerkennung der Vaterschaft, 2. als Erbe der Mutter auf Rückzahlung eines von dieser gewährten Darlehns. Fällt der Beklagte *durante lite* in Konkurs, so wird das Verfahren zu 2. unterbrochen, dasjenige zu 1. nicht. Über den Anspruch zu 2. kann, nach erfolgter Anmeldung, im Konkursverfahren verhandelt (§§ 141, 144 Abs. 1 KO.), nach Aufnahme des Prozesses oder Aufhebung des Konkursverfahrens kann die Verhandlung im ordentlichen Prozesse fortgesetzt (§§ 144 Abs. 2, 146 Abs. 3 KO.), endlich kann sie nunmehr wiederum mit dem noch anhängigen Prozesse über den Anspruch zu 1. verbunden werden, was freilich nur dann empfehlenswert wäre, wenn die Unterbrechung infolge der Aufhebung des Konkurses, nicht infolge Aufnahme *durante concursu*, ihr Ende gefunden hat (§ 147 CPO.).

Nur der Konkurs über das Vermögen einer „Partei" führt

zur Unterbrechung des Verfahrens. Daß der Ausdruck im technischen Sinne zu verstehen ist, wurde bereits betont. Nur bei einigen besonders gearteten Erscheinungsformen der Partei kann die Anwendung des § 240 zu Zweifeln Anlaß geben.

Es sollen im folgenden die Fälle der Streitgenossenschaft, einschließlich der Hauptintervention, der Nebenintervention, des Nachlaßkonkurses und des im Auslande eröffneten Konkurses behandelt worden.

I. *Quot actores sive rei, tot iudicia.* Die Streitgenossenschaft erzeugt eine Mehrheit von Prozessen, und die Anzahl dieser Prozesse wird durch die Anzahl der Streitgenossen auf der aktiven oder passiven Seite bestimmt. Die in der Streitgenossenschaft subjektiv gehäuften Klagen sind zwar äußerlich zu einem gemeinsamen Verfahren verbunden, gleichwohl aber verfolgt jeder einzelne Streitgenosse sein eigenes Recht in seinem eigenen Prozeß.[1] Hieraus ergibt sich, daß in jedem einzelnen der kumulierten Prozesse der betreffende Litiskonsorte für sich allein die Partei darstellt, und daraus folgt weiter, daß die Eröffnung des Konkurses über sein Vermögen die Unterbrechung

---

[1] So die durch Planck, Mehrheit der Rechtsstreitigkeiten, begründete, in die CPO. übergegangene (Motive S. 79), herrschende Meinung. Im übrigen sei gegenüber abweichenden Ansichten auf diesem infolge wenig glücklicher Fassung der gesetzlichen Vorschriften viel umstrittenen Gebiete folgendes bemerkt. Streitgenossenschaft ist Mehrheit von Personen der selben Parteistellung in formell einheitlichem Verfahren (Weismann S. 99 A. 2). Die CPO. kennt Streitgenossenschaft auf Grund bürgerlichen und auf Grund Prozeßrechts (§ 61; Hellmann S. 239 und nam. Gaupp-Stein § 62 IIb), und innerhalb jeder dieser Kategorien einfache und „notwendige" Streitgenossenschaft. In dem mit „Streitgenossenschaft" überschriebenen Titel wird nur das auf materiellrechtlicher Basis ruhende Litiskonsortium geregelt. Fälle des prozessualen sind z. B. § 771 Abs. 2 (einfaches), §§ 64 und 632 Abs. 2 (notwendiges in verschiedenem, den beiden Alternativen des § 62 ungefähr entsprechenden Sinne). Notwendige Streitgenossenschaft ist nicht der Fall, daß Streitgenossenschaft notwendig sei, d. h. daß Klagabweisung erfolgen müßte, wenn nicht mehrere klagen oder verklagt werden (*exc. plurium litis consortium*) — das ist nur die eine, durch die zweite Alternative des § 62 getroffene Unterart (s. Text S. 27) —, sondern der Fall, daß, wenn mehrere klagen oder verklagt sind, die Entscheidung juristisch nur eine sein kann (Weismann a. O. Anm. 4; Dreyer in Beitr. 38, 17).

dieses Einzelprozesses jedenfalls bewirkt. Denn in Ansehung dieses Prozesses kann eben an seiner Eigenschaft als Partei ein Zweifel nicht bestehen. Zurückzuweisen ist deshalb die Ansicht, welche, auf der Auffassung, daß die Streitgenossenschaft als solche als Partei zu betrachten sei, fußend, behauptet, daß der Konkurs eines einzelnen Streitgenossen das Verfahren in keiner Beziehung, nicht einmal dem Konkursifex selbst gegenüber unterbrechen könne.[1] Nach dieser Ansicht wäre folgerichtig in den Fällen der Streitgenossenschaft eine Unterbrechung überall da ausgeschlossen, wo sie in einer Veränderung der Partei ihren Grund hat (§§ 239, 240, 241, 244 CPO.). Denn die Streitgenossenschaft als prozessuales Institut kann so wenig in Konkurs verfallen, wie sie sterben oder prozeßunfähig werden kann.

Wenn also einerseits angenommen werden muß, daß die Konkurseröffnung gegen einen der Litiskonsorten das Verfahren in Ansehung dieses Konsorten unterbricht, so ist andererseits festzustellen, daß die Unterbrechung sich grundsätzlich auch auf das Verfahren für oder gegen diesen einen beschränkt. Die kumulierten Prozesse büßen durch die Verbindung zur Streitgenossenschaft ihre Selbständigkeit nicht ein, weder ihre materielle, noch, soweit eben nicht aus dem gemeinsamen Verfahren etwas anderes folgt, ihre prozessuale. Was der eine Streitgenosse tut oder unterläßt, gereicht den anderen weder zum Vorteil noch zum Nachteil (§ 61 CPO.). Jeder einzelne der geltend gemachten Rechtsschutzansprüche ist selbständig zu behaupten, zu begründen, zu beweisen; über jeden ist selbständig zu entscheiden, und die Entscheidung kann verschieden sein. In rein äußerlicher Verbindung gehen die mehreren Prozesse nebeneinander her. Daraus folgt als Grundsatz, der freilich nur für die einfache Streitgenossenschaft rein durchzuführen ist, daß der Konkurs eines einzelnen Streitgenossen nicht über den Einzelprozeß hinauswirken, nicht die anderen, selbständigen Prozesse mit unterbrechen kann. Auch was dem einzelnen Litiskonsorten geschieht, was er duldet, vermag den anderen weder zu nützen noch zu schaden.[2]

---

[1] So Puchelt § 217, 4.

[2] Das ist herrschende Ansicht: Hellmann S. 363; Gaupp-Stein vor

Mit der Eröffnung des Konkurses über sein Vermögen scheidet also, wenn anders die sonstigen Voraussetzungen der Unterbrechung vorliegen, der betroffene einzelne Streitgenosse einstweilen aus der aktiven Betätigung im Prozesse aus. Von seinen Konsorten und gegen sie kann das Verfahren fortgesetzt werden. Der Wiedereintritt des ausgeschiedenen Konsorten nach Beendigung der Unterbrechung ist möglich, wenn nicht — im Falle der einfachen Streitgenossenschaft (§ 61 CPO.) — das Gericht seinen Prozeß nach § 145 CPO. abgetrennt hat.

Der soeben entwickelte Grundsatz, daß der Konkurs eines Litiskonsorten das Verfahren in Ansehung seiner und nur insoweit unterbricht, gilt als solcher auch für die in § 62 CPO. behandelten Fälle der sog. „notwendigen" Streitgenossenschaft. Diese Notwendigkeit beruht nach den Worten des Gesetzes auf dem dem Verfahren zu Grunde liegenden materiellen Rechtsverhältnis. Sie liegt vor mit der Unmöglichkeit einer verschiedenen Entscheidung über die mehreren Rechtsschutzansprüche. Die in § 62 getroffene prozeßrechtliche Bestimmung über die Vertretung der säumigen durch die nicht säumigen Konsorten beschränkt die prozessuale Selbständigkeit der kumulierten Prozesse nur so weit, als sie selbst reicht; sie hebt sie nicht auf, sie setzt nicht einen Prozeß an die Stelle der mehreren.[1] Aber die auf dem Gebiete des materiellen Rechts liegenden Voraussetzungen für die prozessuale Disposition des § 62 sind solche, daß zwischen den in das gemeinsame Verfahren deduzierten Rechtsschutzansprüchen ein engerer Zusammenhang besteht, als er im allgemeinen für die Begründung der Streitgenossenschaft verlangt wird (§§ 59 f. CPO.). Diese Voraussetzungen sind zweierlei Art. Die erste Alternative des § 62 umfaßt die Fälle, wo die Entscheidung über den Anspruch des oder gegen den einen *res iudicata* auch für den andern ist, mag der Anspruch nun von oder gegen einen oder von oder gegen mehrere geltend gemacht

---

§ 59 IIIb; Petersen-Anger §§ 240, 2; 239, 2 (im Widerspruch mit § 61, 1); Reichsgericht in E. 41, 414f.; Ob.LG. f. Bayern in Rspr. 2, 253 u. a.

[1] Gaupp-Stein § 61 III a. E.; vgl. Reichsgericht in Beitr. 30, 726 und das. 34, 1155.

worden sein (Beispiel: *act. confessoria* mehrerer Miteigentümer § 1011 BGB.). Hier wäre der einzelne auch zur Verfolgung des Anspruchs legitimiert gewesen; verfolgen ihn mehrere, so ist für sie nur eine Entscheidung möglich. Die zweite Alternative trifft die Fälle, wo die streitige Berechtigung oder Verpflichtung überhaupt nur in der Person der mehreren begründet ist (Beispiel: *act. redhibitoria* mehrerer Käufer §§ 467, 356 BGB.). Hier wäre die Klage des einen allein mangels Sachlegitimation abzuweisen, hier allein ist Streitgenossenschaft, im Wortsinne, notwendig. Einheitliche Entscheidung muß auch hier erfolgen. Notwendig einheitliche Entscheidung aber bedingt im Falle der Streitgenossenschaft einheitliche Verhandlung. Ohne diese wäre jene nicht garantiert. Daher müssen die mehreren Prozesse still stehen, wenn auch nur einer zum Stillstand kommt. Was dem einzelnen Streitgenossen widerfährt, muß auch dem andern zum Nachteil gereichen (vgl. § 62 CPO.); diese Konzession ist dem im § 62 vorausgesetzten engen Zusammenhange der kumulierten Ansprüche zu machen. Die gegenteilige Ansicht, welche leugnet, daß der in der Person eines Litiskonsorten eingetretene Unterbrechungsgrund auch für die übrigen Prozesse unterbrechend wirke,[1] hat wegen der betonten Selbständigkeit der einzelnen Prozesse zwar den Vorzug größerer Folgerichtigkeit, aber sie ist praktisch nicht durchführbar. Könnte in den Fällen der ersten Alternative des § 62 der nicht betroffene Konsorte allein weiter prozessieren, wogegen, da er ja auch hätte allein klagen können, ein sachliches Hindernis nicht besteht, so könnte der Prozeß vor der Aufnahme des behinderten Konsorten rechtskräftig und für diesen bindend zu Ende gehen, obwohl er sein Interesse an der aktiven Beteiligung eben durch seine Mitklage betätigt hat. Das widerspräche der Billigkeit. In den Fällen der zweiten Alternative müßte die Fortsetzung des Prozesses ohne den Konkursifex — wie auch von den Gegnern zumeist nicht verkannt wird — zur Abweisung der Klage wegen mangelnder Sachlegitimation

---

[1] Struckmann-Koch § 239, 1 Abs. 3; Frank in Z. 13, 205, der übrigens die entgegenstehenden Schwierigkeiten nicht verkennt; etwas abweichend Gaupp-Stein § 239 V.

führen, sodaß der Kläger tatsächlich doch mit dem Prozeßbetriebe inne halten müßte. Träte der Konkurs z. B. während des Laufs der Berufungsfrist ein, so müßte der prozeßfähige Konsorte die bei Nichtunterbrechung für ihn ablaufende Frist ruhig verstreichen lassen, um sich nach geschehener Aufnahme bei der Einlegung der Berufung seitens des bankerotten Genossen durch diesen gemäß § 62 vertreten zu lassen. Das sind unbefriedigende Ergebnisse. Die Schwierigkeiten werden vermieden, wenn man die Handlungen des Konsorten des Kridars während der Unterbrechung gleichfalls als unwirksam annimmt und den Fristenlauf auch ihm gegenüber aufhören läßt. Das führt zu dem Resultat, daß in den Fällen der notwendigen Streitgenossenschaft die Unterbrechung zwar auch nur in dem Einzelprozeß eintritt, in dem der Kridar die Parteirolle ausfüllt, daß sie aber ihre Wirkungen über diesen hinaus auch auf die akkumulierten Prozesse erstreckt.[1] Das ist, auch wenn man das Wesen der Unterbrechung gerade in ihrer Wirkung finden mag, nicht identisch mit der Auffassung, daß eine Unterbrechung in allen gehäuften Prozessen einträte. Der Unterschied und die Richtigkeit der gegebenen Konstruktion zeigen sich darin, daß nur der eine, unmittelbar betroffene Prozeß aufgenommen zu werden braucht und damit die Wirkungen des § 249 CPO. auch für die akkumulierten Prozesse entfallen, ohne daß es einer besonderen Reassumtion dieser bedürfte (unten S. 93).

Die Annahme einer derartigen universellen Wirkung der Unterbrechung läßt sich nicht dadurch vermeiden, daß man die vom Unterbrechungsgrunde nicht betroffenen Konsorten als die Vertreter des behinderten nach § 62 handeln ließe.[2] Das ginge nicht an. Die klaren Worte des Gesetzes weisen darauf hin, daß eine Vertretung nur im Falle der Säumnis eintreten soll. Wer nicht handelt, weil er nicht handeln kann, prozeßunfähig ist, ist nicht säumig. Die Säumnis ist ein technischer Begriff, der die

---

[1] So v. Wilmowski-Levy § 217, 1 Abs. 3; Hachenburg S. 72 f.; Kohler, Pr. a. R. S. 102 Anm.**; Dreyer in Beitr. 38, 18: Reichsgericht in JW. 1893, 343.

[2] So Gaupp-Stein a. O.; Petersen-Anger § 239, 2. Richtig Struckmann-Koch a. O.

Handlungsmöglichkeit gerade voraussetzt. Sie ist nicht denkbar, so lange der Kridar von der Prozeßführung ausgeschlossen ist, sondern erst nach der Aufnahme des Prozesses oder sonstigen Beendigung der Unterbrechung. Die Annahme einer Vertretung würde auch mit dem noch zu erörternden Satze des Konkursrechts in Widerspruch stehen, daß es dem Konkursverwalter zukommt zu entscheiden, ob er die in der Masse befindlichen Prozesse, so wie sie liegen, im Interesse der Masse fortsetzen wolle oder nicht. Der Fortgang des Prozesses auf Grund einer Vertretung des Kridars durch seine Streitgenossen würde jener Entschließung vorgreifen.

Die Hauptintervention des § 64 CPO. ist nicht, wie sie vom Gesetze genannt wird, eine „Beteiligung eines Dritten am Rechtsstreite". Sie ist ein neuer, in seinen Voraussetzungen selbständiger Prozeß, in welchem der Intervenient der Kläger und die Parteien des Hauptprozesses die zur Streitgenossenschaft *passive* verbundenen Beklagten sind.[1] Der Intervenient macht

---

[1] Die dogmatische Konstruktion der Hauptintervention ist schwierig und auf verschiedene Weise unternommen worden, besonders scharfsinnig von Weismann, Hauptintervention und Streitgenossenschaft, dem jedoch nicht in allen Punkten beigetreten werden kann. Der nach § 64 Legitimierte hat die Wahl, seine Rechte gegen die streitenden Parteien einzeln oder gegen beide zugleich zu verfolgen. Wählt er den letzteren Weg, so ist das Prozeßgericht der Erstparteien als *forum connexitatis* ausschließlich zuständig. Über seine so erhobene Klage kann gegenüber beiden Beklagten nur einheitlich entschieden werden. „Es muß der Intervenient, um zu siegen, beide Beklagte überwinden; er unterliegt gegen beide, wenn er von einem besiegt wird" (Weismann S. 81). Dem ist so, weil die Tendenz der Hauptintervention sich auf die Erlangung der Sache u. s. w. richtet und diese nur entweder erlangt oder nicht erlangt werden kann. Ob das Recht des Intervenienten materiell gegenüber beiden Beklagten nur einheitlich festgestellt werden kann oder nicht, kommt dabei nicht in Frage (Struckmann-Koch § 64, 3; a. M. Gaupp-Stein § 64 I; P[etersen] in Beitr. 29, 737). Die Streitgenossenschaft ist eine notwendige (a. M. Reichsgericht in E. 17, 340 und in JW. 1895, 102) und zwar auf Grund Prozeßrechts, verwandt mit der ersten Alternative der in § 62 verstandenen zivilrechtlichen Streitgenossenschaft (Gaupp-Stein §§ 64 IV 1; 62 II 1 b; Weismann S. 99 u. a.). Wie bei dieser bleibt aber die durch die Mehrheit der Beklagten begründete Mehrheit der Prozesse an sich bestehen; die Hauptintervention begründet von dem Satze: so viel Beklagte, so viel Prozesse keine Ausnahme (gegen Weismann S. 75),

zwei, infolge der Hauptintervention und durch sie untrennbar miteinander verbundene Ansprüche geltend, einen Feststellungsanspruch gegen den Erstkläger und einen Leistungs- (oder Feststellungs-) anspruch gegen den Erstbeklagten. Die Entscheidung über diese Ansprüche kann nach der Tendenz der Hauptintervention nur einheitlich erfolgen; der Intervenient kann nicht gegenüber einer der Erstparteien obsiegen, gegenüber der anderen abgewiesen werden. Die Streitgenossenschaft der beiden Beklagten ist also eine notwendige. Die beiden vom Intervenienten gegen sie gerichteten Prozesse sind untrennbar; mit ihnen ist als dritter der Hauptprozeß, aber nicht untrennbar, zum gemeinsamen Verfahren unter drei Parteien verbunden. Nach diesen Sätzen beurteilt sich der Einfluß des Konkurses einer dieser Parteien auf das Verfahren.

Die Eröffnung des Konkurses über das Vermögen des Hauptintervenienten führt beim Vorliegen der sonstigen Voraussetzungen des § 240 CPO. zur Unterbrechung des Interventionsprozesses in seiner doppelten Richtung. Der Hauptprozeß bleibt unberührt. Auf ihn kann die Unterbrechung keine Wirkung äußern, denn in ihm ist der Intervenient nicht Partei. Allerdings liegt in dem Fortgange des Hauptprozesses für den Intervenienten ein gewisser Nachteil. Dem wird begegnet durch das Recht der Erstparteien, das Verfahren ruhen zu lassen (§ 251 CPO.), und durch die Möglichkeit einer Aussetzung, die von einer dieser Parteien beantragt — der Antrag des Intervenienten ist wegen seiner Prozeßunfähigkeit ausgeschlossen — übrigens beim Vorliegen der Voraussetzungen des § 148 CPO. auch von Amts wegen angeordnet werden kann.[1]

Durch den Konkurs des Erstklägers oder den des Erstbeklagten wird jedenfalls der Hauptprozeß unterbrochen. Es fragt sich, wie in dem einen oder anderen Falle die Konkurs-

---

nur sind die Prozesse untrennbar. Auch verfolgt der Intervenient nicht einen „einheitlichen Interventionsanspruch" (Weismann S. 81 f.), sondern je einen Anspruch gegen jeden Beklagten, aber in einheitlichem Verfahren (so die Mehrheit der Schriftsteller). — Völlig abseits die Konstruktion von Kohler in Beitr. 30, 484 ff., dagegen Gaupp-Stein § 64 I A. 5.

[1] A. M. Weismann S. 176 gegen die herrschende Lehre.

eröffnung auf den Interventionsprozeß wirkt.[1] Ist von den Parteien des Hauptprozesses der Kläger der Konkursifex, so wird der Interventionsprozeß unterbrochen, soweit er sich gegen ihn richtet. Da die Streitgenossenschaft der Erstparteien aber eine notwendige ist, so treten die Wirkungen der Unterbrechung auch dem Erstbeklagten gegenüber ein.[2] Sie werden aufgehoben, sobald im Verhältnis zwischen dem Intervenienten und dem Erstkläger die Aufnahme des Verfahrens erklärt wird. — Tritt der Konkurs in der Person des Erstbeklagten ein, so verfällt der Interventionsprozeß in seiner Richtung gegen diesen der Unterbrechung. Dagegen wird im Gegensatz zu dem Falle des Konkurses des Erstklägers der Interventionsprozeß in der Richtung auf diesen nicht berührt. Es versagt hier die universelle Wirkung der Unterbrechung, weil es dem Streite zwischen Intervenienten und Erstkläger an ihrer weiteren Voraussetzung der Beziehung zur Konkursmasse mangelt. Für ein Mehr oder Weniger der Masse — das ist, wie sich zeigen wird, das Wesentliche der Beziehung — kommt es nur darauf an, ob ein Anspruch besteht, und nicht darauf, wem er zusteht. Die Prätendenten streiten nicht um die Existenz des Anspruchs, sondern um das berechtigte Subjekt unter Voraussetzung der Existenz. Dieser Streit betrifft die Masse nicht und unterliegt deshalb nicht dem Stillstand. Die notwendig einheitliche Entscheidung über die Hauptintervention wird durch seinen Fortgang nicht vereitelt. Unbeschadet ihrer kann der Feststellungsprozeß zwischen Intervenienten und Erstkläger nicht nur ohne den Beklagten sehr wohl durchgefochten werden — wie dieser ja auch analog dem Falle des § 75 CPO. durch Deposition des Streitgegenstandes sich dem Prozesse ent-

---

[1] Weismann S. 143 nimmt auf Grund seines Interventionsanspruchs folgerichtig Unterbrechung des Interventionsprozesses in seiner Totalität durch Konkurs eines jeden Beklagten an. Ders. S. 129 A. 11 verneint die Möglichkeit der Unterbrechung beim Vorliegen eines — wenn auch vom Verwalter anfechtbaren — Anerkenntnisses der nachmalig bankerotten Erstpartei. Damit wäre die Anfechtung des Anerkenntnisses im anhängigen Prozeß ausgeschlossen. — Nach Frank a. O. soll die Unterbrechung nur im Verhältnis zu der betroffenen Partei eintreten, der anderen gegenüber das Verfahren weiter laufen.

[2] Kohler a. O. S. 489 A. 20.

ziehen kann[1] — sondern es liegt sein baldiger Austrag auch im Interesse der Beteiligten, eben mit Rücksicht auf den eröffneten Konkurs. Zwar werden in der Regel beide Prätendenten ihre Ansprüche an den Kridar durch Anmeldung oder sonst geltend machen, und wird durch die Aufnahme ihrer Prozesse die Prozeßfigur der Hauptintervention wieder hergestellt werden. Es können die Prätendenten aber auch zunächst ihren Prozeß erledigen, so daß nur der Obsiegende der Masse gegenübertritt.

Die auf Grund der Bestimmungen des § 75 CPO., der sog. „Prätendentenverkündung“, nach Eintritt des Litisdenunziaten und vor der Entlassung des Beklagten aus dem Rechtsstreite sich ergebende Situation entspricht materiell der durch eine Hauptintervention geschaffenen Prozeßlage[2] und muß nach den für diese entwickelten Sätzen beurteilt und behandelt werden. Fraglich kann nur sein, ob sich Abweichungen ergeben, wenn der Konkurs als Unterbrechungsgrund erst nach der Entlassung des Beklagten eintritt. Nach der richtigen Ansicht bleibt der Beklagte trotz seiner Entlassung Partei. Das entlassende Urteil entbindet ihn von der Defensionspflicht, nicht vom Prozeß.[3] Der künftig unterliegende Forderungsprätendent ist sein Kostenschuldner: dieses Interesse knüpft ihn an den Streit der Prätendenten. Und eben wegen dieses Interesses hat es einen guten Sinn, daß im Konkursfalle das Verfahren, soweit der Beklagte beteiligt ist, nur unterbrochen wird und wieder aufgenommen werden kann, und daß nicht der Beklagte gänzlich aus dem Prozesse scheidet, wonach für eine Unterbrechung kein Raum mehr wäre. Mit dem völligen Ausscheiden des Beklagten als Partei verschwände auch die Analogie der Hauptintervention.

---

[1] Gaupp-Stein § 64 IV 1; Kohler a. O. S. 489.

[2] Die in Doktrin und Praxis wohl jetzt überwiegende Auffassung: Wach I S. 653; ders. Vortr. S. 109 f.; Schollmeyer S. 103; Reichsgericht in E. 34, 403; LG. Freiberg in Sä.A. 3, 313 (nicht ganz konsequent); jetzt auch Gaupp-Stein § 75 II; Struckmann-Koch § 75, 2. Abs. 5; Fitting Ci.[10] S. 375 und im wesentl. Schmidt S. 885 und Seuffert § 75, 2 d. — And. Mein. am schärfsten Schlodtmann in Z. 13, 295 ff.; ferner v. Wilmowski-Levy § 72, 1 Abs. 5; Petersen-Anger § 75, 5; Weismann S. 171 Anm. 6.

[3] Wach, Vortr. S. 110; Schollmeyer S. 102; Fitting, Ci. S. 120; auch v. Wilmowski-Levy § 72, 1 a. E.

Seine Stellung ist der des Erstbeklagten in jener vergleichbar, der den Anspruch des Intervenienten anerkannt hat.[1] Die Deposition ist ein faktisches Plus, das den Beklagten materiell liberiert, die prozessuale Situation aber nicht verschiebt. Die Sätze der Hauptintervention gelten also auch dann noch entsprechend, wenn der unterbrechenden Konkurseröffnung die Streitentlassung des Beklagten bereits vorangegangen ist. Insbesondere wird im Falle des Konkurses des Beklagten der zwischen dem Litisdenunziaten und dem Erstkläger schwebende Prätendentenstreit über die Frage, wem die deponierte Streitsumme zustehe, nicht unterbrochen. Die deponierte Summe gehört nicht zur Konkursmasse; sie kann nicht wieder in das Vermögen des Beklagten zurückfließen. Einem von beiden Forderungsprätendenten muß sie zugesprochen werden, denn einem von ihnen schuldig zu sein, hat der Beklagte, wenn auch nicht durch seinen Verzicht, so doch durch die Hinterlegung anerkannt. Auch das Gericht kann nicht im Zweifel bleiben, wer der Berechtigte sei, wenn man daran festhält, daß der Litisdenunziat seiner Stellung als Kläger entsprechend hinsichtlich seiner Behauptungen die Beweislast hat.[2]

Die Interventionsklage des § 771 CPO. ist nach der überwiegenden richtigen Ansicht keine Hauptintervention. Sie begehrt die Verhinderung der Zwangsvollstreckung und richtet sich dementsprechend in erster Linie und regelmäßig nur gegen den pfändenden Gläubiger. Nur in den Fällen, wo nicht bloß die prozessuale Entlassung des Pfandobjekts aus der Zwangsvollstreckung herbeigeführt, sondern zugleich ein materielles Recht dinglicher oder obligatorischer Natur auf dieses Objekt geltend gemacht werden soll, ist die Klage auch gegen den Schuldner zu richten. Wird sie gegen beide Parteien erhoben, so sind diese nach der positiven Vorschrift des Abs. 2 Streitgenossen; an und für sich würden sie es nicht sein, weil die

[1] Die Agnitoria kann nicht ergehen (Weismann S. 129 A. 10).

[2] Wach a. O. S. 109; ders. in DJZ. 1, 287; Gaupp-Stein § 75 V. Nicht nur das nackte Bestehen, sondern das Bestehen der Forderung in der Person eines der Prätendenten hat der Beklagte anerkannt (a. M. Petersen-Anger § 75, 11). Unverständlich v. Wilmowski-Levy § 72, 1 g. E.

Voraussetzungen der §§ 59. 60 CPO. nicht vorliegen. Die Streitgenossenschaft beruht also auf prozessualer Basis. Sie ist eine einfache; einheitliche Entscheidung gegenüber beiden Konsorten ist nicht notwendig.[1] Häufig wird der Dritte die Zwangsvollstreckung hindern, aber seinen Anspruch gegen den Schuldner nicht durchsetzen können. Es müssen demnach auf die gegen beide Parteien gerichtete Interventionsklage die Grundsätze der einfachen Streitgenossenschaft Anwendung finden. Eine Modifikation erfahren sie nur dadurch, daß auf das bereits in der Vollstreckungsinstanz schwebende Verfahren des Gläubigers gegen den Schuldner — welches überdies eingestellt sein kann — eine Konkurseröffnung überhaupt nicht unterbrechend wirkt (§ 14 KO.; vgl. oben S. 14 ff.). Hiernach unterbricht der Konkurs des Intervenienten das von ihm eingeleitete Verfahren sowohl dem Gläubiger als dem Schuldner gegenüber; auf die Exekution hat er keinen Einfluß. Der Konkurs des Gläubigers führt zur Unterbrechung des von dem Intervenienten gegen ihn gerichteten Widerspruchsprozesses, die Exekution und das Verfahren zwischen dem Intervenienten und dem Schuldner bleiben unberührt. Der Konkurs des Exequendus endlich unterbricht den Widerspruchsprozeß, soweit er sich gegen ihn richtet; der Prozeß des Intervenienten gegen den Gläubiger wird nicht berührt; auf die Exekution findet der § 14 KO. Anwendung.

Die selben Sätze gelten für die nach § 805 Abs. 3 CPO. gegen Gläubiger und Schuldner gemeinsam erhobene Klage.[2]

II. Der Nebenintervenient (§§ 66 ff. CPO.) ist Gehülfe einer Partei kraft eigenen Rechts und in eigenem Namen, nicht Partei selbst, auch dann nicht, wenn er nach § 69 CPO. als ihr Streitgenosse „gilt". Der Begriff der Nebenpartei ist unserer Prozeßordnung fremd.[3] Daraus ergibt sich, daß die Eröffnung des Konkurses über das Vermögen des Nebenintervenienten, er

---

[1] Zustimmend: Petersen-Anger § 771, 9; Gaupp-Stein § 771 IV; v. Wilmowski-Levy § 690, 7. 8; Schmidt S. 784; ablehnend Struckmann-Koch § 771, 6; Fitting Ci. S. 708; Weismann S. 101 f.; Dreyer a. O. S. 30.

[2] Petersen-Anger § 805, 6; Gaupp-Stein § 805 II 4; v. Wilmowski-Levy § 710, 6. 7; Schmidt S. 633.

[3] Wach I S. 613 und herrschende Meinung.

mag abhängiger oder streitgenössischer Intervenient sein, eine Unterbrechung des zwischen den Parteien sich abspielenden Verfahrens nicht herbeiführen kann.[1] Das folgt aus dem Begriffe der Nebenintervention; etwas weiteres aber folgt aus ihm nicht. Insbesondere ergibt sich aus dem Mangel der Parteiqualität nichts für die Entscheidung der Frage, inwieweit der Konkurs des Intervenienten auf seine Beteiligung an dem Streite der Parteien, auf das Interventionsverfahren selbst, von Einfluß sei. Dieses Verfahren bildet ein besonderes, von dem der Parteien verschiedenes, Prozeßrechtsverhältnis. Subjekt desselben ist der Intervenient.[2] Als solches zu handeln, bedarf er der Prozeßfähigkeit. Betrifft das Interventionsverfahren die Konkursmasse, was sehr wohl möglich und nach den unten noch zu erörternden Grundsätzen (S. 44 ff.) zu beurteilen ist, so wird der Nebenintervenient prozeßunfähig und dadurch von der weiteren persönlichen Betätigung seiner prozessualen Rechte ausgeschlossen. Den völligen Verlust dieser Rechte kann sein Konkurs so wenig nach sich ziehen, wie der Konkurs einer Partei diese ihrer prozessualen Rechte beraubt; der Nebenintervenient kann nicht aus seiner Stellung als solcher verdrängt werden. Eine dahin gehende Annahme ließe außer acht, daß die Stellung des Intervenienten auf seinem eigenen Rechte beruht, und daß er durch den Konkurs nur momentan an dessen selbsttätiger Geltendmachung verhindert ist. Es muß daher im Falle des Konkurses des Nebenintervenienten eine Unterbrechung des Verfahrens im Verhältnis zu diesem, ihm gegenüber, angenommen werden mit der Folge, daß die durch und gegen ihn vorgenommenen Prozeßhandlungen unwirksam sind,

[1] So — wenigstens für die Fälle des § 66 — wohl die allgemeine Meinung, doch begründen Petersen-Anger § 240, 2 sie unzutreffend damit, daß das Verfahren *inter partes* die Konkursmasse des Intervenienten nicht betreffe. — Der formale Fortgang des Rechtsstreits unter den Parteien schließt indessen seine mittelbare Beeinflussung durch den Konkurs des Intervenienten nicht aus, da ohne dessen, während der Unterbrechung des Interventionsverfahrens (s. den weiteren Text) ausgeschlossene Ladung nicht zu seinem Nachteil verhandelt und entschieden werden kann, es sei denn, daß der Intervent mit unbedingter Wirkung für ihn disponiert: anerkennt, verzichtet, sich vergleicht (vgl. Wach I S. 644).

[2] Wach I S. 614 f.

und der Intervenient erst auf Grund der Aufnahme des Interventionsverfahrens oder der Aufhebung des Konkurses in die aktive Betätigung seiner Rechte wieder eintritt.[1] Diese Unterbrechung erfolgt auch dann, wenn der Konkurs noch während des dem Beitritt des Intervenienten etwa vorausgehenden Zwischenstreits (§ 71 CPO.) eröffnet wird. — Tritt infolge des Konkurses einer der Parteien eine Unterbrechung des Verfahrens ein, so wird auch das Verfahren dem Nebenintervenienten gegenüber unterbrochen; er teilt das Schicksal der von ihm unterstützten Partei.[2]

Die *laudatio auctoris* des § 76 CPO. zielt ab auf einen Wechsel in der Person des Beklagten, der sich aus dem in Abs. 1 bezeichneten zu Grunde liegenden zivilen Rechtsverhältnisse rechtfertigt (§ 868 BGB.). Die Entbindung des Beklagten von der Klage bewirkt sein endgültiges Ausscheiden aus der Partei-

---

[1] Übereinstimmend Struckmann-Koch § 239, 1; v. Wilmowski-Levy § 217, 1 Abs. 2; Seuffert 7. Aufl. § 218, 2. And. Mein. Seuffert 8. Aufl. §§ 240, 2 vb. 239, 1 d, der die Unterbrechung dem Intervenienten gegenüber p°· Kosten behauptet, da er insoweit Partei sei. Ähnlich anscheinend Petersen-Angfr § 240, 2, die übrigens zu § 239, 2 für den Fall des Todes des Intervenienten eine Unterbrechung im Verhältnis zum Gegner des Interventen annehmen. Gaupp-Stein § 239 I A. 12 leugnen die Möglichkeit einer Unterbrechung des Verfahrens „in einzelnen Beziehungen" (?) und damit jede in der Person des Intervenienten begründete Unterbrechung; auch Frank a. O. S. 206 scheint an ein Ausscheiden des Intervenienten zu denken — Meinungen, die diesen rechtlos stellen.

[2] Vgl. Gaupp-Stein § 67 II d a. E.; Reichsgericht in JW. 1895, 164. In JW. 1893, 539 ist der Tatbestand zu unvollständig wiedergegeben, als daß sich erkennen ließe, ob das Reichsgericht das. den im Texte vertretenen Standpunkt teilt oder nicht. —

Auf den Konkurs im Falle der Nebenintervention ist im Laufe dieser Untersuchung nicht wieder zurückgekommen worden. Insbesondere sind die Wirkungen der Unterbrechung des Interventionsverfahrens auf dieses und auf das Verfahren *inter partes*, deren Darstellung erst die Bestätigung dafür bringen könnte, daß der Konkurs des Intervenienten dieses nicht, wohl aber jenes unterbricht, und das Reassumtionsverfahren unerörtert geblieben. Eine Darstellung dieser Verhältnisse würde ohne tieferes Eingehen auf die sehr umstrittene rechtliche Stellung des Nebenintervenienten nicht möglich gewesen sein und damit von dem eigentlichen Thema zu weit abgeführt haben.

rolle zum Zwecke der Übernahme derselben durch den *auctor*. So lange der ursprüngliche Beklagte noch Partei ist, unterbricht sein und nur sein Konkurs das Verfahren, wenn es, was denkbar ist, in Beziehung zur Konkursmasse steht. Sobald der Benannte als Beklagter in den Prozeß eingetreten ist, hat der Konkurs des ursprünglich Beklagten keinen Einfluß mehr, wohl aber der des *auctor*. Gleichzeitig können, abgesehen von den Fällen des Abs. 3, Laudant und Laudat nicht Beklagte sein. Es ist daher wichtig, festzustellen, zu welchem Zeitpunkt der Wechsel in der Beklagtenrolle eintritt.[1] Man wird ihn nur mit der Rechtskraft der den Beklagten von der Klage entbindenden *absolutio ab instantia* zusammentreffen lassen können. Die vorhergehende Erklärung des Benannten, den Prozeß zu übernehmen, ist Voraussetzung für das Entbindungsendurteil, macht aber den Erklärenden noch nicht zum Beklagten und wirft den Beklagten nicht aus dem Prozeß.[2] Tritt nach der Erklärung der Übernahme und vor der Rechtskraft des Entbindungsurteils Konkurs einer der Parteien ein, so wird der Rechtsstreit mit der Wirkung unterbrochen, daß er zwischen Kläger und Laudanten aufzunehmen

[1] Daß es sich um einen solchen Wechsel handelt, ist herrschende Meinung; vgl. die eingehende Erörterung von Krug in Z. 20, 299 ff.; bes. 378 ff.; ferner außer den Kommentaren Wach I S. 653 f.; ders. Vortr. S. 108; Schollmeyer S. 113; Hellmann S. 318; Seuffert in Z. 7, 9; and. Mein. Fitting Ci. S. 124; Schmidt S. 886.

[2] Die gemeine Meinung läßt den Wechsel mit der „Übernahme" des Prozesses durch den Benannten (Abs. 4) eintreten und findet diese entweder in der Erklärung der Übernahme (v. Wilmowski-Levy § 73, 3e; Petersen-Anger § 76, 8) oder in der Willenseinigung zwischen Laudant, Laudat bezw. und Kläger, von Modifikationen im Falle des Streites über das Widerspruchsrecht des Klägers (Abs. 3 S. 2) abgesehen (Frank in Z. 13, 211; Krug a. O. S. 398). Allein es widerspricht der prozessualen Logik, mit dem Wortlaute des Abs. 4 die Übernahme als das *antecedens* der Entbindung zu betrachten. Der Laudat kann in die Parteirolle nicht eintreten, ehe sie frei ist. Frei wird sie erst durch die Entbindung des Beklagten, die zum Zwecke des Eintritts des *auctor* erfolgt, also nicht bloß deklaratorisch ist (gegen Schollmeyer a. O.). Die vorherige Erklärung der Übernahme aber ist bloß *in eventum*, für den Fall des Antrags und der Entbindung des Laudanten, abgegeben. Wird jener nicht gestellt, oder diese nicht ausgesprochen, so bleibt der Laudant im Prozeß.

ist. Hiernach erst kann der Laudat an des letzteren Stelle treten. Der Konkurs des Laudaten in der kritischen Zeit unterbricht den Prozeß nicht; nur tritt nachmals der Konkursverwalter als sein gesetzlicher Vertreter in die Betätigung der Beklagtenrolle ein. — Soweit der Kläger, weil er „Ansprüche geltend macht, welche unabhängig davon sind, daß der Beklagte auf Grund eines Rechtsverhältnisses der in Abs. 1 bezeichneten Art besitzt" (Abs. 3), seine Zustimmung zum Ausscheiden des Beklagten verweigert, bleibt der Laudant im Prozeß, während hinsichtlich der die besessene Sache selbst betreffenden Ansprüche seine Entbindnng erfolgen kann, und der *auctor* für ihn eintritt. Dann finden auf die beiden Beklagten die für einfache Streitgenossenschaft oben entwickelten Sätze Anwendung, wie auch die Sätze über Neben- oder Hauptintervention gelten, wenn der mittelbare Besitzer als Neben- oder Hauptintervenient seine Interessen verfolgt.[1]

III. Der Konkurs über einen Nachlaß ist in objektiver Beziehung der Konkurs über das im Moment des Todes vorhandene Vermögen des Erblassers. Gegenwärtiges Subjekt dieses Vermögens, und zwar vom Zeitpunkte des Todes ab, ist der berufene Erbe (§ 1922 BGB.). Der Erbe ist daher das passive Subjekt, der Exequendus, in dem Generalexekutionsverfahren; er ist der Kridar. In subjektiver Beziehung ist der Nachlaßkonkurs Konkurs des Erben. Er ist Partikularkonkurs; er trifft nur das Nachlaßvermögen als einen von seinem sonstigen Vermögen getrennten Teil des Vermögens des Erben. Dieser als Subjekt des Nachlaßvermögens ist — möglicherweise vertretene — Partei in den Rechtsstreitigkeiten, in welchen Aktiva oder Passiva des Nachlasses verfolgt werden. Als solche wird er durch die Konkurseröffnung prozeßunfähig. Die in Ansehung des Nachlasses schwebenden Aktiv- und Passivprozesse werden gemäß § 240 CPO. unterbrochen. Die Unterbrechung tritt auch ein, wenn sie vom Nachlaßpfleger oder vom Testamentsvollstrecker geführt werden (§§ 1961; 2212 ff. BGB.).[2] Es begründet keinen Unterschied,

[1] Gaupp-Stein § 76 IV 2; v. Wilmowski-Levy § 73, 3 c.

[2] Diese Personen sind nach richtiger Ansicht nicht Parteien, sondern Vertreter der Partei (Petersen-Anger vor § 50, 5 und 8). Vgl. im übrigen Petersen-Kleinfeller §§ 214 f.

ob der Prozeß vom Erblasser übernommen oder erst vom Erben, vom Testamentsvollstrecker oder vom Nachlaßpfleger begonnen worden war.

Die Eröffnung des Konkurses über einen Nachlaß ist für dessen Prozesse entweder primärer oder sekundärer — nämlich dem Unterbrechungsgrund des Todes hinzutretender — Unterbrechungsgrund.

Wenn auf Grund des § 239 CPO. das Verfahren bereits durch den Tod einer Partei unterbrochen worden ist, und nun über die Verlassenschaft derselben der Konkurs eröffnet wird, so kann die Konkurseröffnung zunächst eine in die äußere Erscheinung tretende Wirkung nicht haben: der Prozeß bleibt unterbrochen. Die unterbrechende Wirkung der Konkurseröffnung tritt erst dann zu Tage, wenn das unterbrochene Verfahren aufgenommen werden soll. Die Reassumtion hat, wenn überhaupt die Konkursmasse durch das Verfahren betroffen wird, nicht nach den Vorschriften des § 239, sondern nach denen des § 240 CPO. zu erfolgen (§ 243 CPO.). Wird das Konkursverfahren, ehe eine Aufnahme des Prozesses stattgefunden hat, durch Einstellung oder Aufhebung beendet, so tritt der Unterbrechungsgrund des Todes wiederum allein in Wirksamkeit, bis die Aufnahme nach § 239 CPO. erfolgt.[1]

Fand eine Unterbrechung infolge des Todes einer Partei nicht statt (§ 246 CPO.), oder war das durch den Tod unterbrochene Verfahren vom Erben, vom Testamentsvollstrecker oder vom Nachlaßpfleger bereits aufgenommen, oder war es überhaupt erst nach dem Tode anhängig gemacht worden, so wirkt die eintretende Konkurseröffnung primär unterbrechend. Es versteht sich von selbst, daß dann die Aufnahme nur nach Maßgabe der Vorschriften des § 240 CPO. stattfinden kann. In dem Falle, daß zu dem Konkurs als dem primären der Tod einer Partei als sekundärer Unterbrechungsgrund hinzutritt, ist in analoger Anwendung des § 243 CPO. daran festzuhalten, daß, solange das Konkursverfahren dauert, dieses für die Modalität der Aufnahme entscheidend ist.

---

[1] Wird anscheinend allgemein angenommen, abgesehen von Kleiner CPO. I zu § 220 Abs. 2.

IV. Den Grundsatz des internationalen Rechts, daß der Ausländer dem Inländer gleich zu behandeln sei, hat sich auch die deutsche Konkursgesetzgebung zu eigen gemacht. Die Konkursordnung ruht auf dem Prinzip der Universalität des Konkurses.[1] Dementsprechend erkennt sie an, daß der im Auslande eröffnete Konkurs über das Vermögen eines Ausländers oder eines Deutschen, wenn nach den Vorschriften des ausländischen Rechts das gesamte Vermögen des Gemeinschuldners der Konkursmasse verfällt, auch das im Deutschen Reiche befindliche Vermögen desselben grundsätzlich mit umfaßt und auf Verlangen dem Konkursverwalter für die Konkursmasse auszuantworten ist.[2] Indessen hat das Gesetz jenen Grundsatz in einigen wichtigen Beziehungen, und zwar zunächst im Interesse der inländischen Gläubiger des ausländischen Kridars, zu Gunsten des Territorialprinzips durchbrochen. Uns interessiert vor allem der § 237 KO., wo es im ersten Absatze heißt:

> „Besitzt ein Schuldner, über dessen Vermögen im Auslande ein Konkursverfahren eröffnet worden ist, Vermögensgegenstände im Inlande, so ist die Zwangsvollstreckung in das inländische Vermögen zulässig".

Diese Bestimmung, welche mit dem durch § 23 CPO. eingeführten Gerichtsstande des Vermögensbesitzes in Zusammenhang steht, und deren Tragweite das Reichsgericht in einer Reihe von Entscheidungen eingehend erörtert hat,[3] setzt einen

[1] Seine für die *lex lata* entgegengesetzte, durch seine Beschlagsrechtstheorie mit bestimmte Meinung verficht eingehend Kohler S. 623 ff.; auf ähnlichem Standpunkt steht Seuffert S. 32 Anm. 5; vgl. jedoch S. 88 Anm. 15. Mit ihnen läßt sich beiläufig nicht rechten. Die überwiegende Meinung in Doktrin und Praxis stimmt mit der im Text vertretenen Ansicht überein: Motive S. 457 f.; Petersen-Kleinfeller § 237, 1; v. Sarwey-Bossert § 237, 1; Fitting Ko. S. 403 f.; Endemann S. 641; Reichsgericht in JW. 1899, 227; in E. 14, 424 f., wo überall die Universalität als Grundsatz anerkannt wird; and. Mein. auch Jäger § 237, 1 u. a.

[2] Siehe die Literatur am Schlusse der letzten Anm. sowie Oetker in Z. 25, 18 f. und Reichsgericht in E. 6, 404; and. Mein. Reichsgericht in E. 14, 409 f.

[3] Reichsgericht in E. 6 Nr. 125 (S. 400 ff.), 14 Nr. 115 (S. 405 ff.); Nr. 116 (S. 412 ff.); Nr. 117 (S. 424 ff.); 16 Nr. 78 (S. 337 ff.); in JW. 1899, 227. Ebenso OLG. Celle in Z. 6, 9 ff.

der obersten Grundsätze des Konkursrechts außer Anwendung: den Satz, daß der Konkursgläubiger lediglich im Wege des Konkursverfahrens Befriedigung suchen darf und ein vereinzeltes Vorgehen gegen den Gemeinschuldner ausgeschlossen ist (§§ 12, 14 KO.). Diese Durchbrechung eines für das Konkursverfahren sonst ausnahmslos festgehaltenen Prinzips in Verbindung damit, daß es für die Anwendung des § 237 KO. keinen Unterschied macht, ob das ausländische Konkursverfahren sich nach ausländischem Recht auch auf das inländische Vermögen des Kridars erstreckt oder nicht, ob der auswärtige Verwalter etwa dieses Vermögen bereits eingefordert oder gar Besitz davon ergriffen hat oder nicht, ob endlich dem inländischen Gläubiger für seine Forderung zur Zeit der Konkurseröffnung schon ein vollstreckbarer Titel zustand oder nicht, nötigt, wenn auch nicht zur Leugnung jedes Einflusses des ausländischen Konkurses auf den inländischen Rechtszustand, so doch zu der Annahme, daß mit jener Bestimmung jede Wirkung des im Auslande eröffneten Konkursverfahrens auf die im Inlande mögliche Rechtsverfolgung gegen den Gemeinschuldner negiert worden ist. Diese Konsequenz hat auch der höchste Gerichtshof in den erwähnten Entscheidungen gezogen. Wenn also der § 237 KO. ausdrücklich nur die Zwangsvollstreckung als den praktisch wichtigsten und im Konkursfalle am wenigsten selbstverständlichen Teil der Rechtsverfolgung zuläßt, so muß diese Bestimmung doch auch auf diejenige rechtsverfolgende Tätigkeit Anwendung finden, die die Zwangsvollstreckung zu sichern und zu ermöglichen bezweckt, also nicht nur auf vorgängige arrestatorische Maßregeln, sondern auch auf die mit der Tendenz der Erlangung eines Vollstreckungstitels gegen den Gemeinschuldner zu erhebenden und erhobenen Klagen. Und wenn der § 237 KO. zunächst nur zum Schutze der inländischen Gläubiger gegeben worden ist und zunächst nur den Gerichtsstand des § 23 CPO. im Auge gehabt hat, so muß er doch auch einerseits auf das seitens eines Ausländers gegen den Kridar im Inlande gerichtete und andererseits auf das in einem anderen besonderen Gerichtsstande, der vom Vermögensbesitz unabhängig ist, eingeleitete Verfahren ausgedehnt werden.[1]

[1] Siehe Reichsgericht in E. 14, 410 und 414.

Da es also für die Einleitung und Fortsetzung von Prozessen gegen den Kridar im Inlande auf dessen Vermögensbesitz im Inlande überhaupt nicht ankommt, kann es auch in den Fällen, wo im Forum des § 23 CPO. geklagt wird, keinen Unterschied begründen, ob sich das Verfahren auf das inländische Vermögen bezieht oder nicht. Vielmehr ist ganz allgemein zu behaupten, daß die gegen einen Schuldner im Inlande gerichtete Rechtsverfolgung von der Tatsache, daß irgendwo im Auslande über sein Vermögen der Konkurs eröffnet wird, völlig unberührt bleibt. Ja man wird diesen Satz auch auf der Vollstreckung bare Feststellungsprozesse anzuwenden nach dem vorstehenden umsoweniger Bedenken tragen können, als auch der Gerichtsstand des § 23 CPO. für Feststellungsklagen begründet ist. Die im Auslande erfolgende Eröffnung des Konkurses über das Vermögen des Beklagten hat hiernach die Unterbrechung der gegen ihn im Inlande anhängigen Prozesse nicht zur Folge, es müßten denn Staatsverträge entgegenstehen (§ 237 KO. Abs. 2).[1]

Dieser Folgesatz aus § 237 KO. bildet keine Ausnahme von der Vorschrift des § 240 CPO., so wenig wie § 237 KO. selbst eine Ausnahme von § 14 KO., sondern seinen Gegensatz enthält.[2] Er ist überhaupt unabhängig von den in der Zivilprozeßordnung enthaltenen Bestimmungen über die Unterbrechung des Verfahrens. Insbesondere beruht die nach § 237 KO. zulässige Fortführung der Prozesse nicht darauf, daß in diesem Falle die von § 240 CPO. geforderten Voraussetzungen der Unterbrechung mangeln. Allerdings bildet, wie auch das Reichsgericht zutreffend ausführt, das im Deutschen Reiche befindliche Vermögen des ausländischen

---

[1] Jäger §§ 10, 38; 11, 19; v. Wilmowski § 207, 2 Abs. 5; v. Sarwey-Bossert § 237, 4; Schmidt in Z. 6, 2; OLG. Karlsruhe in Bad. Ann. 15, 164; wohl auch Petersen-Anger § 240, 5; ferner Gaupp-Stein § 240 I 1 a. E. und Seuffert § 240, 8, freilich mit der unten abzulehnenden Begründung, daß das inländische Verfahren nach § 237 die Konkursmasse nicht betreffe. — Auf anderer Basis macht Kohler S. 629 einen Unterschied zwischen Prozessen „um ein dingliches Recht im Auslande" und solchen um persönliche Ansprüche gegen den beklagten Kridar; erstere würden unterbrochen. Für Unterbrechung auch LG. Aurich in Z. 6, 5 ff. und 27.

[2] Reichsgericht in E. 14, 407.

Kridars, soweit es in vor deutschen Gerichten geführten Prozessen zur Zwangsvollstreckung dienen kann, keinen Teil der Konkursmasse, was auch das Recht des Konkursgerichts in dieser Beziehung bestimmen möge. Deshalb untersteht auch das inländische Vermögen vom Standpunkte unseres Rechts aus insoweit nicht der Disposition des auswärtigen Konkursverwalters, sondern derjenigen des Gemeinschuldners selbst, und deshalb erleidet weiterhin in Ansehung dieses Vermögens der Gemeinschuldner keine Einbuße an seiner Prozeßfähigkeit.[1] Aber hieraus läßt sich der Fortgang der im Inlande gegen den Kridar gerichteten Prozesse nicht erklären. Denn wenn schon zweifellos solche Prozesse vermögensrechtlicher Natur das inländische Vermögen des Kridars, also die Nichtkonkursmasse, betreffen, so schließt das nicht aus, daß sie gleichwohl auch das ausländische Vermögen, also die Konkursmasse, betreffen. Das letztere ist sogar, ohne eine einschränkende Erklärung des Klägers, wie sie in den Entscheidungen des Reichsgerichts Bd. XIV S. 412 und Bd. XVI S. 337 vorliegt, stets anzunehmen. Wenn jemand wegen einer persönlichen Schuld verklagt wird, so betrifft, mangels besonderer gesetzlicher oder dispositiver Beschränkungen, der Rechtsstreit immer sein ganzes Vermögen. Der Gerichtsstand des § 23 CPO. ist auch durch ein geringfügiges Vermögensobjekt begründet; der Kläger kann hier auf Tausende klagen; es wäre absurd, leugnen zu wollen, daß der Prozeß das ausländische Vermögen betrifft. Die selbe Beziehung zu der ausländischen Konkursmasse ist natürlich dann gegeben, wenn der Beklagte in einem anderen Gerichtsstande als dem des § 23 CPO. belangt ist und im Inlande überhaupt kein Vermögen besitzt. Ohne die Vorschrift des § 237 KO. und die daraus abzuleitenden Sätze müßte sonach in derartigen Fällen das Verfahren unterbrochen werden. Es erhellt hieraus, daß die Fortsetzung des Verfahrens sich nicht auf § 240 CPO. stützt, sondern in der singulären Bestimmung des § 237 KO. ihren Grund findet.

Wird über das Vermögen des Klägers eines im Deutschen Reiche geführten Rechtsstreits im Auslande der Konkurs eröffnet,

[1] Vgl. Schmidt a. O. S. 24 und Reichsgericht in E. 14, 425.

so greift die Vorschrift des § 237 KO. nicht Platz (*verb.* „ein Schuldner“). In diesem Falle tritt die Unterbrechung bei Vorliegen der sonstigen Voraussetzungen gemäß § 240 CPO. ein.[1]

§ 4.

III. Die Beziehung des Verfahrens zur Konkursmasse.

Als dritte Voraussetzung der Unterbrechung infolge Konkurses bezeichnet das Gesetz in § 240 CPO. die, daß „das Verfahren die Konkursmasse betrifft“. Es bedarf keiner Ausführung, daß dabei an das Verfahren zur Hauptsache im Gegensatz zum Verfahren im Kostenpunkte zu denken ist. Als Annexum des Verfahrens zur Hauptsache und nach § 91 CPO. in seiner Entscheidung abhängig von der Entscheidung in jenem, wird der Streit über die Kosten unterbrochen, wenn die Hauptsache unterbrochen wird, und ob dies geschieht, beurteilt sich lediglich nach der Beziehung dieser letzteren zur Masse, ebenso wie sich hiernach auch die Modalitäten der Aufnahme bestimmen (unten S. 102). Anders nur, wenn die Hauptsache ohne richterliches Urteil sich bereits vor der Konkurseröffnung materiell erledigt hat oder sich infolge dieser nach § 23 KO. erledigt, und die Parteien sich nur noch um die Kostenpflicht streiten. Dann ist der Kostenpunkt zur Hauptsache geworden, und die Unterbrechung tritt ein, auch wenn das Hauptverfahren, falls es noch schwebte, die Beziehung zur Masse würde vermissen lassen.

Die Beschränkung der Unterbrechung auf die die Konkursmasse betreffenden Prozesse entspricht dem Umfange der eintretenden Defensionslosigkeit des Kridars, auf der die Unterbrechung überhaupt beruht. Denn nur hinsichtlich des zur Konkursmasse gehörigen Vermögens verliert der Kridar die Verwaltungs- und Verfügungsbefugnis (§ 6 KO.), und nur insoweit wird er prozeßunfähig (vgl. oben S. 5). Ist aber neben den beiden erörterten auch diese dritte Voraussetzung gegeben, so erfolgt die Unterbrechung gleichviel, ob der Konkurs auf kläge-

---

[1] Petersen-Anger § 240, 5; Kohler a. O.; Reichsgericht in E. 16, 339; and. Mein. Seuffert § 240, 8 und S. 33 Anm. 8, der die angeführte Entscheidung mit Unrecht als inkonsequent tadelt.

rischer oder beklagtischer Seite eintritt, ob auf Leistung oder Feststellung geklagt ist oder ob die bankerotte Partei einen Prozeßbevollmächtigten hat oder nicht. Die geforderte Beziehung des zu unterbrechenden Verfahrens auf einen bestimmten Vermögenskomplex, die damit gegebene, durch eine Eigenschaft der *res litigiosa* bedingte, sachliche Beschränkung ist das Charakteristikum für den in § 240 CPO. geordneten Unterbrechungsfall und unterscheidet ihn von den anderen Fällen, die eine Voraussetzung dieser Art nicht kennen. Ähnlich, nicht gleich, ist nur der Fall des § 242 CPO.; hier handelt es sich nicht um einen Vermögenskomplex, der vom Verfahren betroffen wird, sondern um einen Einzelgegenstand, der Gegenstand des Streites ist.

Für eine Anzahl von Prozessen ergibt sich aus dem Begriffe und der Zweckbestimmung der Konkursmasse ohne weiteres, daß von der in § 240 geforderten Beziehung nicht die Rede sein kann. Es lassen sich drei, in ihren Grenzen freilich nicht überall fest bestimmbare Gruppen unterscheiden.[1]

1. Die Konkursmasse ist begrifflich Vermögensmasse. Darum sind von der Unterbrechung *a limine* ausgeschlossen alle Rechtsstreitigkeiten nicht vermögensrechtlicher Natur, also alle personenrechtlichen und familienrechtlichen Prozesse. Hierher gehören die Klagen aus dem Rechte zum Gebrauch des bürgerlichen Namens (§ 12 BGB.), sofern er ein bloß personenrechtliches Interesse darstellt,[2] ferner die sog. Statusklagen, Klagen

---

[1] Auf Strafprozesse findet § 240 CPO. natürlich keine Anwendung. Ein Strafprozeß liegt auch vor, soweit ein Anspruch auf Buße (die nicht lediglich zivilistische Entschädigung ist) geltend gemacht wird (§§ 443, 446 StPO.). Der Prozeß wird auch in Ansehung der Bußforderung vom Konkurse des Nebenklägers, des Privatklägers oder des Angeklagten nicht berührt. Auf die Streitfragen über die Behandlung der Buße als Aktivum oder Passivum der Masse kann hier nicht eingegangen werden (vgl. außer den Kommentaren namentlich Oetker I S. 163 f.; 350 ff.; Kohler S. 110 A. 2; ders. in Civ.A. 81, 413 f.; Seuffert S. 82). — Dagegen wird mit Recht Unterbrechung des in § 122 StPO. geordneten Verfahrens zum Verfall einer Sicherheit durch Konkurs des Kaventen angenommen (v. Wilmowski § 134, 9 Abs. 2; vgl. Oetker I S. 154 ff.).

[2] Jäger § 1, 6; v. Wilmowski § 1, 4. Anders, wenn die Führung des Namens gewerblichen Zwecken dient, wie das namentlich beim Gebrauche einer

auf Feststellung des Rechtsverhältnisses zwischen Eltern und Kindern (sog. „Kindschaftssachen“: §§ 640 ff. CPO.), auf Anfechtung oder Aufhebung der Entmündigung (§§ 664, 684, 679, 686 CPO.), die Ehesachen (§ 606 CPO.), auch die Klage auf Feststellung der Echtheit oder Unechtheit einer nicht vermögensrechtlichen Urkunde (§ 256 CPO.) und dgl.

2. Die Konkursmasse umfaßt nur das exigible Vermögen des Gemeinschuldners. Darum sind der Unterbrechung nicht unterworfen Prozesse, welche eines der nach §§ 811, 850 CPO. oder anderen gesetzlichen Bestimmungen unpfändbaren Vermögensobjekte des Kridars — mit Ausschluß der in § 1 Abs. 2 u. 3 KO. selbst ausgenommenen — oder ein solches Objekt, das nach § 812 CPO. nicht gepfändet werden soll (§ 1 Abs. 4 KO.), sog. Kompetenzstücke des Kridars, betreffen, also z. B. Prozesse des und gegen den Gemeinschuldner auf Herausgabe ihm unentbehrlicher Kleidungsstücke (§ 811 Z. 1 CPO.). Handelt es sich dabei um einen Anspruch des Gemeinschuldners, so ist dieser Anspruch konkursfrei, wenn der beanspruchte Gegenstand es ist, und der ihn verfolgende Prozeß der Unterbrechung nicht unterworfen. Dies gilt auch dann, wenn der fragliche Gegenstand nur als ein zu übertragender petiert wird und erst in der Hand

---

Firma (§§ 17, 37 Abs. 2 HGB.) der Fall ist (gegen Jäger und v. Wilmowski a. O.). Lehrreich in dieser Beziehung der in Els.Z. 19, 70 ff. mitgeteilte Fall. Die Firma L. Röderer in Rheims hatte gegen einen gewissen Karl Hahn, der unter der eingetragenen Firma Karl Röderer eine Champagnerfabrik betrieb, ein siegreiches Urteil auf Löschung der Firma erlangt. Nach Eröffnung des Konkurses über das Vermögen des Beklagten haben sowohl der Gemeinschuldner als der Verwalter Berufung eingelegt. Das OLG. Colmar hat die Berufung des letzteren als unzulässig verworfen, die des Kridars unter Bezugnahme auf Reichsgericht in E. 9, 104 ff. zugelassen, weil die Führung der Firma kein vom Verwalter verwertbares Vermögensrecht sei. Das letztere mag dahingestellt bleiben (gegen die zit. Entscheidung des Reichsgerichts namentlich Kohler, Markenschutz, S. 232 A. 1), die Beziehung des Verfahrens zur Masse ist m. E. gleichwohl gegeben. Denn ob der Beklagte die Firma führen darf oder nicht, kann für den Umfang der Masse tatsächlich von erheblicher Bedeutung sein, und eine solche Beziehung muß, wie noch auszuführen sein wird (unten S. 53 f.), für genügend erachtet werden. Die Berufung des Verwalters hätte zugelassen werden sollen.

des Kridars die Eigenschaft eines Kompetenzstücks erlangen würde, oder wenn der ein solches Kompetenzstück betreffende Rechtsstreit auf einem gegenseitigen, beiderseits noch nicht erfüllten Vertrage beruht; § 17 KO. kommt hier nicht in Betracht.[1]

3. Die Konkursmasse ist bestimmt, an die Gläubiger verteilt zu werden. Darum sind unter den vermögensrechtlichen von der Unterbrechung weiter ausgeschlossen alle Prozesse, mit denen unübertragbare Vermögensrechte des Gemeinschuldners verfolgt werden (§ 851 CPO.), oder seine den Gläubigern nicht unterworfene persönliche Arbeitskraft in Anspruch genommen wird, Prozesse also, bei denen es sich um höchstpersönliche Rechte und Pflichten des Gemeinschuldners, um dem Beklagten individuell obliegende, dem Kläger individuell zu erfüllende Leistungen handelt. Hierher gehören Prozesse des Kridars oder gegen ihn auf ärztliche, krankenpflegerische Behandlung, Erteilung von Unterricht und ähnliche Dienstleistungen (§ 613 BGB.), auf Ausstellung eines Zeugnisses (§§ 630 BGB., 73, 80 HGB.) und dgl., Prozesse des Kridars auf Anerkennung einer beschränkten persönlichen Dienstbarkeit (§§ 1090, 1092 BGB.), auf Feststellung seiner Mitgliedschaft an einem Verein (§ 38 BGB.), auf Herausgabe eines von ihm nicht zur Veröffentlichung bestimmten Manuskripts (vgl. § 11 RG. betr. das Urheberrecht an Werken der Literatur und der Tonkunst v. 19. Juni 1901) und dgl., Prozesse

---

[1] Vgl. Oetker in Z. 14, 22; Fitting Ko. S. 53; and. Mein. Jäger § 17, 26. Gegen letzteren sei bemerkt: 1. Die Möglichkeit, daß ein vom Kridar als unentbehrlich angesprochener Gegenstand durch Neuerwerb entbehrlich wird, kann nicht in Betracht kommen, da die Zeit der Konkurseröffnung maßgebend ist; 2. das Recht des Verwalters, auch bei solchen Verträgen sich für Erfüllung oder Nichterfüllung zu entscheiden, würde zu unhaltbaren Konsequenzen führen. Verlangt er Erfüllung, so würde die Masse ohne Entgelt belastet, denn der geleistete, dem Kridar unentbehrliche Gegenstand („Krankenstuhl") könnte ihm doch nicht entzogen werden; lehnt er Erfüllung ab, so würde der Kridar unbillig benachteiligt, denn auch er könnte dann Erfüllung nicht fordern (Jäger § 10, 31 f.). — Dagegen wendet sich Jäger mit Recht gegen Oetker a. O., sofern dieser auf Grund seiner unten zu besprechenden „Sollmassetheorie" dem Vertragsgegner des Kridars die Einrede der mangelnden Legitimation gegenüber dem Verwalter abschneiden will (vgl. unten S. 108 ff.).

gegen den Kridar auf Überlassung eines Werkes der Literatur oder Tonkunst (§ 1 RG. betr. das Verlagsrecht v. 19. Juni 1901) oder, falls nicht § 17 KO. entgegensteht, auf Herstellung eines Werkes überhaupt (§ 631 BGB.), auf Auskunftserteilung, Rechnungslegung, Leistung des zivilrechtlichen Offenbarungseids (§§ 259 f. BGB.) und dgl.[1]

Die Feststellung der positiven Bedeutung der in § 240 CPO. ausgesprochenen Voraussetzung ist nicht ohne Schwierigkeit. Der vage Ausdruck „betreffen“ scheint der Präzisierung zu spotten. Die Erwähnung der „Konkursmasse“ hat die Interpretation auf den falschen Weg gewiesen, den § 240 lediglich mit Hülfe der in § 1 KO. gegebenen Definition der Konkursmasse zu erklären, und so zu schiefer Auffassung, ja zu völligem Mißverständnisse des Gesetzes geführt.

Wir abstrahieren einen Augenblick von der Konkursmasse.

Von einem Prozesse „betroffen“ wird ein bestimmter einzelner Vermögensgegenstand zwar immer dann, aber nicht bloß dann, wenn er Streitgegenstand in dem Sinne ist, in welchem die §§ 2 ff. CPO. und 23, 70 GVG. von dem Werte des Streitgegenstandes als kompetenzbegründendem Momente sprechen. Das Wort „betreffen“ drückt eine noch weiter gehende Beziehung aus. Der Prozeß, in dem eine durch Pfand sichergestellte Forderung verfolgt wird, betrifft zugleich das Pfandobjekt; die *actio confessoria* betrifft auch sowohl das herrschende wie das dienende Grundstück; wenn der Teilbetrag einer Forderung eingeklagt ist, so wird die ganze Forderung vom Prozesse betroffen, weil das Sachurteil über die individuelle *causa* der Forderung überhaupt entscheidet. Das Kriterium für die Beziehung ist zu

---

[1] Anders, wenn der Gemeinschuldner auf Rechnungslegung geklagt hat und der Anspruch, dessen Realisierung damit vorbereitet wird, zur Masse gehört (OLG. Jena in Thür. Bl. 44, 347), was mit den Motiven SCHULTZE S. 86 und v. SARWEY-BOSSERT § 10, 1 verkennen. — Die Praxis hat die Unterbrechung verneint für den Prozeß gegen eine Aktiengesellschaft als Gemeinschuldnerin auf Feststellung der Aktionäreigenschaft der Kläger (Reichsgericht in Sä.A. 6, 579), für den Prozeß eines Dritten als Gemeinschuldners auf Nichtigkeit eines Patentes wegen Patentunfähigkeit (Reichsgericht in JW. 1893, 351). Zu der letzten Entscheidung vgl. jedoch unten S. 54 f. A. 2 a. E.

suchen in dem Zwecke des Prozesses, in der Entscheidung, ihrem Inhalte und ihrer rechtlichen Tragweite. Der Prozeß betrifft den Gegenstand, wenn die angestrebte Sachentscheidung ihn betrifft. Das Wesen der richterlichen Entscheidung ist die autoritative Feststellung streitigen Privatrechtsverhältnisses. Das Wesen solcher Feststellung ist ihre Wirkung auf den Rechtszustand *inter partes*, die *res iudicata*. Diese Wirkung richtet sich in vermögensrechtlichen Streitigkeiten auf das Vermögen der Parteien. Sie wird, obwohl im strengen Sinne nur vorhandenes Recht klarlegend — wenigstens in den als Regel vorauszusetzenden Fällen eines wirklichen Streits der Parteien — mindestens von dem einen Teil als rechtsverändernd, vermögensverändernd, als ein Eingriff in die bisher *inter partes* obwaltende Vermögenslage empfunden. Die Veränderung der Vermögenslage aber bedeutet entweder eine Vermögensvermehrung oder eine Vermögensverminderung auf der einen oder anderen Seite, oder beides. Die Veränderung wird vermittelt durch den fraglichen Vermögensgegenstand; an ihm vollzieht sie sich, tritt sie in die Erscheinung, sei es, daß er *in toto* der einen Partei zu- oder aberkannt wird, sei es, daß dies nur teilweise oder in einzelnen rechtlichen Beziehungen, die Veränderung also nicht durch ihn, sondern nur an ihm geschieht. Ist die zu erwartende Entscheidung geeignet, eine derartige Wirkung auf einen Vermögensgegenstand auszuüben, so wird er vom Prozesse betroffen.

Auch wenn es sich um eine Vermögensmasse, wie die Konkursmasse, handelt, liegt das Kriterium für die Beziehung eines Prozesses zu ihr in der rechtlichen Tragweite der herbeizuführenden Entscheidung. Ein Rechtsstreit betrifft die Konkursmasse, wenn die angestrebte Sachentscheidung vermöge der in ihr liegenden autoritativen Feststellung eine rechtliche Wirkung auf die Masse äußert.[1] Eine solche ist zunächst immer dann ge-

---

[1] Treffend Struckmann-Koch § 240, 2: „Es kommt darauf an, daß... sich aus der Entscheidung eine Rechtswirkung für die Konkursmasse (s. KO. § 1) ergibt“; Reichsgericht in E. 11, 401: das Verfahren werde unterbrochen, wenn sich aus der Entscheidung für die Konkursmasse ein Präjudiz ergebe; und dem zustimmend OLG. Dresden in Sä.A. 1, 151. Vgl. auch Schultze S. 86 f.

geben, wenn die Entscheidung einen als Bestandteil der Masse angriffs- oder verteidigungsweise in Anspruch genommenen Vermögensgegenstand ihr zu- oder abspricht. Aber die Urteilswirkung kann sich auch unmittelbar auf die Masse in ihrer Gesamtheit, ohne das Medium eines bestimmten Teils, erstrecken und dadurch die Beziehung des Verfahrens zu ihr begründen. Um das klar zu legen, bedarf es des Eingehens auf den Begriff der Konkursmasse.

Das Wort „Konkursmasse" in § 240 CPO. ist in dem technischen Sinne zu verstehen, den die Konkursordnung diesem Ausdrucke beilegt und der auch den Darlegungen über die von vornherein von der Unterbrechung ausgeschlossenen Prozesse bereits zu Grunde gelegt worden ist. Daß es anders sein sollte, muß nach der Gleichzeitigkeit und Einheitlichkeit der Entstehung der beiden Gesetze als ausgeschlossen gelten. Die Definition der Masse gibt § 1 Abs. 1 KO.:

> „Das Konkursverfahren umfaßt das gesamte, einer Zwangsvollstreckung unterliegende Vermögen des Gemeinschuldners, welches ihm zur Zeit der Eröffnung des Verfahrens gehört (Konkursmasse)."

Die Konkursmasse ist also nur aktives Vermögen. Zufolge einseitiger Betonung dieses Umstandes hat man die Konkursmasse des § 240 CPO. in Gegensatz gebracht zu dem passiven Vermögen des Kridars, zur Schuldenmasse. Seuffert sagt geradezu: „Von den gegen den Gemeinschuldner anhängigen Rechtsstreitigkeiten betreffen das zur Konkursmasse gehörende Vermögen bloß diejenigen, in welchen ein Anspruch verfolgt wird, der sich im Konkurse als Aussonderungs- oder als Absonderungs- oder als Masseanspruch gestaltet. Ein persönlicher Anspruch, der nicht im Konkurse die Eigenschaft eines Masseanspruchs gewinnt, betrifft nicht das zur Konkursmasse gehörende Vermögen, sondern die Schuldenmasse".[1] An sich ist eine solche Gegenüberstellung

---

[1] S. 180. Vgl. auch die Gegenüberstellung bei Seuffert CPO. § 218, 4 in der (früheren) 7. Auflage: „Das Verfahren betrifft die Konkursmasse a) wenn es Vermögen des Gemeinschuldners betrifft, das zur Konkursmasse gehört (Prozesse über die Aktivmasse), b) wenn es einen Anspruch gegen den Gemeinschuldner betrifft, der als Konkursforderung oder als Anspruch

der beiden Massen berechtigt und vielfach unentbehrlich; auf ihrer getrennten Entwicklung basiert das Verfahren zur Befriedigung der Gläubiger. Sie wird auch unten zu verwerten sein. Aber bei der Interpretation des § 240 CPO. ist der Gegensatz unbrauchbar und irreführend. Wenn das Gesetz von Prozessen redet, welche die Konkursmasse betreffen und man die Konkursmasse im Gegensatz zur Schuldenmasse denkt, so würde daraus folgen, daß die die Schuldenmasse betreffenden Prozesse einer Unterbrechung nicht unterliegen. In der Tat ist diese Konsequenz von älteren Autoren vereinzelt gezogen worden, indem man behauptet hat, der § 240 CPO. beziehe sich nur auf die Fälle, in denen der Gemeinschuldner Kläger sei.[1] Daß dieses Ergebnis, wonach alle Prozesse nachmaliger Konkursgläubiger über Konkursforderungen von der Unterbrechung ausgeschlossen wären, unrichtig ist, leuchtet ein. Es entspricht auch zweifellos nicht der Meinung des Gesetzes. Einmal ist in § 146 Abs. 3 KO. von der Aufnahme von Prozessen der Konkursgläubiger die Rede, und ihre Unterbrechung also vorausgesetzt, welche nirgends angeordnet wäre, wenn man sie nicht unter § 240 CPO. subsumieren wollte. Sodann ist es undenkbar, die infolge der Konkurseröffnung eintretende partielle Prozeßunfähigkeit des Kridars auf die von ihm geführten Aktivprozesse zu beschränken. Das wird denn auch gemeinhin nicht verkannt. Mit Recht hat bereits der Regierungsvertreter Hagens in der Reichstagskommission hervorgehoben (Prot. S. 76), daß der § 240 CPO. sich sowohl auf einen die Aktiv- wie auf einen die Passivmasse betreffenden Prozeß beziehe, und in dieser Auslegung sind ihm Wissenschaft und Praxis fast ausnahmslos gefolgt. Um zu diesem Ergebnis zu gelangen, braucht man aber nicht dem Gesetz den Zwang anzutun, daß man entgegen seinem Wortlaut neben die die Konkursmasse betreffenden Prozesse noch die die Schuldenmasse betreffenden Prozesse als der Unterbrechung verfallend aufstellt. Nur darf man bei der Auslegung des § 240 die Konkursmasse nicht in

gegen die Masse geltend gemacht wird (Prozesse über die Passivmasse)". Über seine neuere Formulierung s. unten S. 52 A. 1 g. E.

[1] Wengler KO. § 8, 2; Siebenhaar CPO. § 218 Abs. 1. Dagegen schon Schultze S. 86 Anm. 2.

Gegensatz, sondern man muß sie in Beziehung zur Schuldenmasse setzen. Diese Beziehung ergibt sich aus ihrem Zweck:

§ 3 Abs. 1 KO. „Die Konkursmasse dient zur gemeinschaftlichen Befriedigung aller persönlichen Gläubiger, welche einen zur Zeit der Eröffnung des Verfahrens begründeten Vermögensanspruch an den Gemeinschuldner haben (Konkursgläubiger)."

Die Aktivmasse ist dazu bestimmt, unter die Passivmasse verteilt zu werden. Dieser Zweckbegriff der Konkursmasse ist zur Erklärung des § 240 heranzuziehen. Jeder Prozeß, welcher einen Anspruch gegen den Gemeinschuldner verfolgt mit der Tendenz der Befriedigung aus der Konkursmasse, betrifft die Masse. Seine Abweisung vermehrt, seine Zulassung vermindert bisher streitigem Bestande gegenüber diese Masse zu Gunsten oder Ungunsten der konkurrierenden Gläubiger oder des Gemeinschuldners. Er betrifft die Masse des § 1 KO. unmittelbar, ohne Rücksicht auf bestimmte Bestandteile, denn er nimmt sie schlechthin in Anspruch. Nur in Rücksicht auf eine erhöhte Deutlichkeit mag man zur Bestimmung der der Unterbrechung verfallenden Prozesse die Aktiv- und die Passivmasse auseinanderhalten und die obige Erklärung dahin zerlegen: ein Prozeß betrifft dann die Konkursmasse, wenn die angestrebte Entscheidung zufolge autoritativer Feststellung entweder die Aktivmasse oder die Passivmasse des Konkurses vermehrt oder vermindert. Dabei ist für die Unterbrechung ohne Belang, wie man die beiden Massen gegenseitig abgrenzt, insbesondere ob man unter der Passivmasse nur die Summe der Konkursforderungen oder außerdem auch die Masseansprüche versteht.[1]

---

[1] Vgl. Gaupp-Stein § 240 I: es sei „gleichgültig, ob der Prozeß das zur Konkursmasse gehörige Vermögen in aktiver oder passiver Richtung betrifft"; v. Wilmowski-Levy § 218, 1: unterbrochen werde jeder die Konkursmasse betreffende Prozeß, „er mag die Aktivmasse oder die darauf angewiesene Passivmasse betreffen". Zur Kennzeichnung der Wechselbeziehungen der beiden Massen verweisen dieselben auf die L. 39 § 1 D. de v. s. 50, 16: *Bona non intelliguntur nisi deducto aere alieno.* Fitting Ko. S. 55 A. 4 will, um die Passivprozesse mit zu erfassen, „das Verfahren, wenn es die Konkursmasse betrifft", in einem „weiteren Sinne" verstanden wissen. Seuffert CPO. § 240, 4 sagt in der letzten (8.) Aufl.: das Verfahren betreffe die

Wir haben eben in der Rechtswirkung des Urteils auf die Masse das über die Beziehung des Verfahrens zur Masse entscheidende Moment erkannt. Das bedarf einer Erweiterung insofern, als unter Umständen nicht die rechtliche, präjudizielle Wirkung des Urteils allein, sondern erst eine durch diese vermittelte indirekte, auf das Gebiet des Tatsächlichen hinüberspielende Wirkung der angestrebten Entscheidung die erforderliche Beziehung des Verfahrens zur Masse begründen kann, indem sie die Verwertung des vorhandenen Aktivvermögens des Gemeinschuldners begünstigt oder doch beschleunigt. Zu denken ist an Prozesse, in denen auf Grund eines Urheber- oder Erfinderrechts oder der Gesetze zum Schutze gegen unlautere Konkurrenz der Anspruch auf Unterlassung der verletzenden Handlungen verfolgt wird. Wenn aus dem Urheberrecht oder verwandten Rechten als verwertbaren Vermögensrechten geklagt oder exzipiert, wenn Entschädigung oder Herausgabe der Bereicherung begehrt oder etwa auf Grund Patentrechts vom beklagten Kridar die Unterlassung des Verkaufs bereits hergestellter, in der Masse liegender Gegenstände verlangt wird, bietet die Bejahung der Unterbrechung kein Bedenken. Ebenso mag man das durch § 1 des Gesetzes zur Bekämpfung des unlauteren Wettbewerbs vom 27. Mai 1896 gegebene Recht auf Unterlassung als veräußerliches Vermögensrecht ansehen und zur Konkursmasse rechnen,[1] obwohl das nicht zweifellos ist. Jedenfalls aber kann in solchen und ähnlichen Fällen von einer unmittelbaren Beziehung des Verfahrens zur Masse dann nicht die Rede sein, wenn der auf Unterlassung in Anspruch genommene Beklagte in Konkurs verfällt und dem Klaganspruch ein eigenes Recht auf Vornahme der Handlungen nicht entgegenzusetzen vermag. Handelt es sich z. B. um eine Klage gegen den Kridar auf Unterlassung der ferneren Her-

---

Masse „a) wenn der Streitgegenstand zur Konkursmasse ... gehört ... oder ein Masseanspruch ist ... b) wenn Streitgegenstand ein Anspruch gegen den Gemeinschuldner ist, der als Konkursforderung geltend gemacht werden kann“. Das ist treffend und höchstens insofern nicht ganz korrekt, als der Streitgegenstand (§ 2 CPO.) sich einseitig nach der Klage bestimmt und die Formulierung deshalb die Aussonderungsklagen nur gezwungen trifft.

[1] Dafür Jäger § 1, 17.

stellung eines dem Kläger behauptlich patentierten Artikels, so kann das verurteilende Erkenntnis auf das zur Zeit der Konkurseröffnung vorhandene Vermögen des Kridars einen vermindernden Einfluß nicht äußern.[1] Aber zufolge der Untersagung der Herstellung kann sich etwa die vorzeitige Schließung des ohne jene leidlich rentablen Geschäfts des Gemeinschuldners zum Nachteile der Gläubiger notwendig machen. Noch schärfer tritt das bei Klagen aus dem Wettbewerbsgesetz hervor (§§ 1, 6, 8). Der Ausgang eines Rechtsstreits auf Unterlassung unrichtiger Angaben u. s. w., es mag Verurteilung oder Abweisung ausgesprochen sein, hat keinen präjudiziellen Einfluß auf die Konkursmasse des Beklagten, denn jene Angaben macht er nicht auf Grund eines ihm zustehenden Vermögensrechts. Allein der Absatz der in der Masse des Beklagten liegenden Waren kann erschwert oder erleichtert, verzögert oder beschleunigt werden, je nachdem ihm die anpreisenden Angaben für die Zukunft verboten oder gestattet sind. Insofern ist also die Masse an dem Rechtsstreit interessiert. Man wird auch eine solche nur mittelbare Wirkung des angestrebten Urteils für ausreichend erachten müssen, um die Beziehung des Verfahrens zur Konkursmasse zu begründen und damit die Unterbrechung des Prozesses und seine Weiterführung durch den Verwalter an Stelle des Gemeinschuldners herbeizuführen. Der Ausdruck „betreffen“ weist schon durch seinen Wortsinn auf eine extensive Auslegung hin.[2] —

---

[1] Vgl. OLG. Hamburg in SA. 50, 122 f. Der Kläger fordert auf Grund Patentrechts vom nachmaligen Kridar Unterlassung der Herstellung von Injektoren. Das Gericht führt aus: Gegenstand des Prozesses sei nicht Verneinung eines dem Beklagten zustehenden Rechtes, sondern die allen Personen zustehende Befugnis zur Ausübung gewerblicher Tätigkeit; diese sei kein Vermögensbestandteil, sondern nur Quelle zum Vermögenserwerb. Auf Grund dieser an sich richtigen Erwägungen hat das Gericht die Unterbrechung verneint. Vgl. auch OLG. Colmar in Els. Z. 19, 70 ff. (oben S. 45 A. 2).

[2] Das Reichsgericht hat in einer neueren Entscheidung (E. 45, 374 ff., bes. 377) auf Grund gleichartiger Erwägungen die Unterbrechung anerkannt, allerdings in einem Falle, wo die aus § 1 RG. v. 27. Mai 1896 verklagte, nachmals vergantete Aktiengesellschaft die behauptlich unrichtigen Angaben zur Anpreisung einer ihr patentierten Erfindung gemacht hatte.

Soweit die bisherigen Erörterungen über die Beziehung des Verfahrens zur Konkursmasse reichen, haben wir hinsichtlich der Bedeutung dieser Beschränkung grundsätzliche Meinungsverschiedenheiten nicht zu konstatieren gehabt. Mit ihnen ist aber unsere Frage noch nicht erschöpfend beantwortet. Es ist noch zu einer Kontroverse Stellung zu nehmen, deren Entscheidung für die Frage der Prozeßunterbrechung wenigstens theoretisch von erheblicher Bedeutung ist.

Zweck des Konkursverfahrens ist die Verteilung der Aktiva des Gemeinschuldners unter seine Passiva. Zur Erreichung dieses Zwecks ist in jedem Konkurse zunächst erforderlich die Feststellung des Umfangs der Aktiv- und der Passivmasse.[1] Darum treten mit dem Ausbruch jedes Konkurses diese beiden Massen auseinander und nehmen jede für sich ihre gesonderte Entwicklung, um schließlich ineinander aufzugehen. An und für sich ist der Umfang der Aktiv- wie derjenige der Passivmasse im Gesetze genau fixiert; jener wird durch § 1, dieser durch § 3 KO. bestimmt; er bildet den Ausgangspunkt jener Entwicklung. Was aber am Schlusse derselben im konkreten Konkurse als verwertungsreife Konkursmasse vom Verwalter konstituiert ist, was als anteilbegehrende Passivmasse in der Tabelle erscheint, deckt sich mit jenem gesetzlichen, oder wie man gesagt hat „idealen"

Mit Unrecht legt der Gerichtshof auf dieses Patentrecht einen Nachdruck; die Entscheidung hätte ohne dieses, auch hinsichtlich der dort erörterten Aufnahmemodalität, nicht anders lauten können. Denn die reklamemäßige Anpreisung ist nicht Ausfluß des Patentrechts, sondern steht jedem offen. — Unterbrechung wäre ferner zu bejahen im Falle des § 12 RG. v. 12. Mai 1894 bei Konkurs des Beklagten, und in den Fällen der §§ 9 Z. 2 u. 3 dess. Ges.; 10 Z. 2 vb. 28; 11; 10 Z. 1 Patent-Ges. v. 7. April 1891 auch bei Konkurs des Klägers; falls dieser ein „Dritter" ist wenigstens dann, wenn er ein Vermögensinteresse daran hat, daß ein anderer die Bezeichnung Patent nicht führt, etwa selbst dem patentierten Artikel ähnliche Erzeugnisse auf den Markt bringt. Deshalb unrichtig Reichsgericht in JW. 1893, 351 (ob. S. 48 A. 1 a. E.); gegen dieses von v. Wilmowski § 1, 14 gebilligte Erkenntnis vgl. auch die Bedenken von Jäger § 1, 12.

[1] Unter Passivmasse ist hier nur die Summe der Konkursforderungen (§ 3 KO.) verstanden. Die Masseansprüche sind als Minderungen des gemeinschuldnerischen Aktivbestandes, nicht als Bestandteile der diesem gegenüberstehenden Passivmasse zu denken.

Bestande kaum jemals. Mit vollem Bedacht pflegt der Verwalter in die Masse nicht alles das einzubeziehen, wozu die §§ 1, 117 KO. ihn autorisieren: geringwertige Gegenstände, uneinziehbare Forderungen, Sachen, deren Erlös unter den Veräußerungskosten bleiben, Ansprüche, deren Wert durch eine Gegenleistung erschöpft werden würde, wird er dem Gemeinschuldner belassen. Der Gläubiger, dessen Forderung an sich nach § 3 KO. zur Teilnahme am Konkurse qualifiziert wäre, ist nicht gehalten, sie im Konkurse geltend zu machen, und unterläßt ihre Anmeldung häufig. Auf der andern Seite kann es vorkommen, daß der Verwalter Gegenstände, welche gesetzlich nicht zur Masse gehören (Kompetenzstücke) mit oder ohne Konnivenz des Gemeinschuldners tatsächlich für die Masse in seinen Besitz bringt; daß ein Gläubiger, dessen Anspruch sich rechtlich nicht als Konkursforderung darstellt, sie als solche, und vielleicht mit Erfolg, geltend macht. Diese Unterschiede scharf hervorgehoben und eingehend in ihre Konsequenzen verfolgt hat zuerst und namentlich Oetker.[1] Er bezeichnet als „Sollmasse“ den durch § 1 KO. fixierten, „idealen“, als „Istmasse“ den im konkreten Konkurse faktisch konstituierten Massebestand.[2] Hinsichtlich der Passivmasse unterscheidet er die „Konkursgläubiger“ als die nach § 3 KO. zur Teilnahme am Konkurse berechtigten von den „konkurrierenden“ als den wirklich teilnehmenden Gläubigern. Der Konzinnität des Ausdrucks mit den für die Aktivmasse gewählten Namen halber soll im folgenden entsprechend von der materiellen und der formellen Schuldenmasse gesprochen werden.[3] Es erhellt, daß die Ist- mit der Sollmasse, die formelle

---

[1] Vgl. vor allem dessen Konkursrechtl. Grundbegriffe I S. 10ff.; 124ff. und die Abhandlung Konkursrechtl. Probleme in Z. 25, 1 ff.

[2] Gegen den Wert der Unterscheidung zwischen Soll- und Istmasse wendet sich nicht mit Unrecht Seuffert S. 282 A. 4. Sicherlich hat sie nicht die fundamentale Bedeutung, die Oetker selbst ihr beilegt, m. E. vor allem deshalb nicht, weil in der Heranziehung zur Istmasse immer die Behauptung der Zugehörigkeit zur Sollmasse liegt, wie in der Anmeldung die der Teilnahmeberechtigung, sie also auf die Unterscheidung von behauptetem und begründetem Anspruch hinausläuft. Für unsere Frage aber ist sie von Wert. Vgl. auch Jäger § 1, 2.

[3] Kohler in Civ.A. 81, 341 unterscheidet ähnlich „potentielle“ und

mit der materiellen Schuldenmasse sich teilweise decken, daß regelmäßig die Ist- bezw. die formelle Schuldenmasse die kleinere sein wird, daß aber auch mit einzelnen Objekten jene über die Sollmasse, diese über die materielle Schuldenmasse hinausgreifen kann. Es erhellt ferner, daß die Ist- und die formelle Schuldenmasse durch Disposition gegenüber dem idealen Umfang der beiden Massen entstehen, jene durch Disposition des massekonstituierenden Verwalters, diese durch Disposition der Gläubiger, und daß in beiden Fällen die Disposition entweder als Verzicht erscheint: auf Heranziehung zur Masse, auf Befriedigung im Konkurse — dann ist sie berechtigt, — oder daß sie einen Übergriff bedeutet — dann ist sie eine unberechtigte, den gesetzlichen Bestimmungen widersprechende Disposition.

Wir haben gesehen, daß das Verfahren die Konkursmasse dann betrifft, wenn es die Aktiv- oder die Passivmasse des Konkurses betrifft. Es entsteht die Frage, ob darunter die Soll- oder die Istmasse, die materielle oder die formelle Schuldenmasse verstanden sei.[1] Zur Entscheidung der Frage sind die Aktiv- und die Passivmasse gesondert zu betrachten. Es wird sich aber zeigen, daß für beide Massen die Antwort in dem selben Sinne zu geben ist. Die Erörterung hat an dieser Stelle zu abstrahieren von der formellen Behandlung der der Unterbrechung verfallenden Prozesse. Es handelt sich hier um die Feststellung der Voraussetzungen der Unterbrechung. Wie sich das Verfahren zu gestalten hat, wenn im konkreten Prozesse die Frage nach der Relevanz der Soll- oder der Istmasse u. s. w. auftaucht, davon ist bei der Besprechung der Form der Unterbrechung und der Aufnahme zu handeln.

---

wirkliche Konkursgläubiger; v. Wilmowski § 10, 2 spricht von „virtuellen im Gegensatz zu den zur Befriedigung aus der Masse geltend gemachten Konkursforderungen.

[1] Oetker verficht in den S. 56 Anm. 1 angezogenen Schriften, auf die im allgemeinen verwiesen sei, nachdrücklichst die Auffassung, daß für den Dispositionsverlust des Kridars und die Unterbrechung die Ist- bezw. die formelle Schuldenmasse releviere. Er hat in der neueren kommentatorischen Literatur hinsichtlich der ersteren fast allgemein, hinsichtlich der letzteren zum großen Teil Widerspruch erfahren. Die gegenwärtige Untersuchung unternimmt, die der Oetkerschen gegenteilige Ansicht durchzuführen.

I. Ob die Prozeßordnung in § 240 mit dem Worte Konkursmasse die Sollmasse oder die Istmasse im Auge habe, ist aus ihr und aus der Konkursordnung unmittelbar nicht zu entnehmen. Die letztere gebraucht das Wort bald in diesem, bald in jenem Sinn (vgl. §§ 1, 117 und andrerseits 43, 57 KO.). Oetker erklärt sich für die Istmasse. Die entgegengesetzte Ansicht weist er weit ab. „Man braucht Konkursmasse hier (*scil.* in §§ 240 CPO., 10 KO.) nur im Sinne von Sollmasse zu verstehen, und eine ergiebige Fehlerquelle ist erschlossen".[1] Da die Istmasse mit der Konkurseröffnung noch nicht gegeben, sondern erst im Laufe des Konkursverfahrens zu konstituieren ist, so wird er zur Annahme eines Schwebezustandes gezwungen, der mit dem Momente der Konkurseröffnung beginnt und während dessen nicht feststeht, ob der konkrete Prozeß unterbrochen sei oder nicht. Das gilt nach seiner Meinung für alle Aktivprozesse, denn er sagt geradezu, daß es zur Zeit der Konkurseröffnung niemals feststünde, ob das Verfahren die Konkursmasse beträfe (S. 38). Ein derartiger Schwebezustand läuft der auf eine reinliche Unterscheidung gerichteten Tendenz des Gesetzes zuwider. Er würde in der Praxis zu großen Unzuträglichkeiten führen, denn Parteien und Gericht würden in der Ungewißheit, ob ihre Handlungen wirksam wären oder nicht, überhaupt zu handeln aufhören. Die tatsächliche Folge wäre doch ein Stillstand des Verfahrens, dieser aber sollte eben durch das Gesetz herbeigeführt werden, weil er im Interesse des Konkursifex und seines Gegners geboten ist. Im Sinne des Gesetzes ist die Eröffnung des Konkurses über das Vermögen einer Partei ein für den Prozeß so wichtiges Ereignis, daß es sich rechtfertigt, sofort einen Schnitt durch das ganze Verfahren gehen zu lassen, und dadurch beiden Parteien Gelegenheit zu einem durch den Konkurs bedingten, veränderten Verhalten zu geben. Dem wird die Oetkersche Annahme nicht gerecht. Wie mit dem Geiste, setzt sie sich aber auch mit den klaren Worten des Gesetzes in Widerspruch. Das Gesetz bestimmt: „Im Falle der Eröffnung des Konkurses . . . wird das Verfahren . . . unter-

---

[1] Oetker in Z. 25, 36. Die im Text zunächst zitierten Seitenzahlen beziehen sich auf diese Abhandlung.

brochen, bis dasselbe ... aufgenommen ... wird" (§ 240 CPO.). Oetker gelangt zu dem Satze: „Das Verfahren wird unterbrochen durch die Aufnahmeerklärung des Verwalters" (S. 38). Das ist nicht miteinander zu vereinen. Deutlicher, als es geschehen ist, kann das Gesetz nicht ausdrücken, daß es einen Zeitraum im Auge hat, während dessen der Prozeß still stehen soll. Oetker gewinnt auch nichts dadurch, daß er seine durch die Reassumtion eintretende Unterbrechung mit Wirkung *ex tunc* eintreten läßt (S. 39). Denn eben dadurch wird jener unerträgliche Schwebezustand geschaffen, welcher in keinem anderen Falle der Unterbrechung besteht und auch deshalb schon für den Fall des Konkurses nicht gewollt sein kann. Oetkers Ergebnisse können nicht als befriedigend anerkannt werden.[1] Da sie auf richtigen Schlußfolgerungen beruhen, so muß die Prämisse falsch sein, daß für die Unterbrechung die Beziehung zur Istmasse ausschlaggebend sei.

Diese Auffassung hat denn auch, wie bereits angedeutet, im allgemeinen in der Literatur und Judikatur mit Recht keinen Anklang gefunden. Es ist davon auszugehen, daß, wie in allen Fällen der Unterbrechung, so auch hier, der Eintritt der Unterbrechung gleichzeitig erfolgt mit dem Eintritt des Unterbrechungsgrundes, und daß ihr Vorliegen oder Nichtvorliegen von diesem Momente ab objektiv bestimmt sein muß. Das ist notwendig wegen der einschneidenden Folgen, die das Gesetz der Unterbrechung gibt (§ 249 CPO.), und über deren Eintritt die Subjekte des Prozesses Gewißheit müssen haben können. Also muß sich im Moment der Konkurseröffnung entscheiden, ob das schwebende Verfahren unterbrochen sei oder nicht. Denn wenn überhaupt, so tritt durch diesen Umstand und zu dieser Zeit die Prozeßunfähigkeit des Kridars und seine gesetzliche Vertretung durch den Verwalter ein. Zur Zeit der Konkurseröffnung aber gibt es nur eine Masse, die Sollmasse des § 1 KO., da die Istmasse erst durch die Tätigkeit des Verwalters geschaffen

---

[1] Übrigens auch in anderen Richtungen nicht, so wenn er a. O. S. 40ff. die Rechtskraft der Urteile in den Aktivprozessen für den Kridar in Abrede stellt.

werden soll. Freilich können im Prozesse bisweilen Zweifel entstehen, ob die Sollmasse betroffen sei; sie müssen unter Umständen durch gerichtliche Entscheidung behoben werden (unten S. 71 f., 108 ff.). Bis diese gefällt ist, kann auch hier Ungewißheit über die Gültigkeit prozessualer Handlungen u. s. w. herrschen, aber das ist nichts Ungewöhnliches und z. B. ebenso, wenn die Wirksamkeit einer Rechtsmitteleinlegung zweifelhaft ist. Wesentlich ist, daß die tatsächliche Grundlage für die Entscheidung mit der Konkurseröffnung gegeben sein, nicht erst, wie OETKER will, durch eine nachmalige Handlung des Verwalters geschaffen werden muß. Die eventuelle Notwendigkeit richterlicher Entscheidung ändert daran nichts, daß, da der Bestand der Sollmasse *in thesi* ein bestimmter ist, für jeden anhängigen Prozeß objektiv feststeht, ob er unterbrochen ist oder nicht. Die Konkursmasse des § 240 CPO. ist also auch hier die Konkursmasse des § 1 KO. Ob zufolge von Dispositionen des Verwalters nachmals Veränderungen dieser Masse dadurch eintreten, daß sie zur Istmasse entwickelt wird, ist für den Eintritt der Unterbrechung gleichgültig. Die Unterbrechung tritt ein ohne Rücksicht auf solche nachmaligen Dispositionen; sie tritt ein, wenn die Heranziehung des im Streite befangenen Vermögensstücks zur Istmasse rechtlich möglich ist. Sie auf den Fall tatsächlicher Heranziehung zu beschränken, hieße der einseitigen Behauptung des Verwalters maßgebende Bedeutung beimessen. Aber nicht diese, sondern das Gesetz begründet die Beziehung des Verfahrens zur Masse.[1]

Die selben Erwägungen sind maßgebend für die Frage der Fortdauer der eingetretenen Unterbrechung. Der Konkursverwalter hat die nach seinem pflichtmäßigen Ermessen im Interesse der Gläubiger auszuübende Befugnis, Bestandteile des gemein-

---

[1] Übereinstimmend JÄGER § 10, 7; PETERSEN-KLEINFELLER §§ 10 f., 4; v. WILMOWSKI § 6, 6. GAUPP-STEIN § 240 I 1 und Anm. 4 (die „künstliche Konstruktion" OETKERS sei mit dem Gesetze unvereinbar); FITTING Ko. S. 54 A. 3; Reichsgericht in E. 45, 329; OLG. Dresden in Sä.A. 1, 150. Es ist daher nicht korrekt, wenn eine andere Entscheidung des OLG. Dresden in Sä. Ann. 16, 42 die Unterbrechung deshalb bejaht, weil die fraglichen Grundstücke „zur Masse gezogen" worden seien.

schuldnerischen Vermögens, welche zur Sollmasse gehören, nicht in die Istmasse zu ziehen oder, wenn er das getan, sie von der Istmasse wieder frei zu geben (vgl. § 133 Z. 2 KO.). Beides wird er besonders häufig dann zu tun veranlaßt sein, wenn das Recht des Kridars an solchen Vermögensstücken zweifelhaft ist, und daher insbesondere bei solchen Ansprüchen des Kridars, die bereits im Prozesse befangen sind. Ein Rechtsstreit, der ein solches Vermögensstück betrifft, ist unterbrochen worden, weil er die Sollmasse des Konkurses betraf. Es fragt sich, ob die Unterbrechung endet, wenn der Verwalter den Verzicht auf die Heranziehung zur Istmasse oder die Freigabe von dieser erklärt. Die Frage ist gegen Oetker zu verneinen. Die Beziehung zur Sollmasse dauert trotz jener Erklärungen fort; die Voraussetzung, welche zur Unterbrechung führte, liegt also auch weiterhin vor. Damit entfällt der Analogieschluß aus § 240 CPO. dahin, daß die Unterbrechung mit der Beziehung des Verfahrens zur Konkursmasse aufhöre. Auch das Gesetz selbst spricht gegen solche Analogie und billigt damit die vertretene Konstruktion. Einmal kennt es für die einmal eingetretene Unterbrechung keine anderen Endigungsgründe als die Reassumtion und die Aufhebung des Konkursverfahrens; keiner von beiden liegt hier vor. Es würde sich auch eine solche formlose und zeitlich nicht fixierte Erklärung des Verwalters als Endpunkt der Unterbrechung wegen der mit diesem verbundenen Wirkungen nicht eignen. Sodann aber ist nach der ausdrücklichen Vorschrift des Gesetzes (§ 10 Abs. 2 KO.) mit der Erklärung der Freigabe des litigiösen Aktivums die Unterbrechung keineswegs zu Ende, vielmehr wird bestimmt, daß nunmehr der Prozeß durch und gegen den Gemeinschuldner aufgenommen werden könne (vgl. unten S. 114). Es bleibt also bei der Unterbrechung trotz der verzichtenden Disposition des Verwalters. Diese beendet die Unterbrechung nicht, sondern liefert nur den materiellen Grund zu der die Unterbrechung beendenden Reassumtion.[1]

---

[1] Jäger § 10, 10; Petersen-Kleinfeller, Gaupp-Stein a. O; Petersen-Anger § 240, 1; OLG. Dresden in Sä.A. 1, 150; and. Mein. Oetker I S. 127.

II. In ganz entsprechender Weise ist die Frage der Unterbrechung auch für die Schuldenmasse angesichts der möglichen Dispositionen der einzelnen Gläubiger zu beantworten. OETKER behauptet auch hier, daß die formelle Schuldenmasse maßgebend sei. Zur Zeit der Konkurseröffnung stehe niemals fest, ob das anhängige Verfahren die Masse betreffe. Diese Voraussetzung sei erst dann gegeben, wenn der forderungsberechtigte Kläger als „konkurrierender Gläubiger" Befriedigung aus der Masse suche. Unterbrechungsgrund sei nicht die Konkurseröffnung, sondern die „Zulassung" der liquidierten Forderung zur Prüfung. Mit ihr trete die Unterbrechung des Prozesses *ex tunc* ein.[1] Seinem Ergebnis stimmen eine Anzahl von Schriftstellern, auch von denen zu, die für Aktivprozesse mit Recht die Relevanz der Sollmasse behaupten; und die Praxis des Reichsgerichts im teilweisen Gegensatz zu der sonstigen Judikatur entscheidet sich in dem selben Sinne. Darin liegt eine Inkonsequenz, zu der eine ausreichende Veranlassung nicht besteht.

In dem für den Eintritt der Unterbrechung entscheidenden Zeitpunkte der Eröffnung des Konkurses gibt es überhaupt noch keine formelle Schuldenmasse. Passivmasse ist in diesem Momente nur, was § 3 KO. als solche bezeichnet: die Summe der zur Teilnahme am Konkurse berechtigten Forderungen, die materielle Schuldenmasse. Die Zugehörigkeit der Klagforderung zu ihr entscheidet für den Eintritt der Unterbrechung. Es ist das Recht des Klägers auf die Teilnahme am Konkurse, welches die erforderliche Beziehung zur Masse begründet und welches mit dem Momente der Konkurseröffnung vorhanden ist und mit der Liquidation und ihrer Zulassung nicht erst entsteht, sondern geltend gemacht wird. Wird der eingeklagte Anspruch nachmals im Konkurse nicht verfolgt, so wird die vorhandene Beziehung zur Masse nachträglich wieder gelöst. Dann wird der Prozeß allerdings tatsächlich vom Konkurse nicht mehr berührt. Das

[1] OETKER I S. 126 ff. Konsequent müßte er die Anmeldung — wie es v. SARWEY-BOSSERT § 144, 6 I und MEISNER § 134b 3 auch tun — und damit das Belieben des Gläubigers über die Unterbrechung entscheiden lassen. Mit seiner angeblichen *deductio ad absurdum* (S. 128) habe ich mich unten abzufinden (S. 158 f.).

hindert aber die Unterbrechung nicht, über deren Eintritt oder Nichteintritt von der Zeit der Konkurseröffnung an Gewißheit bestehen oder wenigstens durch richterliche Entscheidung muß geschaffen werden können. Die Annahme eines Schwebezustandes, wie er vorliegen würde, wenn man mit der bekämpften Meinung die Unterbrechung von einem bestimmten Verhalten des Klägers abhängig machen wollte, würde auch hier den größten praktischen Schwierigkeiten begegnen und dem Begriffe der Unterbrechung widerstreiten. Das Gesetz entscheidet über die Unterbrechung, nicht der Kläger, auch nicht insoweit, als er — im Sinne Oetkers — durch seine Anmeldung eine weitere notwendige Voraussetzung für die Unterbrechung setzen müßte. Der Verzicht auf die konkursmäßige Befriedigung ist gegenüber dem Eintritt der Unterbrechung das *posterius.* So wenig in Ansehung der Aktivmasse die zu erwartende Freigabe die Unterbrechung verhindert, so wenig verhindert der analoge Verzicht des Gläubigers sie bei der Passivmasse. Der Verzicht beendet auch die Unterbrechung nicht, so wenig wie die Freigabe; er liefert nur einen Grund für die Aufnahme des Verfahrens. Daß es einer solchen auch formell bedarf, wenn schon das Gesetz sie nicht ausdrücklich erwähnt, wird unten (S. 145f.) zu rechtfertigen sein. Auch hinsichtlich der Passivprozesse also tritt die Unterbrechung ein, wenn die rechtliche Möglichkeit vorliegt, daß der im Streit befangene Anspruch im Konkurse geltend gemacht wird.[1] Es kann nur dann die Unterbrechung von vornherein als

---

[1] Darüber herrscht vollster Dissens.

Die hier vertretene Ansicht teilen: Jäger § 12, 9 und 10; Petersen-Kleinfeller § 12, 2; Wolff § 12, 2 Abs. 2; Hullmann § 10, 3 Abs. 3 und 4; Stieglitz § 10 II; Seuffert S. 188 und jetzt auch CPO. § 240, 4b; Fitting Ko. S. 61 Anm. 14; Kohler S. 303 und in Civ.A. 81, 399; OLG. Jena in Thür.Bl. 39, 328 f. = E. 29, 75, welches sehr richtig ausführt: im Falle der Konkurseröffnung nach Erhebung einer auf Geldzahlung gerichteten Klage müsse der Richter in Anwendung des § 218 CPO. [a. F.] das Prozeßverfahren ohne weiteres nicht als das künftige Vermögen des Kridars, sondern als „die Konkursmasse betreffend" ansehen; freilich werden unrichtige Konsequenzen daran geknüpft (s. unten S. 148 A. 1 g. E.); ferner OLG. Hamburg in SA. 39, 382; OLG. Colmar in E. 25, 17; OLG. Cöln in Rh.A. 89 I, 181 und der Sache nach auch OLG. Frankfurt in durch den Verzicht ausgeschlossen betrachtet werden, wenn dieser vor der Konkurseröffnung als ein eventueller, nämlich für den Fall des Konkurses, ausgesprochen worden ist. —

Auf die Gestaltung des Verfahrens in dem Falle, daß die Beziehung des Prozesses zur Konkursmasse und damit seine Unterbrechung streitig ist, ist unten einzugehen (S. 68 ff.). Im allgemeinen läßt sich das Ergebnis der Erörterungen über die in § 240 CPO. ausgesprochene Einschränkung dahin zusammenfassen, daß durch sie eine verhältnismäßig sehr geringe Anzahl von Prozessen von der Unterbrechung ausgeschlossen ist. In vermögensrechtlichen Prozessen bildet in der praktischen Rechtspflege der Nichteintritt der Unterbrechung durchaus die Ausnahme (vgl. oben S. 45 ff.). Es ist schon durch den Begriff der Konkursmasse als des gesamten Vermögens des Gemeinschuldners an die Hand gegeben, daß jeder vermögensrechtliche Prozeß, an welchem er beteiligt ist, die Masse betreffen muß.

Drittes Kapitel.

§ 5.

Wesen, Form und Wirkungen der Unterbrechung.

I. Der Prozeß als eine gesetzlich geordnete Reihe von Handlungen setzt zu seinem Beginn und zu seiner Fortführung das Handelnkönnen und das Handelnwollen seiner Subjekte, des Gerichts und der beiden Parteien, voraus. Die normale Entwicklung des durch die Klagerhebung zwischen ihnen begründeten Prozeßrechtsverhältnisses wird gehemmt, es tritt ein „Stillstand

---

Frankf. Rsch. 25, 209 f. (die beiden letzten in anderer Beziehung inkorrekt, s. unten S. 145 A. 2).

And. Mein. außer Oetker a. O.: Gaupp-Stein § 240 I 1; Petersen-Anger § 240, 1; v. Wilmowski-Levy § 218, 1 unter Aufgabe der gegenteiligen Annahme der 6. Aufl. das.; v. Wilmowski § 12, 2 Abs. 3; v. Sarwey-Bossert § 12, 2 Abs. 2; Willenbücher § 10, 2; Meisner § 10, 3; Rintelen S. 451 f.; Reichsgericht in E. 11, 399; das. 25, 17; in JW. 1894, 172; OLG. Cöln in Rh.A. 88 I, 271.

des Verfahrens" ein, wenn entweder das Gericht oder eine der Parteien nicht handeln kann, oder wenn entweder das Gericht oder beide Parteien nicht handeln wollen. Der mangelnde Handlungswille der einen Partei bei fortdauerndem Handlungswillen der andern kann nach den Grundsätzen prozessualer Versäumnis den Fortgang des Prozesses natürlich nicht hindern.

Wenn das Gericht auf Grund seines pflichtmäßigen Ermessens im konkreten Rechtsstreite nicht handeln will, so setzt es das Verfahren aus (§§ 246 ff. CPO.). Die Aussetzung ist an bestimmte Voraussetzungen gebunden; sie kann von Amts wegen oder auf Antrag, bisweilen muß sie auf Antrag verfügt werden. Immer aber ist es in letzter Linie und formell der im Aussetzungsbeschluß sich kundgebende Wille des Gerichts, der das Verfahren aufhält. — Wollen die Parteien übereinstimmend nicht handeln, so ruht das Verfahren (§ 251 CPO.). Das folgt von selbst aus der Dispositionsmaxime.

Das Nichthandelnkönnen begründet die Unterbrechung des Verfahrens (§§ 239—246 CPO.). Die Unterbrechung ist diejenige Art des Stillstands des Verfahrens, welche unabhängig von dem Willen der Prozeßsubjekte, nämlich im Gegensatz zur Aussetzung unabhängig vom Willen des Gerichts und im Gegensatz zur Ruhe des Verfahrens unabhängig vom Willen der Parteien eintritt. Sie tritt ein *ipso iure*, zufolge eines äußeren Ereignisses, welches einem der Prozeßsubjekte die Handlungsmöglichkeit benimmt, und deshalb gleichzeitig mit diesem Ereignisse.

Nicht handeln kann das Gericht als solches nicht schon dann, wenn der oder die Richter rechtlich oder tatsächlich an der Amtsausübung verhindert sind, sondern nur im Falle eines allgemeinen oder lokalen Stillstands der Rechtspflege überhaupt (§ 245 CPO.). Das Nichthandelnkönnen einer Partei begründet die Unterbrechung dann nicht, wenn es rein tatsächlicher Natur ist (z. B. körperliche Krankheit); es ist eine rechtliche Unmöglichkeit vorausgesetzt. Die *ratio legis* ist nicht in allen Fällen solcher Unterbrechung genau die selbe; immer aber hat sie ihre Basis in einer wider Willen der betroffenen Partei bestehenden, ihre

Aktionsfreiheit lähmenden Behinderung. Drei Gruppen lassen sich unterscheiden.

Der Eintritt oder die Fortdauer einer durch gesetzliche Vertretung nicht sofort ergänzten bezw. wieder ergänzten Prozeßunfähigkeit schließt ein weiteres prozessuales Handeln seitens und gegenüber der betroffenen Partei nach allgemeinen Grundsätzen aus; diese Unmöglichkeit prozeßwirksamen Handelns rechtfertigt die Unterbrechung (§ 241; positive Ausnahme § 246 CPO.).[1] Wenn dagegen in Anwaltsprozessen der Anwalt der einen Partei stirbt oder unfähig wird, so besteht die Handlungsmöglichkeit der Gegenpartei an sich fort; hier bedarf es der Unterbrechung zum Schutze der nach § 78 CPO. postulationsunfähigen Partei (§ 244 CPO.). Wenn endlich zwar Prozeßunfähigkeit eintritt, aber zugleich mit ihr eine gesetzliche Vertretung, oder wenn nur die gesetzliche Vertretung oder die Parteirolle *ipso iure* auf eine andere Person übergehen, so ist an sich keiner der Parteien das prozessuale Handeln rechtlich unmöglich, aber Rücksichten der Billigkeit gebieten es dem Gesetzgeber, der neu eintretenden Person zur Vorbereitung auf den ihr bis dahin fremden Prozeß und ihre Stellungnahme in ihm Zeit zu gewähren. Die Unterbrechung rechtfertigt sich hier aus der selben Erwägung, in der dem Beklagten die Einlassungsfrist zugestanden worden ist: ohne die Möglichkeit einer Deliberation wäre die Partei schutzlos. So ist es, wenn z. B. nach dem Tode des Vaters unmündiger Partei die Mutter den Rechtsstreit zu führen hat (§§ 1684, 1630 BGB., 241 vgl. aber 246 CPO.), so ist es, wenigstens in den Regelfällen, wenn die Partei selbst stirbt (§§ 239, 246 CPO.), so ist es auch in dem besonderen Falle des Wegfalls der Prozeßfähigkeit, dem Falle des Konkurses zum Vermögen einer Partei (§ 240 CPO.; vgl. oben S. 6 f.).

II. Die durch Konkurseröffnung herbeigeführte Unterbrechung hat, soweit nicht die Eigenart des Unterbrechungsgrundes etwas anderes bedingt, etwas Besonderes nicht an sich. Sie tritt mit ihren Wirkungen ein als Folge des das Verfahren eröffnenden Beschlusses (§§ 102 ff. KO.) ohne Rücksicht auf dessen Rechts-

---

[1] Vgl. Schmidt S. 822 f.

kraft (*arg.* § 111 KO. *verb.* „sofort"). Wird der Beschluß im Beschwerdewege aufgehoben (§ 109 KO.), so endet ein bestehendes Konkursverfahren und eine bestehende Unterbrechung.[1] Die Unterbrechung tritt ein mit dem Momente der Konkurseröffnung, also zu der im Eröffnungsbeschlusse angegebenen Stunde (§ 108 KO.), nach welchem Zeitpunkte daher auch die Wirkungen der Unterbrechung zu beurteilen sind.[2] Wegen der einschneidenden Natur dieser Wirkungen war es von Wichtigkeit, den Beginn der Unterbrechung genau zu fixieren. Die Unterbrechung tritt *ipso iure* ein; eine besondere Form ist daher nicht erforderlich. Es bedarf zur Herbeiführung der Unterbrechung einer Willenserklärung weder des Gerichts noch der Parteien, ja nicht einmal der Kenntnis der Beteiligten vom Unterbrechungsgrunde, sodaß es vorkommen kann und häufig vorkommt, daß trotz der Unterbrechung prozessuale Handlungen noch stattfinden; auf sie findet dann § 249 Abs. 2 CPO. Anwendung. Natürlich liegt es im Interesse aller Beteiligten, einander über die erfolgte Konkurseröffnung zu verständigen. Dem Gegner des Kridars wird die Kenntnis häufig vermittelt werden durch die Zustellung bezw. die öffentliche Bekanntmachung des Eröffnungsbeschlusses (§ 111 KO.) oder durch eine Mitteilung des Gegners oder des Prozeßgerichts. Diesem selbst kann die Konkurseröffnung bekannt sein, weil es selbst Konkursgericht ist. Sie kann ihm bekannt werden durch die öffentliche Bekanntmachung oder durch Mitteilung seitens der Parteien innerhalb oder außerhalb des Termins zur münd-

---

[1] Seuffert § 240, 1; Petersen-Anger § 249, 2; Reichsgericht in Frankf. Rsch. 31, 162f. (Unwirksamkeit der Urteilszustellung während eines nachmals nach § 109 KO. wieder aufgehobenen Konkurses: „Durch diese Wiederaufhebung ist das voraufgegangene Verfahren nicht *ex tunc* vernichtet, sondern beendigt"); ebenso Reichsgericht in E. 36, 94 f. — Die Frage der Wirksamkeit zwischenzeitlicher kollidierender Handlungen des Verwalters und des Kridars ist zivilrechtlicher Natur (vgl. Jäger § 109, 4 nebst Lit.).

[2] Jäger § 108, 1. Ordnet gegenüber ablehnendem Beschlusse des Amtsgerichts das Landgericht die Eröffnung an, so ist der Zeitpunkt der Rechtskraft seines Beschlusses die Eröffnungsstunde: Petersen-Kleinfeller § 108, 3, woselbst näheres; Jäger § 74, 1 (übrigens im Widerspruch mit Anm. 3).

lichen Verhandlung oder seitens des Konkursverwalters.[1] Im amtlichen Interesse des letzteren liegt es insbesondere, den um Beweiserhebungen ersuchten oder den damit beauftragten Richter von der Eröffnung des Konkurses zu verständigen. Jedenfalls ist es für das Gericht empfehlenswert, die glaubhaft erlangte Kenntnis vom Konkurse in Form einer Notiz des Gerichtsschreibers, welche die Eröffnungsstunde zu enthalten hat, von Amts wegen aktenkundig zu machen.

Die erlangte Kenntnis von der Konkurseröffnung ist in erster Linie von Wichtigkeit für die Parteien als die grundsätzlich prozeßbetreibenden Subjekte des Verfahrens. Je nach dem Eintritt oder Nichteintritt der Unterbrechung hat sich ihr ferneres Verhalten verschieden zu bestimmen. Sie haben sich daher über die Frage, ob Unterbrechung vorliege, schlüssig zu werden und tragen die Gefahr der unrichtigen Beantwortung: die irrige Annahme der Unterbrechung kann zur Versäumung von Notfristen, ihre irrige Nichtannahme zur Abweisung des eingelegten Rechtsmittels wegen Unwirksamkeit der Zustellung des Urteils oder des Rechtsmittelschriftsatzes führen.[2] Indessen ist, wie oben hervorgehoben wurde, die Frage der Unterbrechung in verhältnismäßig wenigen Fällen rechtlich zweifelhaft, und in vermögensrechtlichen Prozessen die Nichtunterbrechung überhaupt selten. Daher bildet es in der Praxis die Regel, daß nach Eintritt des Konkurses die Parteien in Annahme der Unterbrechung ihre Tätigkeit ohne weiteres einstellen, den anstehenden Verhandlungstermin zirkumduzieren. Dann wird die Frage, ob wirklich Unterbrechung eingetreten sei, erst im Aufnahmeverfahren, d. h. erst dann diskutabel,

---

[1] In Chemnitz hat sich, wie der Verfasser bezeugt, die Übung herausgebildet, daß das Amtsgericht bei jedem Konkurse einen beglaubigten Auszug des Eröffnungsbeschlusses an seine Abteilung für streitige Zivilsachen abgibt, welche bei den betreffenden Richtern und Gerichtsschreibern zirkuliert.

[2] Daher in der Praxis häufig Wiederholung der Urteilszustellung und des Rechtsmittels. Vgl. die Fälle in E. 27, 350 ff., wo das Urteil erster Instanz dreimal zugestellt und zweimal mit Berufung angefochten worden, und in Sä.A. 4, 467 ff., wo die Wiederholung des Rechtsmittels unterblieben und der Anwalt der Partei zum Ersatze der ihr durch die Zurückweisung erwachsenen Prozeßkosten verurteilt worden ist (OLG. Dresden).

wenn eine Partei die Beendigung der als vorliegend vorausgesetzten Unterbrechung herbeiführen will. Jedoch ist der Partei unbenommen, auch ohne daß die Aufnahme versucht wird, in der Instanz eine gerichtliche Entscheidung über den Eintritt oder Nichteintritt der Unterbrechung zu provozieren, sei es daß die Beziehung zur Masse oder — der häufigere Fall — daß die Parteieigenschaft des Kridars streitig ist. Das kann dann zu einem besonderen, inzidenten „Unterbrechungsverfahren“ führen.[1]

Das Gericht kann sich im Stadium des Parteibetriebs auch nach erlangter Kenntnis vom Konkurse zunächst passiv verhalten. Die Unterbrechung ist vorhanden oder nicht vorhanden auch ohne ein besonderes, darauf gerichtetes Dekret. Mit der Entscheidung über sie wird es vielfach erst im Aufnahmeverfahren befaßt. Zu einem Unterbrechungsverfahren in der Instanz kommt es aber dann, wenn die Konkurseröffnung in einer Prozeßlage eintritt, in der der Fortgang des Verfahrens zunächst von einer richterlichen Handlung abhängt, und das Gericht die Einstellung seiner Tätigkeit mit der eingetretenen Unterbrechung zu motivieren hat. Dieser Fall ist insbesondere gegeben, wenn Beweisbeschlüsse zu erledigen sind: wird die Unterbrechung bejaht, so ist die Beweisaufnahme zu beanstanden.[2] Dies trifft auch den beauftragten oder ersuchten Richter, der über die Unterbrechung vorbehaltlich einer anderen Entscheidung des erkennenden Gerichts befindet (vgl. § 229 CPO.). Weiter bedarf es einer sofortigen Entschließung, wenn dem Gericht ein prozeßbetreibender Inzidentantrag der Partei vorliegt, wie der Antrag auf Abnahme des rechtskräftig zuerkannten Eides, auf Berichtigung des Tatbestandes, das Gesuch um Kostenfestsetzung u. dgl., oder wenn in der mündlichen Verhandlung die Partei trotz der eingetretenen Unterbrechung das Verfahren fortsetzen will oder im umgekehrten Falle die Unterbrechung behauptet und eine Entscheidung provoziert.[3]

---

[1] Beispiele: für den ersteren Fall OLG. Hamburg in SA. 50, 122 f.; für den letzteren OLG. Naumburg in E. 16, 340; LG. Zwickau in We.A. 1, 340.

[2] Beispiel: die Vorinstanz des Reichsgerichts in JW. 1897, 417 f.

[3] Gut die Ausführungen des OLG. Karlsruhe in SA. 47, 464 f. —

Das Gericht hat in jeder Lage des Verfahrens den Eintritt der Unterbrechung von Amts wegen zu berücksichtigen, also ohne Rücksicht auf den Willen der Parteien, soweit von richterlicher Handlung der Fortgang des Verfahrens abhängt, mit seiner Tätigkeit inne zu halten, wenn es die Unterbrechung für vorliegend erachtet, mit ihr fortzufahren, wenn es die Unterbrechung verneint. Die Notwendigkeit der Offizialprüfung ergibt sich im allgemeinen daraus, daß der Richter nicht gehalten sein kann, tätig zu werden, wenn er von vornherein von der Unwirksamkeit seiner Handlungen überzeugt ist; die Möglichkeit nachträglicher Konvaleszenz (unten S. 77 f.) spielt dabei keine Rolle. Sie ergibt sich für Fälle, wo die Prozeßfähigkeit einer Partei in Frage gestellt ist, auch aus der ausdrücklichen Vorschrift des § 56 CPO. Die Offizialberücksichtigung der Unterbrechung ist denn auch außer Streit.[1] Hiernach ist der Richter zwar nicht gehalten, über seine Fragepflicht hinaus Erörterungen anzustellen, ob etwa die eine oder andere Partei in Konkurs verfallen sei, aber wenn die Tatsache der Konkurseröffnung vorliegt, kann sie durch übereinstimmende Parteierklärungen nicht beseitigt werden. Hinsichtlich der Frage, ob durch den Konkurs die Unterbrechung begründet sei, ist zu sagen, daß einerseits die Parteien, wenn aus ihren Erklärungen für das Gericht der Eintritt oder Nichteintritt der Unterbrechung folgt, nicht durch übereinstimmende Willens-

---

Die Bestimmung des Termins zur mündlichen Verhandlung auf den Ladungsschriftsatz der Partei wird nicht verweigert werden können. Einmal wäre die Entscheidung über die Unterbrechung dem Vorsitzenden eingeräumt. Sodann ist die Terminsbestimmung kein eigentlicher Prozeßbetriebsakt des Gerichts, sondern nur die notwendige Vervollständigung eines solchen Aktes der Partei, die lediglich im äußeren Interesse eines geregelten Geschäftsgangs *in foro* in die Hand des Gerichtsorgans gelegt ist. Dazu kommt die praktische Erwägung, daß vor und in dem Termin die Aufnahme erklärt werden kann (unten S. 91). Entsprechendes gilt vom Aufruf des Termins zur mündlichen Verhandlung (hierüber unten S. 75. und im übrigen unten S. 80).

[1] Struckmann-Koch § 240, 2; Seuffert § 249, 2c; Frank in Z. 13, 225; OLG. Dresden in Sä.A. 1, 669 f. und das. 4, 471 (sub II, 2). Entsprechend hat das Reichsgericht in Sä.A. 4, 468 die Kosten eines vor ihm während der Unterbrechung durchgeführten Versäumnisverfahrens niedergeschlagen.

erklärung die Unterbrechung ausschließen oder herbeiführen können, daß andrerseits das Gericht das übereinstimmende tatsächliche Vorbringen der Parteien zur Basis zu nehmen und es nicht auf seine materielle Wahrheit zu prüfen hat, und daß es im Streite der Parteien die Beweise von diesen fordern darf.

Die Entscheidung des inzidenten Unterbrechungsverfahrens kann ohne mündliche Verhandlung (*arg.* § 248 Abs. 2 CPO.) und wird zumeist so erfolgen, z. B. wenn ein Beweisaufnahmetermin aufgehoben oder das Gesuch um Kostenfestsetzung zurückgewiesen wird. Kommt die Frage bei der mündlichen Verhandlung zur Sprache, so ist diese nach allgemeinen Grundsätzen auf jene Frage zu erstrecken. Einer formulierten Entscheidung bedarf es dann nur, wenn die Prozeßsubjekte sich über ihre Beantwortung nicht einig sind. Als der obligatorischen mündlichen Verhandlung nicht bedürftig ist der Streit der Parteien im Unterbrechungsverfahren kein Zwischenstreit im technischen Sinne.[1]

Der gerichtlichen Entscheidung über die Unterbrechung ist zu Grunde zu legen der gesamte Inhalt der mündlichen Verhandlung, oder, wo eine solche überhaupt oder in der Instanz noch nicht stattgefunden hat, der Inhalt der Klagschrift, der vorbereitenden Schriftsätze der Parteien und der gerichtlichen Beurkundungen des Streitstoffs. Der ersuchte Richter ist immer auf den Akteninhalt angewiesen. Die Entscheidung kann daher immer nur mehr oder weniger *prima facie* gegeben werden; nach dem sogleich zu erwähnenden Charakter, der ihr beiwohnt, ist das auch genügend. Die Prüfung ist darauf zu erstrecken, ob das schwebende Verfahren die Sollmasse oder die materielle Schuldenmasse des Konkurses (§§ 1, 3 KO.) betreffe (oben S. 58 ff.; 62 ff.). Auf Grund des vorliegenden Materials hierüber eine Entscheidung zu treffen, wird fast immer möglich sein, da es sich in den allermeisten Fällen nur um die rechtliche Beurteilung gegebener tatsächlicher Erklärungen handelt. Zweifel wegen ungenügenden tatsächlichen Materials können entstehen, wenn der Rechtsstreit Gegenstände betrifft, deren Kompetenzqualität für

---

[1] Daß der Zwischenstreit obligatorische mündliche Verhandlung voraussetzt, ist herrschende Meinung.

den Gemeinschuldner in Frage kommt. Hier bleibt, falls das Gericht es nicht auf die Beschwerde und ihre Begründung ankommen lassen will, nur die Anordnung der mündlichen Verhandlung übrig. Prozesse dieser Art sind praktisch selten; noch seltener wird es in ihnen zu einem besonderen Unterbrechungsverfahren kommen.[1]

Die Entscheidung im Unterbrechungsverfahren als inzidentem Verfahren innerhalb der Instanz ergeht in Form des Beschlusses. Der Beschluß, welcher die Unterbrechung ausspricht, führt diese nicht herbei, sondern konstatiert nur, daß sie seit der Eröffnungsstunde existent ist: er hat lediglich deklarative, keine konstitutive Bedeutung.[2] Darin liegt der wesentliche Unterschied zum Aussetzungsbeschluß. Gemeinsam aber mit diesem ist dem die Unterbrechung bejahenden oder verneinenden Beschlusse, daß auch er nur prozeßleitenden Charakter hat. Darauf weist schon die gleichartige Behandlung der Unterbrechung und der Aussetzung im Gesetz hin. Der Beschluß spricht nur aus, daß die Voraussetzungen vorliegen oder nicht vorliegen, unter welchen das Verfahren kraft Gesetzes still zu stehen hat. Eine materielle Bedeutung kommt ihm nicht zu, wenn schon er die Beziehung zur Konkursmasse bejaht oder verneint. Eine materielle Entscheidung zu geben, ist im Unterbrechungsverfahren gar nicht möglich, weil vor der Aufnahme der Konkursverwalter mit seinen Behauptungen nicht gehört werden kann. Der Unterbrechungsbeschluß, auch wenn formell rechtskräftig, benimmt weder als

---

[1] Die Möglichkeit eines solchen deutet an — soviel ich sehe als einziger — v. Wilmowski §§ 10, 2; 11, 4.

[2] Seuffert § 252, 6. Beispiele Reichsgericht in JW. 1897, 417 f.; OLG.e Hamburg, Naumburg und Karlsruhe a. O. Ungenau Petersen-Anger § 252, 2, welche allgemein Zwischenurteil verlangen. Sie verkennen, daß zwischen dem Unterbrechungs- und dem Aufnahmeverfahren ein Unterschied zu machen ist; in der Tat beziehen sich die das. zitierten Entscheidungen nur auf das letztere. — Natürlich kann über die Unterbrechung auch im Endurteil entschieden werden, so wenn die höhere Instanz das angefochtene Urteil wegen vor seinem Erlaß eingetretener Unterbrechung aufhebt (s. unten S. 83 *sub* d, auch Reichsgericht in Sä.A. 4, 469) oder wenn das Gericht unter Verneinung behaupteter Unterbrechung in der Hauptsache erkennt (LG. Zwickau a. O.).

verneinender in Aktivprozessen dem Konkursverwalter das Recht, seiner Auffassung, daß der litigiöse Anspruch des Kridars zur Sollmasse des Konkurses gehöre, richterliches Gehör zu verschaffen, noch hindert er in Passivprozessen als verneinender den Kläger, die eingeklagte Forderung zur Tabelle anzumelden und sie der Prüfung der dafür zuständigen Organe des Konkurses zu unterbreiten, oder als bejahender den Verwalter, dem Liquidate die Qualität als Konkursforderung zu bestreiten. Das Nähere hierüber gehört in die Erörterung des Reassumtionsverfahrens (unten S. 108 ff. u. S. 155 ff.).

Der Beschluß, der die Unterbrechung bejaht, ist mit einfacher, derjenige, welcher sie verneint, mit sofortiger Beschwerde anfechtbar. Das ergibt der § 252 CPO. Allerdings redet das Gesetz hier nur von der Aussetzung des Verfahrens und ihrer Ablehnung, und die Bestimmung des § 567 CPO. scheint der analogen Anwendung auf die Unterbrechung entgegen zu stehen. Allein wie in seinem Charakter und in seinen Wirkungen muß der Beschluß, der über die Unterbrechung befindet, auch in seiner Anfechtbarkeit dem über die Aussetzung entscheidenden Beschlusse gleich gestellt werden. In diesem Sinne hat der höchste Gerichtshof in feststehender Rechtsprechung sich dahin ausgesprochen, daß unter den Entscheidungen des § 252 alle Entscheidungen zu verstehen seien, durch die der tatsächliche Zustand einer Aussetzung herbeigeführt oder beseitigt werde, soweit sie in der Form des Beschlusses ergehen, und dieser Auslegung hat man sich in der Literatur allgemein angeschlossen.[1]

---

[1] Siehe die Kommentare, von denen v. Wilmowski-Levy § 229, 1 die analoge Anwendbarkeit auf die Entscheidung im Unterbrechungsverfahren beschränken, und Reichsgericht in E. 16, 340; in JW. 1897, 417 f; OLG. Karlsruhe a. O.; für das Aufnahmeverfahren Reichsgericht in E. 16, 359 f.; 32, 428; in JW. 1897, 562. — Über die rechtliche Lage in dem Falle, daß der die Unterbrechung bejahende oder verneinende Beschluß im Beschwerdeverfahren aufgehoben wird, richtig Seuffert § 252, 6: wird auf Beschwerde jener aufgehoben, so tritt mit der Verkündung oder Zustellung des aufhebenden Beschlusses das Ende der Unterbrechung ein, die zwischenzeitliche Unterbrechung der Fristen wird nicht beseitigt, die zwischenzeitlichen Prozeßhandlungen sind wirksam; wird auf sofortige Beschwerde der die Unterbrechung verneinende Beschluß aufgehoben, so treten mit

In der Tat kann die Anfechtbarkeit und damit die analoge Anwendung des § 252 nicht entbehrt werden.

III. Die Wirkungen der Unterbrechung infolge Konkurses sind die für die Unterbrechung im allgemeinen vorgeschriebenen. Das Gesetz besagt darüber:

§ 249 CPO. „Die Unterbrechung ... des Verfahrens hat die Wirkung, daß der Lauf einer jeden Frist aufhört und nach Beendigung der Unterbrechung ... die volle Frist von neuem zu laufen beginnt.

Die während der Unterbrechung ... von einer Partei in Ansehung der Hauptsache vorgenommenen Prozeßhandlungen sind der anderen Partei gegenüber ohne rechtliche Wirkung.

Durch die nach dem Schlusse einer mündlichen Verhandlung eintretende Unterbrechung wird die Verkündung der auf Grund dieser Verhandlung zu erlassenden Entscheidung nicht gehindert".

1. Die Bestimmung des Abs. 1 bezieht sich auf die prozessualen Fristen im eigentlichen Sinne, und zwar im Gegensatz zur Ruhe des Verfahrens (§ 251 CPO.) einschließlich der Notfristen. Sie bezieht sich nicht auf die sog. „uneigentlichen Fristen" (z. B. §§ 216 Abs. 2; 315 Abs. 2 CPO.), auch nicht auf die präkludierenden Jahreszeiträume (z. B. §§ 234 Abs. 3; 586 Abs. 2 CPO.), es sei denn, daß sie innerhalb des anhängigen Prozesses liegen,[1] endlich nicht auf die von den Parteien für den Widerruf von Prozeßvergleichen vereinbarten Fristen (vgl. oben S. 14).

Hinsichtlich der anstehenden Termine ist aus Abs. 3 zu entnehmen, daß der zum Zwecke der Verkündung einer Entscheidung anstehende Termin jedenfalls bestehen bleibt. Ob für die übrigen, die zur mündlichen Verhandlung und zur Erhebung von Beweisen anstehenden Termine, aus der gedachten Vorschrift die Folgerung *e contrario* dahin zu ziehen sei, daß sie in Wegfall kommen, oder nicht, läuft im wesentlichen auf einen Streit

---

der Verkündung oder Zustellung die Wirkungen der Unterbrechung ein, aber auch die zwischenzeitlichen Handlungen sind unwirksam.

[1] Darauf hat Frank in Z. 13, 217 aufmerksam gemacht. Die Unterbrechung ist nur möglich bei der Frist des § 234 Abs. 3 CPO., wenn eine Beschwerdefrist versäumt war.

um Worte hinaus. Daß bei fortdauernder Unterbrechung der Inhalt solcher Termine ungültig sei, daß also in ihnen nicht gültig verhandelt, insbesondere kein Versäumnisurteil erlassen[1] und nicht gültig Beweis erhoben werden kann, ergibt sich schon aus Abs. 2. Ist das doch, etwa wegen mangelnder Kenntnis vom Unterbrechungsgrunde, geschehen, so sind die Verhandlungen und die auf ihnen basierenden Entscheidungen ohne rechtliche Wirkung. Man mag das einen Wegfall des Termins nennen. Jedenfalls ist aus dem Gesetze nicht zu entnehmen, daß der Aufruf des anstehenden Verhandlungstermins nach eingetretener Unterbrechung verboten sei. Ein solches Verbot wäre nicht nur dann illusorisch, wenn nicht das Gericht, sondern zuerst die Partei vom Unterbrechungsgrunde Kenntnis erlangt hätte und dem Gericht nach erfolgtem Aufrufe Mitteilung machte; es könnte auch zu nutzloser Schikane der Parteien und ihrer Vertreter führen, die in Unkenntnis der Unterbrechung vergeblich auf den Aufruf warten. Auch sachlich würde das Unterbleiben des Aufrufs den Bedürfnissen der Praxis zuwiderlaufen. Gerade der erste nach dem Konkursfall anstehende Verhandlungstermin wird häufig dazu Gelegenheit geben, daß die Prozeßsubjekte einander über den Eintritt der Unterbrechung verständigen. Dazu kommt, daß er zur Aufnahme des Verfahrens benutzt werden kann (unten Seite 91), und daß es eine bei viel beschäftigten Gerichten empfindliche Verzögerung des Rechtsstreits bedeuten würde, wenn immer eine neue Ladung verlangt werden müßte. Natürlich ist es dem Gerichte unbenommen, nach und wegen eingetretener Unterbrechung den anstehenden Termin aufzuheben, und das wird insbesondere dann am Platze sein, wenn der Termin nicht zur mündlichen Verhandlung bestimmt, eine Aufnahme in ihm also gar nicht möglich ist.[2] Ist aber der Termin nicht formell aufgehoben worden, so ist der Aufruf nicht nur nicht ver-, sondern aus den angegebenen Gründen sogar geboten (siehe oben S. 69f. A. 3). Daraus ergibt sich, daß die aufnehmende Partei den Gegner zu dem vor

---

[1] Beispiel: LG. Leipzig und OLG. Dresden in Sä.A. 1, 150f.

[2] Beispiele: Vorinstanz des Reichsgerichts in JW. 1897, 417 f. (Beweis- und Verhandlungstermin); Reichsgericht das. 1900, 14 (Verhandlungstermin).

Eintritt der Unterbrechung anberaumten Termin laden kann; ja es bedarf in solchem Falle nicht einmal neuer Ladung, sondern nur der Aufnahme. Ist die Unterbrechung vor Aufruf des Termins wieder beendet oder wird sie im Termin durch ordnungsmäßige Aufnahme beendet, so können die Parteien gültig verhandeln.[1] Es kann auch ein Versäumnisurteil ergehen, wenn die erschienene Partei die vorherige Aufnahme oder im Falle der Konkursaufhebung nachweist, daß sie dem *contumax* von der Beendigung des Konkurses rechtzeitig Kenntnis gegeben habe (§ 235 Z. 3 CPO.).

2. Die während der Unterbrechung in Ansehung der Hauptsache vorgenommenen Prozeßhandlungen einer Partei sind — so bestimmt Abs. 3 § 249 — der andern Partei gegenüber ohne rechtliche Wirkung. Unter dem handelnden Subjekt ist hier auf seiten des Kridars der Konkursverwalter als dessen gesetzlicher Vertreter zu verstehen. Die Unwirksamkeit der vom Kridar etwa selbst vorgenommenen Prozeßhandlungen beruht nicht auf der hier fraglichen Vorschrift; sie wird uns noch besonders zu beschäftigen haben (S. 84 f.).

Nicht unter die Prozeßhandlungen des § 249 zu rechnen und also gültig vorzunehmen sind solche Handlungen der Partei, die auf das gegenseitige Verhältnis der Parteien ohne Einfluß sind, wie die Streitverkündung, die Bevollmächtigung eines Anwalts,[2] und solche, die des prozessualen Formenzwangs entbehren, wie der außergerichtliche, vertragsmäßige Verzicht auf Rechtsmittel.[3] Wirksam sind endlich, wie sich von selbst versteht, diejenigen Parteihandlungen, welche auf die Beseitigung der Unterbrechung abzielen, die Reassumtion des Verfahrens anstreben. Das Gesetz spricht dies aus, indem es die Unwirksamkeit auf die „in Ansehung der Hauptsache" vorgenommenen Prozeßhandlungen als den Gegensatz jener beschränkt. Im Zusammenhange

---

[1] Petersen-Anger § 249, 1; Seuffert § 249, 2e und namentlich eingehend Ob.LG. f. Bayern in SA. 43, 356. Vgl. Reichsgericht in Sä.A. 4, 468.

[2] Die Kommentare zu § 249; Frank a. O. S. 223 und Reichsgericht in JW. 1886, 226.

[3] Frank a. O.; Reichsgericht in E. 45, 329 f.: der Verzicht sei eine Verfügung über den Prozeß, keine Prozeßhandlung.

hiermit stellt das Gesetz eine positive Ausnahme von der Vorschrift des § 249 Abs. 2 auf, sofern es in Verbindung mit der Ladung zur Aufnahme auch die Ladung zur mündlichen Verhandlung zuläßt (§ 239 Abs. 2 CPO.).[1]

Alle sonstigen prozessualen Handlungen der Parteien (Ladungen, Zustellungen, Einlegung von Rechtsmitteln, Anträge, Erklärungen aller Art) sind „der andern Partei gegenüber" unwirksam. Die Unwirksamkeit ist also eine bloß relative. Den vom Gesetze gewählten Ausdruck haben wir in gleicher Fassung bereits in § 7 KO. gefunden (oben S. 4 f.), wo die Rechtshandlungen des Gemeinschuldners als den Konkursgläubigern gegenüber unwirksam bezeichnet sind, und daraus entnommen, daß die Konkursgläubiger die Handlungen des Gemeinschuldners genehmigen können. Die entsprechende Bedeutung kommt dem Ausdrucke auch hier zu, wo nicht Rechtshandlungen überhaupt, sondern spezifisch Prozeßhandlungen in Frage stehen. Das Gesetz besagt, daß die an sich unwirksamen Handlungen durch die Genehmigung der Gegenpartei in Wirksamkeit erwachsen können. Die Genehmigung unwirksamer Handlungen einer Prozeßpartei durch die andere hat ihre besondere, durch § 295 CPO. näher geregelte Form. Es bedarf dazu nicht einer positiven — ausdrücklichen oder stillschweigenden — Erklärung, sondern sie erfolgt negativ durch den Verzicht auf die Rüge des Mangels oder ihre Unterlassung zu gehöriger Zeit. Wenn Abs. 2 § 295 diese Heilbarkeit ausschließt für den Fall, daß es sich um sog. unverzichtbare Mängel handelt, so besagt § 249 Abs. 2 dem gegenüber, daß der in der Unterbrechung begründete Mangel einer Prozeßhandlung ein verzichtbarer sei. Die während der Unterbrechung vorgenommenen Prozeßhandlungen erwachsen also in Gültigkeit, wenn der rügeberechtigte Gegner des Handelnden sie gegen sich gelten läßt, indem er auf die Rüge verzichtet oder mit ihr präkludiert wird.[2]

---

[1] Mit Recht hebt FRANK a. O. S. 234 und Anm. 108 den Ausnahmecharakter dieser Bestimmung hervor (vgl. unten S. 119 und S. 121 Anm. 1).

[2] Außer den Kommentaren s. WACH, Vortr. S. 260 f. Anm. unter 2; FITTING Ci. S. 187 A. 13; ders. in Z. 11, 41 Anm. 43 Z. 3 und die in der folgenden Note angezogene Judikatur.

Besondere Bedeutung hat dieser Satz, wenn es sich um die Einlegung von Rechtsmitteln handelt. Er schlägt durch gegenüber der anderen Vorschrift des Gesetzes, daß die Voraussetzungen der Gültigkeit von Rechtsmitteln von Amts wegen zu prüfen seien (§§ 535, 566, 574 CPO.). Auch die Unwirksamkeit der Einlegung von Rechtsmitteln ist nach § 295 CPO. heilbar, wenn sie darin ihren Grund hat, daß die Zustellung des Urteils oder der Rechtsmittelschrift während der Unterbrechung erfolgt ist, m. a. W.: wäre das Rechtsmittel gültig ohne die Unterbrechung, so ist es auch gültig trotz ihrer, wenn der Gegner nicht rügt. Der lediglich in der Unterbrechung wurzelnde Prozedurfehler wird durch die Unterlassung der Rüge geheilt. Das darf auch, trotz einer abweichenden Entscheidung, als vom Reichsgericht anerkannt gelten.[1]

Es versteht sich von selbst, daß die Möglichkeit der Konvaleszenz der ungültigen Handlung die handelnde Partei nicht auf ihrer unwirksamen Handlung fest fährt. Es liegt im Gegenteil im Interesse des Handelnden, zur Abschneidung der Rüge die unwirksame Handlung durch eine andere wirksame zu ersetzen. Dann scheidet die erstere aus dem prozessualen Kausalzusammenhange aus, und der Gegner kann dann nicht jene erste unwirksame Handlung zum Nachteil des Handelnden genehmigen. Es besteht ja die Genehmigung gerade zu Gunsten des Handelnden.[2]

---

[1] Übereinstimmend Reichsgericht in E. 10, 69; 14, 334: es handle sich nicht um den — bedeutungslosen — Verzicht auf Förmlichkeiten der Revisionseinlegung, sondern um verzichtbare Wirkungen der Unterbrechung. And. Mein. Reichsgericht in E. 10, 400 f. Vgl. ferner Reichsgericht in E. 27, 353 und OLG. Dresden in Sä.A. 4, 470 und zu der ganzen Frage Goldenring in Z. 9, 84 ff.

[2] Als Beispiel diene der der Entscheidung des Reichsgerichts in E. 27, 350 ff. (*in extenso* abgedruckt in RAnz. 1891, 29 ff.) zu Grunde liegende Fall. Am 11. Februar ist gegen den Beklagten Konkurs eröffnet worden, am selben Tage ist ihm vom Kläger das Urteil erster Instanz zugestellt, am 9. März vom Kläger Berufung eingelegt (Verhandlungstermin 8. Mai), am 7. Mai vom Kläger das Urteil nochmals zugestellt, am 8. Mai in der mündlichen Verhandlung die Aufnahme erklärt und durch Urteil vom selben Tage die Berufung als wirkungslos zurückgewiesen worden. Am 11. Juni hat der Kläger nochmals unter Zustellung des Urteils und

3. Die **Handlungen des Gerichts** fallen nicht unter § 249 Abs. 2 CPO., aber auch sie werden von der Ungültigkeit betroffen, wie sich *arg. e contr.* aus Abs. 3 ergibt. Sie sind als Folgen der Parteihandlungen gedacht und, weil mit diesen wegfallend, im Gesetze nicht besonders erwähnt.[1] Einzige Ausnahme bildet nach dem Gesetze die Verkündung einer Entscheidung, die auf einer vor der Unterbrechung geschlossenen mündlichen Verhandlung basiert. Die Entscheidung muß verkündet, etwa darin enthaltene Anordnungen dürfen aber nicht ausgeführt werden. Die Ausnahme ist auszudehnen einmal auf rein interne Akte des Gerichts, wie die Abfassung des verkündeten Urteils, seine Aufnahme in das Verzeichnis des Gerichtsschreibers (§ 316 CPO.), die Berichtigung von Schreibfehlern im Urteil (§ 319 CPO.; oben S. 13 A. 1) u. dgl., sodann auf solche Handlungen, die keinen Fortschritt des Verfahrens bedeuten, wie die Erteilung von Abschriften aus den Gerichtsakten, die Verhandlung mit Zeugen über ihre Gebühren u. dgl. Ebenso darf auch nach Eintritt der Unterbrechung die Erteilung der Vollstreckungsklausel auf ein zu Gunsten des Kridars lautendes Urteil dem Verwalter, und auf ein gegen den Kridar lautendes, aber nicht eine Konkursforderung bejahendes Urteil gegen den Verwalter, nicht verweigert werden, denn die Vollstreckung kann trotz der Unterbrechung betrieben werden (oben S. 14 ff.).[2]

Alle anderen gerichtlichen Handlungen fallen der Unwirksamkeit anheim. Das Gericht hat sich daher ihrer zu enthalten.

Erklärung der Aufnahme Berufung eingelegt. Das Reichsgericht hat den Einwand des Beklagten: er genehmige die Zustellung vom 11. Februar, dann laufe die Notfrist vom 8. Mai bis zum 8. Juni, die neuerliche Berufung sei also verspätet, zurückgewiesen (S. 353). Es trifft also nur den Regelfall, wenn aus der Relativität der Unwirksamkeit der allgemeine Satz abgeleitet wird, nur der Gegner, nicht der Handelnde, könne sich auf die Unwirksamkeit berufen (Frank a. O. S. 224). Auch in dem in Sä.A. 4, 467 f. mitgeteilten Rechtsfalle hat der Revident die Unwirksamkeit der Revision geltend gemacht.

[1] Gaupp-Stein 3. Aufl. § 226 II; Frank a. O. S. 225; gut OLG. Colmar in Els.Z. 20, 320 f.

[2] Vgl. LG. Halle in RAnz. 1891, 30; nicht dagegen AG. Kosel in Z. 7, 559 f., da hier schon der Titel von der Unterbrechung getroffen wird.

Zwar sind, wie wir gesehen haben, die Terminsbestimmung auf die schriftliche Parteiladung und der Aufruf des anstehenden Verhandlungstermins nicht zu versagen, weil das nicht eigentlich Prozeßbetriebshandlungen des Gerichts sind (oben S. 69f. A. 3). Auch Gesuche um Verlegung des anstehenden oder sofortige Vertagung des aufgerufenen Termins dürften entsprechend zu behandeln sein.[1] Im Termine aber darf bei fortdauernder Unterbrechung nicht zur Hauptsache verhandelt werden. Die Erhebung von Beweisen hat zu unterbleiben: Zeugen u. s. w. sind nicht zu laden, geladene nicht zu vernehmen. Der ersuchte Richter darf dem Ersuchen nicht entsprechen, wenn er glaubhafte Kunde von der Konkurseröffnung hat und das Verfahren für unterbrochen erachtet. Gesuche um Bewilligung des Armenrechts (§ 118 Abs. 1 CPO.), um Festsetzung der zu erstattenden Kosten (§ 104 Abs. 2 CPO., speziell hierüber unten S. 202ff.), Anträge auf Berichtigung des Tatbestands (§ 320 CPO.) u. dgl. sind abzulehnen. Werden solche Handlungen gleichwohl vorgenommen, so sind sie unwirksam; jede Partei kann die Unwirksamkeit geltend machen. Indessen kann auch die Ungültigkeit richterlicher Handlungen nachträglich dadurch behoben werden, daß beide Parteien sie als gültig behandeln.[2] Weil diese Möglichkeit offen ist, wird der Richter zur Vornahme derartiger Handlungen aus Opportunitätsrücksichten dann befugt sein, wenn ihm vor deren Vornahme seitens beider Parteien eine wirksame Genehmigung in bestimmte Aussicht gestellt wird. Er wird z. B. zur Vermeidung von Weiterungen den erschienenen Zeugen vernehmen dürfen, wenn ihm die anwesenden Parteien erklären, in der folgenden mündlichen Verhandlung das Verfahren aufnehmen und die Beweisaufnahme nicht beanstanden zu wollen, und die Aufnahme subjektiv und objektiv zulässig ist. Ist sie nicht möglich, wie im Beweisaufnahmetermin vor dem Richterkommissar, oder wenn in demjenigen

---

[1] Vgl. OLG. Frankfurt in Frankf. Rsch. 31, 162.

[2] Gaupp-Stein § 249 II Abs. 2; Petersen-Anger § 249, 3; Struckmann-Koch § 249, 3; v. Wilmowski-Levy § 226, 2 Abs. 2; and. Mein. Seuffert § 249, 2d u. Frank a. O. S. 228: gerichtliche Handlungen seien nur der vom Unterbrechungsgrunde betroffenen Partei gegenüber unwirksam; diese allein könne die Handlung rügen; ihre Genehmigung sei zur Gültigkeit genügend.

vor dem Prozeßgericht nur eine Partei erscheint, so hat die Beweisaufnahme zu unterbleiben.

Einer besonderen Betrachtung bedürfen die während der Unterbrechung erlassenen richterlichen Entscheidungen, insbesondere die Urteile. Es ist zu unterscheiden zwischen dem Urteil, das auf Grund einer vor der Unterbrechung liegenden, also gültigen mündlichen Verhandlung ergeht, und demjenigen, bei welchem bereits die seine Basis bildende Verhandlung von der Unterbrechung getroffen wird. Jenes Urteil ist wirksam gemäß § 249 Abs. 3 CPO.; die vor der Verkündung eingetretene Unterbrechung steht der Wirksamkeit nicht entgegen; es steht rechtlich dem Urteil gleich, das vor der Unterbrechung verkündet worden ist. Allein es ergibt sich aus der nunmehr vorliegenden Unterbrechung, daß mit Wirksamkeit gegenüber der anderen Partei weder die Zustellung des Urteils gültig, also mit der Wirkung, die Notfrist in Lauf zu setzen, erfolgen, noch ein Rechtsmittel wirksam eingelegt werden kann (§ 249 Abs. 2 CPO.). Dazu würde es zuvörderst der Aufnahme bedürfen. Ist dagegen die das Urteil tragende mündliche Verhandlung bereits in die Zeit der Unterbrechung gefallen, so ist, wie die anderen richterlichen Akte, auch das Urteil selbst „ohne rechtliche Wirkung". Diese Unwirksamkeit des Urteils aber bedeutet nicht seine Nichtexistenz *ipso iure*. Sie bedeutet nur, daß es ohne eine andere Begründung als die, daß es während der Unterbrechung erlassen sei, mit Erfolg angefochten werden kann, und dann wegen des in dem Erlaß während der Unterbrechung liegenden Fehlers *in procedendo* aufzuheben ist (vgl. §§ 539, 564 Abs. 2 CPO.). Die Anfechtung unterliegt im übrigen den gewöhnlichen Regeln und ist der Partei überlassen, die durch das Urteil beschwert ist. Sie geschieht mit den jeweils gegebenen Rechtsbehelfen: Berufung, Revision, Einspruch oder Nichtigkeitsklage (§ 551 Z. 5 CPO.).[1] In ihr kommt das Rügerecht der Partei gegenüber dem unwirksamen Urteil zum Ausdruck, und es bedarf dieser Form der Geltend-

---

[1] Petersen-Anger § 249, 2; Gaupp-Stein § 249 II 2; Struckmann-Koch § 249, 3 Abs. 3; Seuffert § 249, 2d; v. Wilmowski-Levy § 226, 2 Abs. 1; and. Mein. Frank a. O. S. 225, über welchen unten S. 84 A. 1.

machung, um wirksam zu sein. Die Anfechtung selbst setzt zu ihrer Wirksamkeit eine gültige Zustellung des Urteils und der Rechtsmittelschrift, und damit wie in dem oben besprochenen andern Falle voraus, daß zuvor die Unterbrechung beendet ist. Auch hier wird die Unwirksamkeit der erforderlichen Parteihandlungen geheilt, wenn der Gegner der handelnden Partei die Rüge des Mangels unterläßt; und die Unwirksamkeit des Urteils selbst wird geheilt, wenn eine auf den vorliegenden Prozedurfehler gestützte Anfechtung als die notwendige Form der Rüge weder seitens der einen noch der anderen — beschwerten — Partei erfolgt. Zur Illustrierung der vorstehenden Sätze sei bei der praktischen Bedeutsamkeit der Sache die folgende Konkretisierung gestattet.

a) Wird ein wirksames oder unwirksames Urteil so angefochten, daß entweder nur die Zustellung des Urteils oder auch die des anfechtenden Schriftsatzes vor der Aufnahme oder der Beendigung der Unterbrechung überhaupt liegen, so ist das Rechtsmittel oder der Einspruch gemäß § 249 Abs. 2 CPO. wirkungslos.[1] Rügt der Gegner den Mangel, so ist der Rechtsbehelf zurückzuweisen;[2] rügt er nicht, beantragt er z. B. die Verwerfung des Rechtsmittels „als unbegründet", so ist der Rechtsbehelf wirksam.[3]

b) Wird ein solches Urteil so angefochten, daß sowohl die Zustellung des Urteils wie die der Anfechtungsschrift nach der Aufnahme oder gleichzeitig mit ihr erfolgen, so ist das Rechtsmittel oder der Einspruch wirksam.[4] Auch wenn das angefochtene Urteil während der Unterbrechung unwirksam erlassen ist, kann

---

[1] Bei wirksamem Urteil: Reichsgericht in E. 10, 400f.; 13, 315; 317; 14, 334; 27, 353; in Sä.A. 4, 468; in Frankf. Rsch. 31, 161 f.; OLG. Naumburg in RAnz. 1891, 31 und 36; OLG. Frankfurt in Frankf. Rsch. 25, 209 f.; bei unwirksamem: Reichsgericht in E. 45, 324; 326 f.; in JW. 1891, 198; OLG. Dresden in We.A. 7, 430.

[2] Reichsgericht in E. 10, 400 f.; 14, 334; 45, 326 f; in JW. a. O.; vgl. OLG. Frankfurt a. O. und OLG. Dresden in Sä.A. 4, 470.

[3] Reichsgericht in E. 14, 334; OLG. Dresden in Sä.A. 4, 469 f.; and. Mein. Reichsgericht in E. 10, 400 f.

[4] Reichsgericht in E. 14, 68 f.; 45, 326 f.; in JW. a. O.; in Sä.A. 4, 468; OLG. Dresden in We.A. 7, 431.

der Gegner durch den bloßen Hinweis darauf nicht die Zurückweisung des Rechtsbehelfs als wirkungslos erlangen. Dazu bedürfte es der besonderen, darauf gestützten Anfechtung von seiner Seite.

c) Ist das Rechtsmittel nach a) oder b) wirksam, das Urteil selbst unwirksam, und verlangt der Rechtsmittelkläger wegen des vorliegenden Prozedurfehlers die Aufhebung des Urteils, so ist nach dem Antrage zu erkennen.[1] Stützt er die Anfechtung nicht auf diesen Fehler, oder verzichtet er auf die Rüge desselben, so erwächst das Urteil in Wirksamkeit und ist von der Aufhebung abzusehen,[2] es sei denn, daß der Gegner auch seinerseits das Urteil wegen jenes Fehlers angefochten und diesen damit gerügt hätte.

d) Wird der Prozedurfehler nach c) geltend gemacht, so ist unter Aufhebung des Urteils und der zu Grunde liegenden mündlichen Verhandlung die Sache zur anderweiten Verhandlung und Entscheidung in die untere Instanz zurückzuverweisen.[3]

e) Ist das unwirksame Urteil Versäumnisurteil und der Einspruch nach a) oder b) wirksam, so erfolgt eine besondere Aufhebung des unwirksamen Urteils nicht, vielmehr bewendet es bei den Vorschriften des § 343 CPO.[4]

Die, abgesehen von der Anfechtung, sich sonst an das während der Unterbrechung ergangene Urteil anschließenden Handlungen der Parteien und des Gerichts, insbesondere das Gesuch um Kostenfestsetzung und der Festsetzungsbeschluß, sind, wenn sie vor der Beendigung der Unterbrechung erfolgen, nach Maßgabe des § 249 Abs. 2 u. 3 CPO. ohne rechtliche Wirkung. Erfolgen sie nach der Aufnahme, so sind sie rechtswirksam, auch wenn das zu Grunde liegende Urteil während der Unterbrechung unwirksam erlassen ist.[5] Denn formell besteht das Urteil zu Recht, solange die Unwirksamkeit nicht im Wege des Rechts-

---

[1] OLG. Dresden a. O.; vgl. Reichsgericht in E. 45, 327.

[2] Reichsgericht in E. 10, 68 f.

[3] Reichsgericht und OLG. Dresden a. O.

[4] Reichsgericht in E. 45, 327 und in Sä.A. 4, 468.

[5] Petersen-Anger § 249, 2; v. Wilmowski-Levy vor § 226, 2 Abs. 1; Reichsgericht in JW. 1891, 198 f.; auch AG. Kosel in Z. 7, 560. Dagegen, soviel sich aus dem Referat erkennen läßt, Reichsgericht in JW.

mittels geltend gemacht wird. Erst wenn dieses geschieht, fallen mit dem Urteil auch jene sekundären Prozeßhandlungen.[1]

Was im vorstehenden von den Urteilen gesagt worden ist, gilt entsprechend auch von den anderen anfechtbaren Dekreten,[2] insbesondere vom Kostenfestsetzungsbeschlusse (hierüber unten S. 202 ff.).

4. Wenn in den oben unter 2. gegebenen Ausführungen von Parteihandlungen und ihrer Unwirksamkeit gegenüber dem Gegner die Rede gewesen ist, so ist dabei, wie dort auch bereits betont worden ist, auf seiten des Kridars immer der Konkursverwalter als handelndes Subjekt zu denken gewesen. Es ist möglich, daß auch der Gemeinschuldner selbst oder sein Prozeßbevollmächtigter nach eingetretener Unterbrechung noch prozessual tätig wird. Solche Prozeßhandlungen, die vom Gemeinschuldner selbst oder seinem Prozeßbevollmächtigten oder einer dieser Personen gegenüber vorgenommen werden, sind nach § 7 KO. den Konkursgläubigern gegenüber unwirksam. Diese Unwirksamkeit gründet sich nicht auf § 249 Abs. 2 CPO. Es handelt sich dabei nicht um eine Wirkung der Unterbrechung des Verfahrens, sondern um eine unmittelbare Wirkung der Konkurseröffnung auf die Person des Kridars, um den Wegfall seiner Prozeßfähigkeit für die die Konkursmasse betreffenden Rechtsstreitigkeiten. Eine nach Eintritt der Unterbrechung von dem Kridar oder

---

1893, 539, sofern es im Gegensatz zur Vorinstanz ein Kostenfestsetzungsverfahren vor der Aufnahme zuläßt. Weiteres s. in der besonderen Erörterung der Unterbrechung dieses Verfahrens unten S. 202 ff.

[1] Die im Texte vertretene, in Doktrin und Praxis herrschende (vgl. die Literatur in den Anm. S. 82 und 83) Ansicht, daß die Unwirksamkeit des von der Unterbrechung getroffenen Urteils nur seine mit den gewöhnlichen Rechtsbehelfen zu bewirkende Anfechtbarkeit aus besonderem Grunde bedeute, wird bekämpft von Frank a. O. S. 225 ff. Er tritt für die — heilbare — Nichtigkeit solchen Urteils ein, die auch ohne dessen formelle Anfechtung zu beachten sei, ohne sich über etwaige Modifikationen infolge einer Aufnahme des Verfahrens zu äußern. Demgemäß könne zu einem Urteil solcher Art die Vollstreckungsklausel nicht erteilt, die erteilte daher nach § 668 CPO. a. F. angefochten, und auf Grund des Urteils ein gültiges Pfändungspfandrecht nicht erlangt werden. Die Ansicht verkennt die bindende Kraft des nicht angefochtenen Urteils für die Parteien.

[2] Beispiel: Reichsgericht in E. 30, 409 f.

seinem Prozeßbevollmächtigten vorgenommene Prozeßhandlung in Ansehung der Hauptsache ist also mit einem doppelten Mangel behaftet: sie ist sowohl der anderen Partei als den Konkursgläubigern gegenüber unwirksam, d. h. weder der Gegner noch die Konkursgläubiger brauchen sie gelten zu lassen.[1] Allein wie der Gegner durch Unterlassung der Rüge den Mangel heilen kann, so können auch die Konkursgläubiger den gemeinschuldnerischen Handlungen Rechtswirksamkeit verschaffen, indem sie sie genehmigen. Die Genehmigung wird ausgesprochen regelmäßig durch den Konkursverwalter (§§ 89, 56 Abs. 2 CPO.), nur in Prozessen über die Passivmasse durch einen einzelnen Konkursgläubiger dann, wenn der Rechtsstreit allein gegen ihn weiter geführt wird (unten S. 161 ff.). Diese Genehmigung und die Unterlassung der Rüge seitens des Gegners sind erforderlich und genügend zur Herbeiführung der Gültigkeit der vom Gemeinschuldner während der Unterbrechung vorgenommenen Prozeßhandlungen. So ist beispielsweise die seitens des Kridars oder seines Prozeßbevollmächtigten während der Unterbrechung bewirkte Urteilszustellung ungültig und müßte nach Beendigung der Unterbrechung wiederholt werden. Sie wird jedoch gültig, wenn der Gegner auf die Rüge des Mangels verzichtet und der Konkursverwalter sie genehmigt. Ebenso erlangt eine unter den gleichen Umständen an den Kridar bewirkte Zustellung Rechtswirksamkeit, wenn der Verwalter sie gegen sich gelten läßt und damit den doppelten Mangel beseitigt, der in der Zustellung während der Unterbrechung und in der Zustellung an den Kridar liegt. Das Entsprechende gilt von der Einlegung von Rechtsmitteln.[2]

---

[1] Richtig hervorgehoben von SEUFFERT § 249, 2c; vgl. Reichsgericht in JW. 1891, 486.

[2] v. SARWEY-BOSSERT § 10, 3 d Abs. 2; v. WILMOWSKI § 10, 6; Reichsgericht in E. 10, 68f. (in dem hier mitgeteilten Falle haben die Parteien, abgesehen von der Einlegung des Rechtsmittels, der ganzen Berufungsinstanz nachträglich Wirksamkeit verliehen); auch OLG. Dresden in Sä.A. 4, 470. — And. Mein. wiederum Reichsgericht in E. 10, 400 ff., wo irrig von der Annahme ausgegangen wird, es handle sich hier um die von Amts wegen zu prüfenden Formalien des Rechtsmittels, und im übrigen mit der Annahme des Verlustes der Sachlegitimation des Kridars operiert wird.

Viertes Kapitel.

Das Ende der Unterbrechung.

I. Die Aufnahme des Verfahrens.

§ 6.

I. Allgemeines.

Das Gesetz sieht in den Worten des § 240 CPO.:

„... bis dasselbe (*scil.* das Verfahren) nach den für den Konkurs geltenden Bestimmungen aufgenommen oder das Konkursverfahren aufgehoben wird“

zwei Endigungsgründe für die Unterbrechung vor: die Aufnahme während des Konkurses, welche entweder als freiwillige oder als durch ein sie aussprechendes Urteil erzwungene Willenserklärung erscheint, und die Aufhebung des Konkursverfahrens, der dessen Einstellung gleichzusetzen ist. Beide Gründe tragen dem Bedürfnisse eines bestimmten Zeitpunktes für das Ende der Unterbrechung Rechnung. Sie gleichen einander hinsichtlich ihrer Wirkung; sie sind verschieden durch ihre Form und die Zeit ihres Eintritts. Anders als auf eine dieser beiden Arten endet die Unterbrechung nicht. Sie wird insbesondere, wie bereits ausgeführt (S. 61 u. 63), nicht dadurch beendet, daß der unterbrochene Prozeß aufhört, die Konkursmasse (Istmasse, formelle Schuldenmasse) zu betreffen. Der Wegfall dieser Beziehung zur Masse liefert nur einen Grund für die Aufnahme des Verfahrens außerhalb des Konkurses. Dagegen ist es, was im Gesetze nicht erwähnt wird, bei Prozessen, welche eine Konkursforderung verfolgen, möglich, daß die Unterbrechung ein formelles Ende deshalb nicht findet, weil während derselben der Rechtsstreit im Konkursverfahren sich endgültig erledigt. Dann ist eine Aufnahme nicht mehr möglich (unten S. 182 f.).

Wir betrachten zunächst die Aufnahme des Verfahrens im allgemeinen.

Aufnahme eines unterbrochenen Rechtsstreits, *reassumtio litis*, ist die Willenserklärung der einen Partei an die andere,[1] das stillstehende Verfahren fortsetzen zu wollen.[2] Sie ist Akt der Partei, nicht des Richters, prozessualer, aber grundsätzlich nicht forensischer Akt. Sie kann sich vor Gericht vollziehen, aber regelmäßig erfolgt sie außergerichtlich: an die Stelle der gemeinrechtlichen *citatio ad videndum reassumi* ist die unmittelbare *reassumtio* getreten.[3] Die Aufnahme geschieht entweder spontan durch den Aufnahmeberechtigten, oder auf Provokation seitens des Gegners. Die Provokation ist die sog. „Ladung zur Aufnahme", *citatio ad reassumendum*, welche die Unterbrechung nicht beendet, sondern nur ihre Beendigung durch den Berechtigten veranlassen will. Das ergibt zwei Arten des Reassumtionsverfahrens, die streng auseinander gehalten werden müssen.[4] Im Konkursfalle greift die Ladung zur Aufnahme nur nach § 10 Abs. 1 KO. Platz; sie ist daher bei der Betrachtung dieses speziellen Falles zu erörtern. Die sachliche Bedeutung

---

[1] Oder, wenn der Nebenintervenient in Konkurs verfiel (oben S. 35f.), des oder an den Nebenintervenienten (vgl. Reichsgericht in JW. 1895, 164).

[2] Das Gesetz unterscheidet „Aufnahme" und „Wiederaufnahme" des Verfahrens und „Übernahme" des Prozesses. Die Wiederaufnahme (§§ 578 ff. CPO.) setzt ein durch rechtskräftiges Endurteil geschlossenes Verfahren voraus und erfolgt im Wege der Klage. Viel zu häufig begegnet man in der Literatur und Judikatur dem Ausdrucke Wiederaufnahme, wo Reassumtion gemeint ist. Zwischen Übernahme (§§ 76 Abs. 3; 265 Abs. 2 CPO.) und Aufnahme besteht grundsätzlich der auch schon sprachlich begründete Unterschied, daß jene einen Wechsel des Prozeßsubjektes, eine Sukzession in das Prozeßrechtsverhältnis, diese die Fortsetzung des Prozesses durch die ursprüngliche Partei bedeutet. Allerdings enthält § 239 CPO. eine prozessuale Sukzession. Allein daß die Rechtsnachfolger der verstorbenen Partei das Verfahren auf- und nicht übernehmen, beruht auf dem richtigen Gedanken, daß die der prozessualen Sukzession hier zu Grunde liegende materielle Universalsukzession ihrem Wesen nach eben nicht Sukzession, sondern Kontinuation, nicht Wechsel, sondern Erhaltung des Subjekts ist (Sohm, Institutionen 5. Aufl. S. 397). Vgl. auch Schollmeyer S. 113 Anm. 1.

[3] Über das frühere Recht vgl. Frank in Z. 13, 202 und Osterloh, Ord. Proz. nach Sächs. Recht[3] I S. 277 Anm. 6b.

[4] Auch in dieser Beziehung ist die korrekte Ausdrucksweise des öfteren zu vermissen, z. B. v. Wilmowski-Levy § 229, 1; Petersen-Kleinfeller §§ 10f., 8; Wolff § 10, 5.

der Aufnahme wird von der Verschiedenheit des vorangegangenen Verfahrens nicht berührt.

Die Aufnahme hat den Zweck und die Wirkung, die Unterbrechung zu beseitigen. Ihre rechtswirksame Vollziehung hebt die in § 249 CPO. geordneten Wirkungen der Unterbrechung *ex nunc* wieder auf, sodaß nunmehr die Fristen von neuem zu laufen beginnen und alle Prozeßhandlungen wieder gültig vorgenommen werden können. Andererseits ist die Reassumtion die notwendige Voraussetzung für die Fortführung des Rechtsstreits *durante concursu.* Da durch sie die rechtliche Wirksamkeit nicht nur der Parteihandlungen, sondern auch der gerichtlichen Handlungen bedingt ist; da überdies im Konkursfalle auf seiten des Kridars die Prozeßfähigkeit oder die Legitimation des gesetzlichen Vertreters in Frage steht: so hat das Gericht, sobald eine Parteierklärung nach dem Willen der Parteien als Aufnahme die Basis weiteren prozessualen Handelns abgeben soll, ihre rechtswirksame Vollziehung als Aufnahme, also das Vorliegen ihrer Voraussetzungen, die Einhaltung der Formvorschriften, die aktive und passive Legitimation zur Aufnahme, von Amts wegen zu prüfen.[1]

Die Voraussetzungen der Aufnahme sind zum Teil spezieller Art und je nach der Natur des Prozesses verschieden (vgl. z. B. §§ 10 Abs. 2; 11 Abs. 1 vb. 59 Z. 2, 17; 144 Abs. 2 KO.). Von ihnen ist unten zu handeln. Generelle Voraussetzung der Aufnahme ist die Unterbrechung des Verfahrens, und damit sind die oben erörterten Voraussetzungen dieser auch die Voraussetzungen jener. Vielfach, ja meistens, wird erst der Versuch einer Partei, das angeblich unterbrochene Verfahren aufzunehmen, zu einer Erörterung über die Unterbrechung führen; jedoch ist ein besonderes Unterbrechungsverfahren nicht ausgeschlossen und oben besprochen worden (S. 69 u. 71 ff.). Ist der Prozeß unterbrochen und nicht etwa innerhalb des Konkursverfahrens erledigt (hierüber unten S. 182), so ist die Aufnahme immer zulässig (vgl.

---

[1] Struckmann-Koch § 240, 2; OLG. Dresden in Sä.A. 1, 669 f. und Reichsgericht das. 670; OLG. Hamburg in SA. 49, 233 f. Ferner OLG. Dresden in Sä. Ann. 20, 187 ff. und Reichsgericht in E. 39, 41 f. und in Wc.A. 8, 103.

unten S. 101 f.), und es handelt sich dann nur darum, ob sie in der richtigen Form und von dem richtigen Subjekt oder an dieses erklärt worden ist. Findet das Gericht, daß eine Unterbrechung nicht eingetreten sei, so ist die Aufnahme als unzulässig zu verwerfen. Darauf ist noch zurückzukommen.

Regelmäßige Form der Aufnahme, insbesondere als spontaner Willenserklärung der Partei, ist nach § 250 CPO. die Zustellung eines Schriftsatzes an die Gegenpartei, der im Anwaltsprozeß dem Anwaltszwange unterliegt, im Parteiprozeß durch eine zu Protokoll des Gerichtsschreibers gegebene Erklärung ersetzt werden kann. Der Zustellungs- ist der Aufnahmeakt. Über den Inhalt des Schriftsatzes schweigt das Gesetz. Nach seinem Zwecke wird man die Erklärung: „Ich nehme auf“ oder eine gleichbedeutende zu fordern haben, welche durch die Bezeichnung der die Aufnahme rechtfertigenden Tatsachen zu substantiieren ist.[1] Die Erklärung ist an das Wort „Aufnahme“ nicht gebunden. Sie braucht überhaupt keine ausdrückliche zu sein; es genügt, daß sich aus dem Inhalte des Schriftsatzes ergibt, daß die Partei ein unterbrochenes Verfahren wieder in Gang bringen will. Dies beides: das Wissen der Unterbrechung und der Wille der Fortsetzung, ist aber auch erforderlich, um die Aufnahme rechtswirksam erscheinen zu lassen. Insbesondere würde, wenn die Kenntnis des Stillstandes in der Erklärung nicht zum Ausdruck käme, die Prozeßbetriebshandlung eine nach § 249 Abs. 2 CPO. unwirksame Handlung zur Hauptsache sein.[2] Die

---

[1] Daß diese Tatsachen auch in der Revisionsinstanz vorgebracht werden können, wenn die Unterbrechung in dieser eintrat, wird zum Überflusse vom Reichsgericht in E. 11, 401 ausdrücklich hervorgehoben.

[2] Eine wirksame Aufnahme liegt deshalb nicht vor, wenn der zugestellte Schriftsatz nur die Einlegung eines Rechtsmittels enthält, unbeschadet der Möglichkeit, daß der Gegner durch Verzicht auf die Wirkungen der Unterbrechung den Mangel heilt (Reichsgericht in E. 14, 334). Keine Aufnahme ist die bloße Zustellung des Urteils (Reichsgericht in E. 41, 405 f.) oder gar die bloße Annahme des zugestellten Urteils, geschweige denn eine Handlung des Gerichts (OLG. Dresden in Sä.Ann. 18, 287 f.); keine Aufnahme eine von beiden Parteien unterschriebene Eingabe an das Gericht (Reichsgericht in JW. 1891, 468). Dagegen muß in der Zurücknahme der Klage oder eines Rechtsmittels, wenn sie seitens des Reassumtions-

Aufnahme ist nicht dadurch bedingt, daß die aufnehmende Partei ein besonderes Interesse an der Fortsetzung des Prozesses nachweist, und wird umgekehrt nicht dadurch zulässig, daß beide Parteien ein solches Interesse haben.[1] Sie erfordert auch nicht, daß der Reassument in der prozessualen Lage ist, einen das Verfahren fortsetzenden Antrag zu stellen.[2] Das letztere wird allerdings in der Regel der Fall sein, namentlich kann mit der Aufnahme die Einlegung eines Rechtsmittels oder des Einspruchs verbunden werden. Zulässig und praktisch ist es gegebenen Falls, in den Reassumtionsschriftsatz die Ladung zur mündlichen Verhandlung aufzunehmen; dann unterliegt der Schriftsatz zugleich den Vorschriften über die vorbereitenden Schriftsätze (§ 130 CPO.) und bedarf es der Niederlegung einer Abschrift auf der Gerichtsschreiberei (§ 133 CPO.). Enthält der Aufnahmeschriftsatz eine Ladung nicht, so kann nachmals jede Partei zur Verhandlung laden (§ 214 CPO.). Notwendig ist die gleichzeitige Ladung zur mündlichen Verhandlung niemals;[3] bisweilen ist sie nach der Prozeßlage nicht möglich. Dies dann, wenn das Verfahren in einer Lage zum Stillstand kam, in der sein Fortgang von einer gerichtlichen Handlung abhängig war, oder wenn die Unterbrechung nach Schluß der letzten mündlichen Verhandlung vor Erlaß des Totalendurteils eintrat. In jenem Falle ist mit dem Gesuch an das Gericht um Fortführung des Verfahrens, etwa um Vornahme einer infolge der Unterbrechung unterbliebenen Beweiserhebung, der Nachweis der Aufnahme zu erbringen, ohne den das Gericht seine Tätigkeit zu versagen hat.[4] Ist das Endurteil verkündet, so bedarf es einer vorherigen oder gleichzeitigen Auf-

---

berechtigten erfolgt, zugleich die konkludente Erklärung der Aufnahme erblickt werden, da es ein Widerspruch wäre, demjenigen, der das Verfahren nicht fortsetzen will, eine Handlung anzusinnen, die diese Fortsetzung bezweckt (Reichsgericht in SA. 51, 220; vgl. dass. in E. 45, 330). — Hinsichtlich der Aufnahme des Beschwerdeverfahrens vgl. unten S. 200 ff.

[1] Einerseits Reichsgericht in E. 13, 317, andrerseits OLG. Dresden in Sä.A. 1, 667 ff. und bestätigend Reichsgericht das. S. 670.

[2] Reichsgericht in E. 13, 317 unter Ablehnung der vom OLG. Braunschweig vertretenen gegenteiligen Ansicht.

[3] And. Mein. Rintelen S. 455.

[4] Übereinstimmend Frank in Z. 13, 231 f.

nahme des Verfahrens, um eine rechtswirksame Zustellung zu ermöglichen oder die Notfrist aufs neue zu eröffnen.

Neben dieser außergerichtlichen Form der Aufnahmeerklärung ist die Reassumtion in der mündlichen Verhandlung nach dem Vorgange der Motive so gut wie allgemein anerkannt.[1] Entscheidend für die Richtigkeit dieser Ausdehnung, von der das Gesetz nichts erwähnt, ist, daß in dem noch zu erörternden Falle der Ladung zur Aufnahme Termin eben dazu anberaumt wird, daß in ihm die Reassumtion erfolge, und daß ihre spontane Erklärung hierin keinen Unterschied begründen kann. Mit der Übermittlung der formrichtigen Reassumtionserklärung an den Gegner in einem bestimmten Zeitpunkte, wie sie auch die Erklärung im Termin gewährleistet, sind die an die Aufnahme zu stellenden wesentlichen Anforderungen erfüllt. Dazu kommt, daß die Zulassung solcher mündlichen Aufnahme von erheblicher praktischer Bedeutung ist, weil sie die Benutzung des anstehenden Verhandlungstermins zur Aufnahme gestattet und einer zwecklosen Verzögerung des Prozesses vorbeugt. Daß sie nur in Anwesenheit des zur Empfangnahme der Erklärung passiv legitimierten Subjektes geschehen kann, versteht sich von selbst. Die mündliche Reassumtion ist *ex officio* durch das Sitzungsprotokoll festzustellen.[2]

---

[1] Mot. z. CPO. S. 463 und außer den Kommentaren Reichsgericht in E. 41, 405; Bayr. Ob.LG. in SA. 43, 357; LG. Bremen in Z. 10, 388f.; vgl. auch Reichsgericht in E. 27, 350; 353 f. And. Mein. OLG. Dresden in Sä.A. 1, 151, falls nicht ein Fehler in der Fassung des Referates vorliegt. Nicht weil die Aufnahme durch Zustellung erfolgen mußte, sondern weil sie die Anwesenheit des Gegners, hier des Gemeinschuldners, im Termin voraussetzt, war in dem zur Entscheidung stehenden Falle die Aufnahme unwirksam.

[2] Die vom Reichsgericht in E. 27, 353 f. offen gelassene Frage, ob auch die Aufnahmeerklärung in der mündlichen Verhandlung über eine Berufung, welche, weil dem § 249 Abs. 2 CPO. zuwider erfolgt, nachmals als wirkungslos zurückgewiesen wird, wirksam sei, dürfte zu bejahen sein. Denn die in § 249 Abs. 2 geordnete Unwirksamkeit prozessualer Handlungen erstreckt sich eben nicht auf die zum Zwecke der Aufnahme vorgenommenen Handlungen. Sie würde auch den von und an den Prozeßbevollmächtigten der wirkungslosen Berufungsinstanz zugestellten Aufnahmeschriftsatz nicht treffen.

Subjekt der Aufnahme ist grundsätzlich diejenige Partei, auf deren Seite das die Unterbrechung begründende Ereignis eingetreten ist. Indessen gibt das Gesetz in vielen Fällen auch der anderen Partei das Recht, sei es selbst die Aufnahme zu bewirken oder doch — mittels der Ladung zur Aufnahme — den reassumtionsberechtigten Gegner zu einer Erklärung über Aufnahme oder Nichtaufnahme zu veranlassen. Im Falle des Konkurses bestimmt sich das nach der Natur des in dem unterbrochenen Rechtsstreite verfolgten Anspruchs oder auch nach der Lage des Prozesses (§ 146 Abs. 6 KO.) und ist unten des näheren zu erörtern. Auf seiten des Kridars ist in allen unterbrochenen Prozessen Subjekt der Aufnahmeerklärung und ihrer Empfangnahme zunächst regelmäßig — wenn auch nicht ausnahmslos (§ 144 Abs. 2 KO.) — der Konkursverwalter als der gesetzliche Vertreter des insoweit prozeßunfähigen Gemeinschuldners. Der Verwalter hört auf, aktives und passives Subjekt der Aufnahme zu sein, wenn der Rechtsstreit durch Disposition des hierzu Berechtigten die Beziehung zur Konkursmasse verliert, sei es, daß das streitige Aktivum von der Istmasse freigegeben wird, sei es, daß hinsichtlich des streitigen Passivums auf Befriedigung aus der Masse verzichtet wird. Dadurch wird der Kridar wieder prozeßfähig, und der Prozeß kann dann durch und gegen ihn selbst aufgenommen und fortgeführt werden.

Gegenstand der Aufnahme ist der unterbrochene Prozeß in seiner Totalität und in der Lage, in welcher er sich zur Zeit der Aufnahme befindet. Das letztere gilt allgemein, obwohl nur der die Aktivprozesse behandelnde § 10 KO. es besonders hervorhebt. Eine Beschränkung der Aufnahme, etwa auf den Kostenpunkt, während die Hauptsache noch nicht erledigt ist, oder auf das Kostenfestsetzungsverfahren, wenn der Rechtsstreit noch schwebt, wäre unwirksam (unten S. 205). Die Prozeßlage, in der aufzunehmen ist, ist die selbe, wie die bei Eintritt der Unterbrechung, mit den beiden Abweichungen, daß die Fristen von vorn zu laufen beginnen, und daß inzwischen eine Entscheidung verkündet worden sein kann (§ 249 Abs. 1 u. 3 CPO.). Im übrigen bleibt das bis zur Unterbrechung erreichte Prozeßresultat auch dem reassumierenden Verwalter gegenüber in Kraft. Vor der

Unterbrechung liegende Handlungen und Unterlassungen des Kridars, so seine Eidesgeschäfte, seine Anerkenntnisse, Verzichte, Versäumungen, behalten ihre Wirksamkeit auch zum Nachteil der Konkursmasse; seine Geständnisse binden den Verwalter und können nur unter den Voraussetzungen des § 290 CPO. widerrufen werden. Nur ergibt sich als materielle Folge des eröffneten Konkurses, daß der Gläubigerschaft hinsichtlich der einen oder anderen Prozeßhandlung des Gemeinschuldners das Anfechtungsrecht der §§ 29 ff. KO. erwachsen sein kann, dessen erfolgreiche Ausübung durch den Verwalter die prozessuale Lage verschiebt.[1] — Im Falle der Streitgenossenschaft auf seiten des Kridars bedarf es der Aufnahme des Verfahrens nur in dem vom Kridar geführten Einzelprozeß, welcher allein unterbrochen ist (oben S. 25 f.), jedoch sind die Konsorten zur mündlichen Verhandlung zu laden, soweit in Ansehung ihrer der Prozeß noch schwebt (§ 63 CPO.). Ist die Streitgenossenschaft eine notwendige (§ 62 CPO.), so genügt die Abgabe der Aufnahmeerklärung unter den Parteien des vom Konkurse betroffenen Einzelprozesses, um auch in den kumulierten Prozessen die auf diese erstreckten Wirkungen der Unterbrechung wieder aufzuheben (oben S. 27 f.).

Da die Aufnahme des Verfahrens — im Gegensatz zu der speziell zu behandelnden Ladung zur Aufnahme — sich nach § 250 CPO. ohne Beteiligung des Gerichts lediglich zwischen Partei und Partei vollzieht, so kann von einer gerichtlichen Entscheidung, welche konstitutiv die Aufnahme begründete, und mithin von einem eigentlichen Aufnahmeverfahren mit dem Zwecke solcher Entscheidung nicht die Rede sein. Mit der Frage der Aufnahme wird das Gericht immer erst dann befaßt, wenn auf Grund eines Vorgangs, dem die Partei Aufnahmewirkung zuschreibt, ihm eine weitere Parteiprozeßhandlung zur Entschließung unterbreitet wird. Dann erst kommt das Gericht in die Lage, die unterliegende prätendierte Aufnahmeerklärung auf ihre Wirksamkeit als solche zu prüfen. Es ist aber die Frage

---

[1] Petersen-Kleinfeller §§ 10 f., 8; v. Sarwey-Bossert § 10, 3 d; Fitting Ko. S. 61 u. a. Ein ergangenes Urteil fällt durch solche Anfechtung natürlich nicht von selbst zusammen, s. Hellwig in Z. 26, 478 Anm. 7.

dieser Wirksamkeit nicht der eigentliche, unmittelbare Gegenstand des Streits und der Entscheidung, sondern die Bejahung oder Verneinung der Aufnahme nur der maßgebende Grund für die Zulassung oder Verwerfung der auf jener basierenden, in ihrer Gültigkeit von der Wirksamkeit der Aufnahme abhängigen Prozeßbetriebshandlung. Mithin läßt sich über den Charakter eines Streits der Parteien über die Wirksamkeit der Aufnahme, über die Form der — indirekt — über diese erkennenden Entscheidung, über deren Anfechtbarkeit, darüber, ob sie nur auf Grund mündlicher Verhandlung ergehen kann oder nicht, im allgemeinen nichts sagen. Es kommt darauf an, aus welchem Grunde die Wirksamkeit der Reassumtion bestritten wird, in welche Lage der Rechtsstreit durch die auf Grund der angeblichen Aufnahmeerklärung vorgenommene Prozeßhandlung versetzt worden ist.

Zunächst ist, wenn dem Gericht ein Vorgang zur Beurteilung seiner Wirksamkeit als Aufnahme vorliegt, zu unterscheiden, ob die Unterbrechung des Verfahrens feststeht und es sich mithin nur darum handelt, ob sie wirksam beendet worden ist, oder ob auf Anlaß der prätendierten Reassumtion erst darüber zu befinden ist, ob überhaupt eine Unterbrechung eingetreten, die Frage der Unterbrechung also der eigentliche Gegenstand der Entscheidung ist (vgl. oben S. 69). Handelt es sich hierbei darum, ob eine Beziehung des Verfahrens zur Konkursmasse besteht, mithin um die Prozeßfähigkeit oder die gesetzliche Vertretung des Reassumenten oder seines Gegners, so dreht sich der Streit um prozeßhindernde (aufnahmehindernde) Einreden, und die gegebene Form der Entscheidung ist das End- bezw. das qualifizierte Zwischenurteil nach §§ 274 f. CPO. Darauf ist für Aktiv- und Passivprozesse zurückzukommen (unten S. 108 ff. bezw. 155 ff.).

Steht dagegen die Unterbrechung fest, und ist nur streitig, ob eine wirksame Basis für das weitere Verfahren geschaffen ist, so bedarf es einer besonderen Entscheidung nur, wenn die Aufnahme verneint wird. Im allgemeinen ist die dafür gegebene Form die des Beschlusses, der nach §§ 252, 567 CPO. mit Beschwerde anfechtbar ist. Diese Form greift Platz, wenn mit der Verneinung der Aufnahme nicht zugleich die Beendigung des

Prozesses gegenüber dem Reassumenten oder seinem Gegner ausgesprochen wird, also wenn sie verneint wird, weil sie formell unrichtig ist (§ 250 CPO.), weil eine spezielle Voraussetzung fehlt, die noch eintreten oder nachgeholt werden kann (§ 10 Abs. 2 KO.: mangelnde Ablehnung des Verwalters, unten S. 114 f.; § 11 KO.: mangelndes Erfüllungsbegehren des Verwalters in Ansehung eines zweiseitigen Vertrags, unten S. 137 f.; § 146 Abs. 3 KO.: mangelnde Anmeldung der Forderung, unten S. 153 f.), weil der Aufnehmende subjektiv zwar zur Fortsetzung des Prozesses mit dem Reassumtionsgegner, aber selbst nicht zur Aufnahme berechtigt ist (§ 10 Abs. 1 KO.: Aufnahme des Gegners des Kridars, unten S. 105; § 146 Abs. 3 KO.: Aufnahme des Opponenten, unten S. 151 f.; § 144 Abs. 2 KO.: Aufnahme des Gemeinschuldners, unten S. 177 f.). Dagegen muß auch hier Urteil, und zwar Endurteil ergehen, wenn auf Grund der Verneinung der Aufnahme der Rechtsstreit dem Reassumenten oder dem Gegner gegenüber überhaupt beendet ist, sei es, daß eine fehlende spezielle Voraussetzung nicht mehr eintreten kann (so § 10 Abs. 2 KO., wenn der Verwalter zwar nicht abgelehnt, aber das streitige Aktivum bereits zur Istmasse gezogen hat, vgl. unten S. 107; so § 146 Abs. 3 und 6 KO., wenn gegen oder durch einen Gläubiger aufgenommen wird, der nicht bestritten hat und, weil die Forderung schon geprüft, nicht mehr bestreiten kann; vgl. unten S. 153 f., 168), sei es, daß entweder der Reassument oder der Reassumtionsgegner zur Weiterführung des Prozesses nicht legitimiert ist (so §§ 10 Abs. 1, 11 KO., wenn der Verwalter die Reassumtion wirksam abgelehnt bezw. den Streitgegenstand freigegeben hat, unten S. 113 f. bezw. 135 ff.; so § 146 Abs. 3 KO., wenn der Gläubiger auf Befriedigung aus der Masse wirksam verzichtet hatte, unten S. 149). Und auch dann ist die Beschlußform natürlich ausgeschlossen, wenn die Verwerfung der auf Grund nicht ordnungsgemäßer Aufnahme vollzogenen Prozeßhandlung eine andere Form erfordert, also namentlich, wenn ein Rechtsmittel für wirkungslos erklärt wird, weil der Rechtsstreit noch unterbrochen sei. — Wird bei feststehender Unterbrechung die Aufnahme bejaht, so kann das ebenfalls durch besonderen Beschluß geschehen. Das Gericht hat aber daneben auch die

Wahl, erst im Endurteil oder durch nicht selbständig anfechtbares Zwischenurteil die Aufnahme für wirksam zu erklären.

Ebenso bestimmt sich nach der Prozeßlage, ob über die Wirksamkeit der Aufnahme mündlich verhandelt werden muß. Kommt die Frage während der mündlichen Verhandlung zur Sprache, so ist diese nach allgemeinen Grundsätzen darauf mit zu erstrecken; sie kann auch abgesondert verhandelt werden (§ 146 CPO.). Nötig ist die mündliche Verhandlung durchaus nicht immer. Ist z. B. nach Beendigung der Unterbrechung zunächst ein Beweisbeschluß zu erledigen, so kann das darauf gerichtete Gesuch wegen Mangels einer korrekten Aufnahme ohne Verhandlung zurückgewiesen werden; dann kann das Beschwerdeverfahren zur Erörterung der Aufnahme führen. Eine mündliche Verhandlung findet auch dann nicht ohne weiteres statt, wenn die Unterbrechung nach Verkündung des die Instanz abschließenden Endurteils — genauer: nach Schluß der letzten mündlichen Verhandlung — eintrat. Auch hier erfolgt die Aufnahme nicht durch eine sie dekretierende, das Urteil ergänzende gerichtliche Entscheidung, sondern wie immer durch die Anzeige nach § 250 CPO., von der das Gesetz keine Ausnahme kennt.[1] Sie ermöglicht die Zustellung des Urteils mit ihren Wirkungen bezüglich der Vollstreckung und der Rechtsmittel; sie setzt, falls das Urteil schon zugestellt war, die Notfrist aufs neue in Lauf. Einwendungen, die der Reassumtionsgegner gegen die Wirksamkeit der Aufnahme zu erheben hat, können je nachdem in der

[1] Das Gegenteil — Entscheidung durch Ergänzungsurteil — halten, zunächst für den Fall des Todes der Partei (§ 239 CPO.) Gaupp-Stein § 239 III Abs. 5, Planck I S. 529f. und Kohler, Ges. Beitr. S. 352 ff. für erforderlich. Das beruht auf einer Vermengung der Vorschriften über die Aufnahme (§ 250) und die Ladung zur Aufnahme (§ 239), wie bei Gaupp-Stein insbes. die Anführung vom Reichsgericht in E 27, 356 ff. deutlich zeigt. Bei letzterer erkennt allerdings das Gericht über die Aufnahme; hier liegt ein Zwangsverfahren gegen den säumigen Aufnahmeverpflichteten vor (vgl. unten S. 125). Bei ersterer ist eine Ausnahme von § 250 aus dem Gesetze nicht zu begründen, sicherlich wenigstens nicht für den Konkursfall, wo nur der gesetzliche Vertreter für die Partei eintritt. Daß eine Aufnahme ohne gerichtliche Feststellung „gegen alle Lebensanschauung" sei (Kohler a. O. S. 357), ist keine Begründung. — Dem Texte näher Seuffert § 239, 1k u. l.

Rechtsmittelinstanz, in der Vollstreckungsinstanz, auch im Kostenfestsetzungsverfahren geltend gemacht werden. —

Einige Bemerkungen allgemeiner Natur über die vom Konkursverwalter oder gegen ihn aufgenommenen Prozesse mögen hier ihren Platz finden.

1. Die Aufnahme durch und gegen den Verwalter begründet keinen Wechsel in der Parteirolle, sondern bedeutet den Eintritt des gesetzlichen Vertreters an die Stelle der prozeßunfähigen Partei. Partei in solchen Prozessen ist und bleibt der Gemeinschuldner als Subjekt der *res in iudicium deducta.*[1] Daher kann der Gemeinschuldner in den die Konkursmasse betreffenden Prozessen weder als Zeuge vernommen werden noch dem Verwalter als Nebenintervenient beitreten.[2]

---

[1] Die Streitfrage ist in der Einleitung (S. 2ff.) berührt worden. Wechsel des Prozeßsubjekts und Eintritt der Gläubigerschaft als Partei verfechten die Vertreter der Pfandrechtstheorie (Seuffert S. 182; Kohler S. 285); Wechsel des Prozeßsubjekts und Übergang der Parteirolle auf den Verwalter wird von den Anhängern der „Amtstheorie" (z. B. Gaupp-Stein § 471 II 2 u. s.; Bunsen in Z. 26, 297; 314 ff.) und insbesondere auch in nach anfänglichem Schwanken jetzt feststehender Rechtsprechung vom höchsten Gerichtshof behauptet und nach dessen Vorgang in der Praxis fast allgemein angenommen. Daher, wenigstens in der sächsischen Praxis, als Regel Rubren in der Fassung: „In Sachen des A. gegen den Rechtsanwalt B. als Verwalter im Konkurse des Kaufmanns N. N." anstatt: „ . . . gegen den Gemeinschuldner Kaufmann N. N., gesetzlich vertreten durch den Rechtsanwalt B. als Konkursverwalter" (vgl. Daubenspeck, Referat u. s. w. 7. Aufl. S. 149 A. 3).

[2] Die Vernehmung des Gemeinschuldners als Zeugen in eigener Sache ist nach dem reichsgerichtlichen Erkenntnis in E. 29, 29 ff. in der Praxis leider etwas ganz Gewöhnliches geworden. Bequemlichkeit und Scheu vor dem Parteieid sichern der Auffassung des höchsten Gerichtshofs die ausgiebigste Befolgung. Gegen sie neuerdings eingehend Jäger § 6, 11—16 nebst Lit. Ganz abseits Schmidt S. 477 f., der ohne zureichende Gründe prozeßunfähige Parteien prinzipiell für zeugnisfähig hält. — Die Zulässigkeit einer Nebenintervention des Kridars wird von den Vertretern der Pfandrechtstheorie angenommen (Seuffert a. O.; Kohler, Lehrb. S. 284), sonst wohl allgemein bekämpft. Wo der Verwalter als Partei betrachtet wird, stützt man sich dabei zumeist (anders Oetker in Z. 25, 43) auf den angeblichen Mangel des rechtlichen Interventionsinteresses; es liege nur tatsächliches Interesse vor (v. Sarwey-Bossert § 10, 3b; Bunsen in Z. 26, 262 f.; Reichsgericht in E. 28, 422; in JW. 1893, 343). Und dabei handelt es sich um

2. In den vom Verwalter geführten Prozessen ist der Gemeinschuldner als prozeßunfähige Partei unfähig zu allen Eidesgeschäften. Nach der Aufnahme sind daher die Parteieide grundsätzlich dem Verwalter zuzuschieben und aufzuerlegen. War vor Eintritt der Unterbrechung ein Eid vom Gemeinschuldner angenommen, an ihn zurückgeschoben oder ihm auferlegt, so greift das Restitutionsverfahren des § 471 CPO. Platz. Das Korrektiv gegen den Nachteil, daß der Verwalter den Eid in der Regel nur in der Überzeugungsform leisten kann, bildet die analoge Anwendung des § 473 Abs. 2 CPO. auf den Kridar. Danach kann diesem selbst der Eid zugeschoben und zurückgeschoben werden, wenn das Gericht auf Antrag des Gegners dies nach den Umständen des Falls für statthaft erklärt. Die Analogie erscheint unbedenklich, da das Gericht es stets in der Hand hat, einen unzuverlässigen Kridar zum Eide nicht zuzulassen, während andrerseits der Gemeinschuldner eben so wie der Konkursverwalter am Obsiegen im Prozesse interessiert ist und nicht leicht ohne Grund einen Eid verweigern wird. Daß das Gesetz die ausdrückliche Aufführung des Gemeinschuldners vermissen läßt, steht der vorgetragenen Ansicht nicht entgegen, denn es hätte sich damit über die rechtliche Stellung des Gemeinschuldners ausgesprochen, deren Bestimmung geflissentlich der Wissenschaft hat überlassen werden sollen.[1]

3. In Ansehung der Prozeßkosten ist im allgemeinen folgendes zu bemerken. Wird in einem durch oder gegen den

---

das eigene Vermögen des Gemeinschuldners! (vgl. auch Kohler in Civ.A. 81, 409).

[1] Motive z. KO. S. 16. Über die Anwendbarkeit des § 471 CPO. auf unsern Fall, die sich unabhängig davon beurteilt, wer im aufgenommenen Prozesse Partei sei, ist man sich, auch in der Judikatur, im Ergebnisse einig. Hinsichtlich derjenigen des § 473 Abs. 2 aber gehen die Meinungen notwendig auseinander; für sie Jäger § 6, 43; Petersen-Kleinfeller §§ 10f., 8; Fitting Ko. S. 62 A. 17; Schultze S. 96 f.; Petersen in Z. 9, 63; Reichsgericht in Bolze 15, 166; dagegen, zum Teil trotz Annahme der Prozeßunfähigkeit des Kridars, v. Wilmowski § 10, 6; Gaupp-Stein § 473 IV 4; Seuffert § 473, 2e; Struckmann-Koch § 473, 4 Abs. 4; v. Wilmowski-Levy § 435, 3 a. E.; Petersen-Anger § 473, 7; Hartmann in Z. 9, 501; Reichsgericht in E. 29, 30; OLG. Darmstadt in SA. 41, 371.

Konkursverwalter aufgenommenen Rechtsstreite der Gemeinschuldner zur Tragung der Kosten verurteilt, so hat der Verwalter den dem Gegner zu erstattenden Betrag, ohne daß dies übrigens in der Dezisive des Urteils besonders zum Ausdruck zu kommen braucht, als Masseschuld aus der Konkursmasse zu berichtigen, wie diese auch wegen der im Laufe des Verfahrens nötigen Aufwendungen (Vorschüsse u. dgl.) in Anspruch zu nehmen ist. Denn es handelt sich um aus Handlungen des Verwalters, zu denen auch seine prozessuale Tätigkeit gehört, entstandene Ansprüche (§ 59 Z. 1 KO.). Zweifel könnten in dieser Hinsicht entstehen betreffs der vor der Reassumtion oder der Konkurseröffnung dem Gegner erwachsenen Kosten. Nach der überwiegenden richtigen Meinung entsteht der Anspruch auf Kostenerstattung nicht erst durch die über die Kosten befindende richterliche Entscheidung, sondern er wird für jede Partei mit jeder einzelnen erstattungsfähigen Aufwendung als ein durch den eigenen Obsieg suspensiv bedingter Anspruch begründet. Soweit die Aufwendungen vor der Konkurseröffnung über das Vermögen des Gegners gemacht sind, ist der Anspruch bedingte Konkursforderung, und er bleibt das in dem Falle, daß der Rechtsstreit nicht vom Verwalter mit Wirkung für und gegen die Masse, sondern durch oder gegen den Kridar persönlich weitergeführt wird. Wird dagegen der Verwalter durch eigene oder des Gegners Aufnahme am Prozesse beteiligt, so wird des letzteren Erstattungsanspruch, wenn er Akzessorium der Hauptsache ist, auch hinsichtlich der vor der Konkurseröffnung aufgewendeten Beträge zur Masseschuld, und zwar in Aktiv- und Passivprozessen in gleicher Weise. Indem der Verwalter zu Gunsten der Masse den vom Gemeinschuldner erhobenen Klaganspruch aufrecht erhält oder den gegen ihn geltend gemachten Anspruch weiter bestreitet, eignet er sich, wenn schon an die Prozeßlage gebunden, die Prozeßführung des Kridars für die Masse an, übernimmt er für die Masse die Gefahr des Unterliegens nicht nur in der Hauptsache, sondern auch in dem der Entscheidung über sie folgenden Kostenpunkte als eine einheitliche. Darum ist der Erstattungsanspruch auch hinsichtlich der vor der Konkurseröffnung liegenden Aufwendungen als ein in letzter Linie durch Handlungen des Verwalters entstandener anzusehen.[1] Bleibt der Kridar siegreich, so bildet umgekehrt der Anspruch an den Gegner auf Kostenerstattung in voller Höhe einen Massebestandteil. — Im Armenrecht kann der Verwalter nicht streiten, denn die auf der Masse ruhende Verpflichtung zur Zahlung von Kosten vermag den Unterhalt des Kridars und seiner Familie nicht zu beeinträchtigen (§ 114 CPO.). Über dies Resultat besteht so gut wie Einverständnis.[2] Unser Thema berührt insbesondere die formelle Frage, wie es mit einem dem Gemeinschuldner bereits bewilligten Armenrecht im Falle der Aufnahme des Rechtsstreits gegen oder durch den Verwalter zu halten sei, ob es ohne weiteres erlischt oder ob es entzogen werden muß. Man wird sich für die letztere Alternative zu entscheiden haben. Als Grund des Erlöschens des Armenrechts kennt das Gesetz nur den Tod der armen Partei (§ 122 CPO.); Wechsel in der Parteirolle würde ihm gleich zu stellen sein. Der bloße Verlust der Prozeßfähigkeit aber kann den Wegfall des Armenrechts nicht begründen. Dieses muß vielmehr gemäß § 121 CPO. entzogen werden, weil die Voraussetzungen nicht mehr bestehen, und zwar hat das Gericht das eintretenden Falls von Amts wegen zu tun.[3]

Neben den erörterten allgemeinen Regeln über die Aufnahme im Konkursfalle gibt das Gesetz noch eine Reihe spezieller Bestimmungen, die je nach der Natur des unterbrochenen Verfahrens verschieden sind. Die unterbrochenen Prozesse lassen sich gruppieren einmal in solche, in denen ein Anspruch des

[1] Ebenso im wesentlichen die herrschende Meinung: Petersen-Kleinfeller § 59, 4; Jäger § 6, 3; Seuffert S. 183; Kohler S. 288; Eccius in Beitr. 39, 739 f.; jetzt auch v. Wilmowski § 10, 7; und die Praxis: Reichsgericht in JW. 1894, 56; 1895, 226; OLG. Frankfurt in SA. 47, 381; OLG. Dresden das. 48, 482 und (auch bei Prozeßvergleich) in Rspr. 1, 408; OLG. Hamburg in HGZ. *B.* 17, 261. Für Trennung der Kosten Wolff § 10, 6; Fitting Ko. S. 62 A. 18; S. 91 A. 17; Oetker in Z. 25, 40 f. (gegen ihn Jäger § 10, 5).

[2] Petersen-Kleinfeller §§ 10 f., 7 und die dort Angeführten.

[3] And. Mein. anscheinend Petersen-Kleinfeller a. O.; OLG. Hamburg in HGZ. *B.* 15, 72.

Gemeinschuldners im Gegensatz zu denen, in welchen ein Anspruch gegen den Gemeinschuldner *in iudicium* deduziert ist; jene sind die Aktiv-, diese die Passivprozesse des Gemeinschuldners. Sodann kann man unterscheiden zwischen Prozessen, deren Entscheidung dem Umfange der Aktivmasse, und solchen, deren Entscheidung dem Umfange der Passivmasse präjudiziert: Prozesse über die Aktiv-, die Passivmasse. Die Glieder der beiden Gruppen decken sich nicht schlechtbin. Zwar ist der Ausgang jedes unterbrochenen Prozesses, in welchem ein Anspruch des Gemeinschuldners in Frage steht, für die Aktivmasse präjudiziell, aber nicht jeder Prozeß, in dem ein Anspruch gegen den Kridar verfolgt wird, präjudiziert der Passivmasse, z. B. nicht ein Vindikationsprozeß. Demgemäß unterscheidet das Gesetz für die Modalitäten der Aufnahme drei Gruppen und benennt sie folgendermaßen:

1. Rechtsstreitigkeiten über das zur Konkursmasse gehörige Vermögen, welche zur Zeit der Eröffnung des Verfahrens für den Gemeinschuldner anhängig sind: **Aktivprozesse** (§ 10 KO.);

2. Rechtsstreitigkeiten, welche gegen den Gemeinschuldner anhängig und auf Aussonderung eines Gegenstandes aus der Konkursmasse oder auf abgesonderte Befriedigung gerichtet sind oder einen Anspruch betreffen, welcher als Masseschuld zu erachten ist: **Passivprozesse über die Aktivmasse** (§ 11 KO.);

3. Rechtsstreitigkeiten gegen den Gemeinschuldner, in denen Konkursforderungen verfolgt werden: **Passivprozesse über die Passivmasse** (§§ 12 vb. 3, 146 Abs. 3 KO.).[1]

Diese drei Gruppen bedeuten eine erschöpfende Einteilung der durch die Konkurseröffnung unterbrochenen Prozesse. Das Gesetz geht von dem Gedanken aus, daß jeder unterbrochene Rechtsstreit schon während des Konkurses auf die eine oder

---

[1] Die Terminologie dieser drei Gruppen ist, und war namentlich früher, bei den einzelnen Autoren durchaus keine einheitliche. Die oben gegebene ist die von Jäger § 10 Einl. und früher schon von Weismann, Hauptintervention S. 150 angewandte; vgl. auch Stein S. 352 ff.

andere Weise muß fortgesetzt werden können.[1] *Tertium divisionis* bei der vom Gesetze beliebten Einteilung ist immer die Richtung und Natur des im Prozesse geltend gemachten Hauptanspruchs, wie sie sich zur Zeit der Konkurseröffnung darstellt; der gegenseitige bedingte Anspruch auf Erstattung von Prozeßkosten reléviert nur dann, wenn der Rechtsstreit sich auf den Kostenpunkt beschränkt (vgl. oben S. 44).[2]

§ 7.

2. Die Aufnahme der Aktivprozesse.

Nach den Bestimmungen des § 10 KO. werden diejenigen Prozesse über das zur Konkursmasse gehörige Vermögen aufgenommen, welche zur Zeit der Konkurseröffnung für den Gemeinschuldner anhängig sind. Die Vorschrift steht im offensichtlichen Gegensatz zu § 11 KO., wo von gegen den Gemeinschuldner gerichteten Rechtsstreitigkeiten die Rede ist. Nach der Auffassung der Motive zur KO. S. 42 sollen mit dieser Gegenüberstellung die Prozesse auseinander gehalten werden, in denen der Kridar Kläger (oder Widerkläger) und in denen er Beklagter (Widerbeklagter) ist. Diese Auffassung legt der Wortlaut nahe, und es geschieht nicht ohne leise Gewalt, wenn die *communis opinio* sie verwirft. Aber es geschieht mit Recht. Denn in Gemäßheit der Ansicht der Motive würden sich unterbrochene Aktivprozesse finden, über deren Aufnahme nirgends etwas bestimmt wäre, wenn man die Anwendung des § 10 ausschlösse. Diese Ansicht trifft vielmehr nur die Regelfälle. Das entscheidende Gewicht ist auf die Tendenz des einzelnen Prozesses zu legen, die entweder auf eine Vermehrung oder auf eine Verminderung der Konkursmasse gerichtet ist und dadurch die An-

---

[1] Richtig hervorgehoben von Wolff § 10, 1; vgl. v. Wilmowski § 11, 2 Abs. 2; and. Mein. v. Sarwey-Bossert § 10, 1; OLG. Hamburg in DJZ. 7, 324. — Die auf Grund des § 13 des Anfechtungsgesetzes vom 21. Juli 1879 durch Konkurseröffnung eintretende Unterbrechung ist kein Fall des § 240 CPO. und bedarf besonderer Betrachtung (unten S. 208 ff.).

[2] Richtig OLG. Dresden in Sä.Ann. 20, 190.

hängigkeit für oder gegen den Gemeinschuldner ohne Rücksicht auf seine Parteirolle begründet. Es kommt darauf an, ob der Kridar einen materiellen Anspruch als ihm zustehend oder das Bestehen eines Rechtsverhältnisses geltend macht, oder ob er sich gegen einen Anspruch des Gegners verteidigt oder das von diesem behauptete Rechtsverhältnis leugnet.[1] Das wird allerdings in der Regel, wie gesagt, damit zusammenfallen, ob der Gemeinschuldner Kläger oder Beklagter ist, aber keineswegs ausnahmslos. Die Prozesse, welche, obschon formell gegen den Gemeinschuldner als Beklagten gerichtet, im Sinne des § 10 als für den Kridar anhängig zu betrachten sind, lassen sich in drei Gruppen bringen. Es sind:

a) Prozesse, in denen die Klage gegen den Kridar materiell die Verteidigung gegen einen Angriff desselben darstellt. Das sind zunächst alle gegen den Gemeinschuldner angestrengten negativen Feststellungsprozesse. Dazu zu rechnen sind aber ferner die Klagen gegen den Gemeinschuldner auf Feststellung von Eigenschaften eines ihm zustehenden Anspruchs, die Klage gegen den Gemeinschuldner als opponierenden Gläubiger in einem anderen Konkurse gemäß § 146 Abs. 2 KO., die Klage gegen den Gemeinschuldner auf Löschung einer für ihn auf dem klägerischen Grundstück eingetragenen Hypothek, die *actio negatoria* gegen den Gemeinschuldner wegen einer von ihm an kläge-

---

[1] So außer den meisten Kommentaren namentlich Seuffert S. 180 und A. 1; Fitting Ko. S. 55 A. 5; Stein S. 353 (den Ausschlag gebe das mögliche ökonomische Resultat); Bunsen in Z. 26, 316 ff.; Reichsgericht in E. 11, 398; 16, 118; in JW. 1891, 273; 1892, 371; in Beitr. 34, 377; OLG. Dresden in We.A. 8, 432 und 605; in Sä.A. 1, 667; in Sä.Ann. 16, 43. — And. Mein. hauptsächlich Schultze S. 89 f.; Rintelen S. 456 und Jäger § 10, 13 und 15. — In zeitlicher Beziehung maßgebend für die Qualität eines Rechtsstreits als Aktivprozesses ist dabei, wie das Gesetz ausdrücklich hervorhebt, die Prozeßlage im Momente der Konkurseröffnung, nicht etwa in dem der Reassumtion. Eine zwischen jener und dieser eintretende Verschiebung in der Richtung des Rechtsstreits, wie sie sich insbesondere als Folge einer vorläufigen Vollstreckung ergeben kann, hat auf die Modalität der Aufnahme keinen Einfluß (richtig Reichsgericht in E. 27, 357, and. Mein. Stein S. 354, s. unten S. 132 A. 2). Anders, wenn bereits vor der Konkurseröffnung vollstreckt ist (s. unten S. 131 f. Anm. 1 Fall 1 a).

rischer Sache in Anspruch genommenen Dienstbarkeit, die Klage gegen den Gemeinschuldner auf Löschung eines Patents u. dgl.[1]

b) Prozesse gegen den Gemeinschuldner, in denen dieser einem ihn kondemnierenden vorläufig vollstreckbaren Urteil bereits vor der Konkurseröffnung freiwillig oder gezwungen Genüge geleistet hat und demzufolge für das weitergehende Verfahren in die Angreiferrolle gedrängt ist, indem er den Gegner auf Rückerstattung des Gezahlten oder Geleisteten und gegebenen Falls auf Ersatz des ihm durch die Vollstreckung entstandenen Schadens in Anspruch nimmt. Hierher gehören das Verfahren in der Rechtsmittelinstanz nach vorläufig vollstreckbarer Verurteilung des beklagten Kridars (§ 717 Abs. 2 CPO.), das Nachverfahren nach dem Urkundenprozeß gegen den unter Vorbehalt der Rechte verurteilten Gemeinschuldner (§ 600 CPO.), das Nachverfahren über die *ad separatum* verwiesene Kompensationseinrede nach Erlaß des den Gemeinschuldner unter Vorbehalt der Entscheidung über die Aufrechnung kondemnierenden Urteils (§ 302 CPO.), das Nachverfahren über verspätete Verteidigungsmittel des beklagten Gemeinschuldners nach Erlaß des gegen ihn unter Vorbehalt ihrer Geltendmachung ergangenen Berufungsurteils (§§ 540 f. CPO.).[2]

c) Prozesse gegen den Gemeinschuldner, bei denen beide Parteien materiell in der Angreiferrolle stehen. Dahin gehören Prozesse gegen den Kridar auf Feststellung, daß ein bestimmter Anspruch an einen Dritten dem Kläger und nicht dem Beklagten zustehe (sog. „Prätendentenstreit"), ferner die Hauptintervention, sofern sie sich gegen den Gemeinschuldner als Erst-

---

[1] v. Wilmowski § 10, 4; Petersen-Kleinfeller §§ 10 f., 5; v. Sarwey-Bossert § 10, 2; Seuffert und Fitting a. O.; Reichsgericht in E. 16, 117 f. — Dagegen Jäger § 10, 14, der die gegen den Kridar gerichteten negativen Feststellungsprozesse als Aussonderungsprozesse (§ 11 KO.) betrachtet.

[2] So die Kommentare (auch Jäger § 10, 17), Stein S 353 f. und Anm. 4 und die Praxis: Reichsgericht in E. 11, 400; 45, 326; in JW. 1897, 562; OLG. Hamburg in HGZ. *B.* 17, 187 f.; in DJZ. 2, 308; LG. Bremen in Z. 10, 390 f. Vgl. die Zusammenstellung unten S. 131 Anm. 1. Dem entsprechend braucht der Kläger den beigetriebenen Betrag nicht zur Tabelle anzumelden.

kläger richtet (oben S. 30 f.), das zwischen dem Gemeinschuldner als ursprünglichem Kläger und dem gemäß § 75 CPO. in den Streit eingetretenen Litisdenunziaten schwebende Verfahren (oben S. 32 f.), der Prioritätsstreit zwischen dem Inhaber eines Patents und dem eines Gebrauchsmusters (§ 5 des Ges. v. 1. Juni 1891), der in Ansehung der Hauptsache erledigte und nur noch im Kostenpunkte obschwebende Rechtsstreit (oben S. 102) u. dgl.[1] Dagegen wird der von einem persönlichen Gläubiger gegen den Kridar geführte Prozeß dadurch, daß der Beklagte eine Kompensationseinrede vorschützt, auch dann nicht zum Aktivprozeß, wenn gemäß § 145 Abs. 3 CPO. Trennung der Verhandlungen angeordnet worden ist, weil diese Einrede nur dem Zwecke der Verteidigung dient.[2] —

Das Verfahren zur Fortsetzung der Prozesse über die Aktivmasse gestaltet sich verschieden je nach dem Verhalten des Konkursverwalters: ob er aufnimmt oder die Aufnahme ablehnt oder die Erklärung verzögert.

I. Die Aufnahme des Verfahrens. Subjekt der Aufnahme der Aktivprozesse ist in erster Linie der Konkursverwalter (§ 10 Abs. 1 S. 1 KO.), sind in zweiter — nämlich nach Ablehnung der Aufnahme durch den Verwalter — der Gemeinschuldner und die Gegenpartei konkurrierend (Abs. 2; unten II.). Ohne sachliche Verschiedenheit erfolgt die Aufnahme durch den Verwalter entweder spontan oder auf Interpellation des Gegners (Abs. 1 S. 2; unten III); die letztere erfordert ein besonderes, speziell zu betrachtendes Verfahren. Voraussetzung der Aufnahme durch den Verwalter ist, daß der im Prozesse verfolgte Anspruch zur Sollmasse des Konkurses gehört, denn nur dann ist das Verfahren als ein die Konkursmasse betreffendes unter-

---

[1] Petersen-Kleinfeller §§ 10 f., 5; Weismann, Hauptintervention S. 150; Reichsgericht in E. 45, 376. Die Fälle zeigen, daß ein Rechtsstreit sehr wohl auf beiden Seiten Aktivprozeß sein kann (gegen Jäger § 10, 20). Für § 10 kommt es eben nur darauf an, ob der Rechtsstreit für den Gemeinschuldner ein Aktivprozeß ist; ob er zugleich auch für den Gegner ein solcher ist oder nicht, gilt gleich.

[2] Jäger § 10, 16 und 18; Petersen-Kleinfeller a. O.; Reichsgericht in JW. 1891, 273; OLG. Dresden in Sä.A. 1, 665 ff.; 669.

brochen, nur dann ist der Verwalter zur weiteren Führung des Rechtsstreits berufen. Der Verwalter nimmt auf und führt den aufgenommenen Prozeß in seiner Eigenschaft als gesetzlicher Vertreter des Gemeinschuldners und niemandes sonst.[1] Diese Eigenschaft kommt ihm zu nicht erst von der Aufnahme des konkreten Prozesses, sondern bereits von der Konkurseröffnung ab; die Aufnahme ist nur Akt der Ausübung des Vertretungsrechts. Darum kann der Verwalter schon vor der Aufnahme über den konkreten Prozeß verfügen, soweit das außerprozessual möglich ist; er kann z. B. sich außergerichtlich vergleichen, außergerichtlich auf Rechtsmittel verzichten.[2] Insoweit ist also seine Reassumtion nur Formalakt, der formelle Eintritt in den seiner Disposition anheim stehenden Prozeß, dessen es bedarf, um die eingetretene Unterbrechung zu beseitigen und die Fortsetzung des Verfahrens zu ermöglichen. Sachlich enthält die Aufnahme durch den Verwalter dessen Willenserklärung, den im Streite befangenen Anspruch, dessen Zugehörigkeit zur Sollmasse des Konkurses die Unterbrechung des Prozesses begründete, in die Istmasse zu ziehen, d. h. ihn zu Gunsten der Teilungsmasse

---

[1] Siehe oben S. 6 nebst Anm. 1. Der Verwalter vertritt nicht auch die Gläubigerschaft, wie Wach I S. 566 Anm. 1 annimmt. Er streitet allerdings im — tatsächlichen — Interesse der Konkursgläubiger, aber in Vertretung nur des Kridars. Denn sein Recht allein ist im Streite befangen, und ein dingliches Recht der Gläubiger an diesem kann nicht anerkannt werden. Die Nebenintervention eines einzelnen Konkursgläubigers ist nicht ausgeschlossen, wenn das rechtliche Interesse vorliegt (Jäger § 6, 41). Wie sich die Pfandrechtstheorie zu den Vorschriften über die Reassumtion der Prozesse über die Aktivmasse (§§ 10, 11 KO.) stellt, darüber vgl. die eingehenden Ausführungen von Seuffert, Gesch. u. Dogm., S. 110 ff. Begründen läßt sich m. E. aus diesen Vorschriften jene Theorie nicht, sie mit ihr in Einklang zu bringen, mag möglich sein. Im einzelnen auf die Erörterungen Seufferts einzugehen, ist wegen der Verschiedenheit der Grundauffassung ohne Frucht; in Z. 14, 4 ff. ist Oetker ihnen entgegengetreten. Seuffert nimmt eine „konstitutive" Rechtsnachfolge der Gläubigerschaft in jene Prozesse an und kommt zu dem Resultat, daß die §§ 10, 11 KO. eine Modifikation des in § 265 CPO. aufgestellten Prinzips über die Veräußerung der *res litigiosa* enthalten (S. 124).

[2] Petersen-Kleinfeller §§ 10 f., 6 und die zutreffenden Ausführungen des Reichsgerichts in E. 45, 329 f.; vgl. auch Kohler in Z. 12, 126 A. 56.

und zum Zwecke der Verwertung für sie zu verfolgen. Diese Willenserklärung ist unwiderruflich. Fortan bleibt der litigiöse Anspruch des Kridars Bestandteil der Konkursmasse. Der schwebende Prozeß wird zum Vorteil oder Nachteil der Masse gewonnen oder verloren; der Verwalter kann sich von ihm nicht wieder frei machen, auch wenn er ungünstig verläuft. Das ist die materielle Bedeutung der Reassumtion.[1] Andererseits hat der Gemeinschuldner mit dem Prozesse nichts mehr zu tun; er kann ihn nicht auch fortsetzen, wenn der Verwalter aufgenommen hat, denn er ist von der Verfügung über die Masse ausgeschlossen.[2] Der Konkursverwalter disponiert über den Prozeß; er kann die Klage oder ein Rechtsmittel zurücknehmen, auf den Anspruch verzichten, Gegenansprüche anerkennen, Prozeßvergleiche schließen u. s. w. Ohne Einfluß auf alles dies, wird der Gemeinschuldner dadurch ebenso gebunden, wie auch im übrigen die Handlungen des Verwalters zur Verwertung der Masse für ihn bindend sind. Als eine Folge des Verfügungsrechts des Verwalters schafft das ergehende Urteil auch über den Konkurs hinaus *res iudicata* für und gegen den Kridar, die durch Einlegung von Rechtsmitteln abzuwenden er nicht in der Lage ist.[3]

---

[1] Die Unwiderruflichkeit der Aufnahmeerklärung wird überwiegend anerkannt. Neuerdings nimmt jedoch Wolff § 10, 4a an, der Verwalter könne jederzeit aus dem aufgenommenen Prozesse wieder austreten, nur müsse er die durch seine Prozeßführung entstandenen Kosten als Masseschuld anerkennen. Die Meinung ist praktisch schwerlich durchführbar, schon weil man konsequent eine wiederholte Willensänderung des Verwalters zulassen müßte. Sie steht auch mit dem Gesetz in Widerspruch. Die Ladung des Verwalters zur Aufnahme verfolgt ja gerade den Zweck, dem Gegner Gewißheit über dessen Stellungnahme zu verschaffen, und die dabei vorausgesetzte Verzögerung des Verwalters zeigt, daß dem Verwalter eine angemessene Frist zur Deliberation belassen ist, deren es nicht bedurft hätte, wenn er sich von dem nachteiligen Prozeß jederzeit lossagen könnte (unten S. 118).

[2] Vgl. OLG. Jena in Thür. Bl. 44, 347, wo sowohl der Verwalter als der Kridar Berufung eingelegt haben; ebenso OLG. Colmar in Els.Z. 19, 71.

[3] Jäger § 10, 2; Petersen-Kleinfeller a. O.; v. Wilmowski § 10, 7; Fitting Ko. S. 57; Seuffert S. 183; Wach I S. 545; Petersen in Z. 18, 47f.; auch Reichsgericht in E. 29, 30, obwohl ihm der Verwalter Partei ist,

Die rechtliche Wirksamkeit einer vom Konkursverwalter abgegebenen Aufnahmeerklärung kann unter den Parteien streitig sein. Soweit der Streit sich auf Formalien bezieht, genügt es, auf das oben S. 94 ff. im allgemeinen Gesagte zu verweisen. Einzugehen ist an dieser Stelle auf die Gestaltung des Verfahrens, die sich ergibt, wenn dem reassumierenden Verwalter eingehalten wird, es mangle an der Voraussetzung seiner Aufnahme, an der Zugehörigkeit des streitbefangenen Anspruchs zur Sollmasse des Konkurses. In der Praxis zu den Seltenheiten gehörend, kann dieser Einwand gleichwohl hier nicht unerörtert bleiben.

Ein Streit über die Beziehung des Verfahrens zur Masse nach Eintritt des Konkurses kann, wie oben gezeigt, bereits vor erklärter Aufnahme als ein die Unterbrechung in Frage stellender entstehen und wird dann im Verfahren zwischen dem Kridar und der Gegenpartei durch Beschluß erledigt, der nach Analogie des Aussetzungsbeschlusses den Charakter einer prozeßleitenden Anordnung hat (oben S. 71 ff.). Für und gegenüber dem Konkursverwalter ist ein solcher, ohne seine Beteiligung ergangener Beschluß auch nicht formell bindend. Der Verwalter insbesondere ist, auch wenn ein die Unterbrechung verneinender Beschluß vorliegt, stets in der Lage, sich für seine Behauptung, daß das Verfahren die Masse betreffe, der Prozeß unterbrochen und er der zu seiner Weiterführung berufene gesetzliche Vertreter des Kridars sei, richterliches Gehör zu verschaffen, und durch Erklärung der Aufnahme eine, eventuell erneute, Verhandlung und Entscheidung darüber herbeizuführen. Da die Befugnis des Verwalters zur Aufnahme damit zusammenfällt, daß er im konkreten Rechtsstreite der gesetzliche Vertreter des Gemeinschuldners ist, und der Mangel der Legitimation des gesetzlichen Vertreters von Amts wegen zu berücksichtigen ist (§ 56 CPO.), so unterliegt auch die Zulässigkeit der Aufnahme durch den Verwalter der Offizialprüfung des Gerichts; es hat insbesondere das Versäumnisurteil zu versagen, wenn es jene Zulässigkeit verneint. Diese Prüfung erstreckt sich nicht bloß, wie man gemeint hat, auf die

---

weil die Rechtskraftwirkung für den Kridar unentbehrlich sei. — And. Mein. SCHULTZE S. 94 ff.; OETKER in Z. 25, 40 f.

Frage der Identität des Reassumenten mit dem bestellten Verwalter, die durch Vorlegen der Bestallung erledigt werden könnte, sondern auch darauf, ob die gesetzliche Vertretung auch für den konkreten Prozeß gegeben, m. a. W. ob der in ihm verfolgte Anspruch Sollmasseobjekt sei. Zu ihr kann die Gegenpartei die Anregung geben durch Erhebung der prozeßhindernden Einrede des § 274 Z. 7 CPO.; sie kann auf Grund ihrer die Verhandlung zur Hauptsache verweigern (§ 275 CPO.). Die dadurch oder durch gerichtliche Anordnung herbeigeführte abgesonderte Verhandlung der Parteien ist ein prozessualer Streit über die Frage, wer auf seiten des Kridars zur Prozeßführung berufen sei. Seine Entscheidung hat allerdings eine Prüfung der zwischen dem Kridar und dem Verwalter obschwebenden materiellen Frage, ob der konkrete Anspruch konkursgebunden oder konkursfrei sei, zur Voraussetzung. Aber diese Vorprüfung wird nicht mit Rechtskraftwirkung gegen den Gemeinschuldner erledigt, und im Verhältnis zum Prozeßgegner handelt es sich immer nur um die sich daraus für den Prozeß ergebende Folge. Der Streit kann nur auf Grund mündlicher Verhandlung ausgetragen werden. Gleichwohl ist er kein Zwischenstreit im technischen Sinn, sondern in Ansehung des Verwalters ein außerhalb und vor dem Prozesse zu erledigender Streit, und folgt in diesem Charakter dem Streit über die Prozeßvoraussetzungen überhaupt.[1] Seine Entscheidung bejaht oder verneint den Eintritt des Verwalters als prozeßführendes Subjekt. Sie ergeht in der Form des Urteils. Das Urteil, welches die Aufnahme des Verwalters für unzulässig erklärt, ist Endurteil, *absolutio ab instantia*; es beendet den Prozeß dem Verwalter gegenüber. Das die Reassumtion zulassende, also die „aufnahmehindernde" Einrede verwerfende Urteil ist Zwischenurteil, aber den Rechtsmitteln selbständig ausgesetzt (§ 275 CPO.). Die rechtskräftige Abweisung des Verwalters stellt endgültig fest, daß das Verfahren niemals unterbrochen war, und hebt einen im Unterbrechungsverfahren etwa ergangenen gegenteiligen Beschluß

---

[1] Ob der Streit über prozeßhindernde Einreden Zwischenstreit sei, ist kontrovers; für die im Text vertretene Verneinung vgl. Gaupp-Stein §§ 303 I 2; 275 I 2 Abs. 2 nebst Lit.; Wach, Vortr. S. 119; Schmidt S. 521; Reichsgericht in E. 15, 399 u. a.

ohne weiteres auf. Nunmehr können der Gemeinschuldner und der Gegner das Verfahren durch einfache Ladung fortsetzen. Der Gemeinschuldner kann nicht einwenden, der Anspruch gehöre zur Sollmasse, nachdem sein zur Geltendmachung dieser Behauptung berufener Vertreter damit rechtskräftig zurückgewiesen worden ist.[1]

---

[1] Der für die prozessuale Konstruktion wesentliche Unterschied zwischen dem Streit über die Aufnahmebefugnis des Verwalters (§ 10 KO.) und den Inzidentstreitigkeiten mit dem den Eintritt in den Prozeß begehrenden Universalsukzessor (§ 239 CPO.) oder dem Singularsukzessor (§ 266 CPO.) der Partei liegt nicht darin, daß es sich in diesen Fällen um materielle, durch Sachurteil zu erledigende Fragen handle, wie nach dem Vorgange von Kohler in Z. 12, 128 und 134 und in Ges. Beitr. S. 350 vielfach angenommen wird (Gaupp-Stein §§ 239 III; 266 II 1; Planck I S. 528; Schmidt S. 824 Anm. 2 u. a.), — denn auch der Streit um die Sukzession in das Prozeßrechtsverhältnis ist als solcher immer wesentlich ein prozessualer (gegen Kohler gut, aber im eigenen Ergebnis unrichtig Frank in Z. 13, 245; vgl. auch Wach, Vortr. S. 118) — sondern darin, daß die den angeblichen Rechtsnachfolgern entgegenzusetzenden Einwendungen nicht den Charakter der prozeßhindernden Einrede haben, ihre Verwerfung also einfaches Zwischenurteil ist. Bei der Annahme eines Übergangs der Parteirolle im Konkursfalle würde die prozessuale Situation in den drei Fällen die gleiche sein. — Mit der im Text vertretenen Auffassung stimmen Jäger § 10, 9 und v. Wilmowski § 10, 2 überein. Gegen sie macht Oetker in Z. 25, 44 (vgl. dens. Grundbegr. I 317 A. 2) geltend, daß weder der Beklagte noch der Richter die Amtsführung des Verwalters im Massekonstituierungsprozesse zu kontrollieren habe. Allein die Gegenpartei wehrt sich zu eigenem Schutze gegen den nicht legitimierten Vertreter, und die gerichtliche Offizialprüfung folgt aus § 56 CPO. Oetker leugnet allerdings die Vertreterqualität des Verwalters; ihm ist dieser selbst Partei als der *rem in iudicium deducens*, und er benutzt unseren Fall, um den herrschendeu Parteibegriff zu bekämpfen. Er führt in den Grundbegr. 316 f. I (und ebenso in Z. 14, 6 f. und in Z. 25, 36) aus: Wäre die Partei das Subjekt der *res in iudicium deducta*, so müßte der aus Rechten des Kridars klagende Verwalter dessen gesetzlicher Vertreter sein; auf die Sollmasseobjekte, also sachlich, beschränkt, könnte seine *ex officio* zu prüfende Legitimation durch die Bestallung nicht dargetan werden. Vielmehr sei nachzuweisen, daß das Streitobjekt zur Sollmasse, also (?) zuvörderst, daß es zum Vermögen des Kridars gehöre. Somit würde die den Gegenstand des Prozesses bildende Frage zur präjudizierenden Vorfrage u. s. w. Diese Deduktion krankt an der unrichtigen Folgerung, daß es zur Feststellung des Streit- als eines Sollmasseobjekts der Feststellung seiner Zugehörigkeit zum gemeinschuldnerischen Vermögen be-

Es entsteht die Frage, wie der Gemeinschuldner, wenn er den Streitgegenstand des schwebenden Prozesses für sein konkursfreies Vermögen in Anspruch nimmt, seine Rechte zu wahren habe. In Ansehung des konkursfreien Vermögens ist der Gemeinschuldner prozeßfähig. Zieht der Verwalter einen Bestandteil dieses Vermögens in die Istmasse, weil er dessen Zugehörigkeit zur Sollmasse behauptet, nimmt er z. B. eine

dürfe. Das Gericht entscheidet im Reassumtionsstreit nicht darüber, ob der Anspruch dem Kridar zustehe, sondern es entscheidet hypothetisch, ob, wenn er ihm so wie behauptet zustehe, der Anspruch zur Masse zu rechnen oder konkursfrei sei. Das ist der Vorentscheidung durchaus zugänglich. Im gleichen Sinne hat sich schon PETERSEN in Z. 9, 43f. und in Beitr. 36, 137 gegen OETKER gewendet und mit Recht bemerkt, daß für die Befugnis des Verwalters zur Prozeßführung der Inhalt, nicht die Begründetheit des Anspruchs maßgebend sei. Allein wenn PETERSEN in Beitr. a. O. fortfährt: der Verwalter sei zur Prozeßführung befugt, wenn er die Sollmassequalität des Anspruchs behaupte; ob die Behauptung richtig sei, entscheide nichts für die Vertretungsbefugnis; das gehöre, wie die Sachlegitimation, zum Grunde der Sache, und die — zulässige — Verteidigung des Beklagten, daß der Anspruch nicht zur Masse gehöre, begründe keine prozeßhindernde Einrede — so ist das nicht richtig. Die Behauptung seiner Legitimation hat für den Verwalter nur den Erfolg, daß mit ihm darüber in der Form Rechtens verhandelt und entschieden werden muß; sie kann als unrichtige die Legitimation nicht begründen. Für den Reassumtionsfall müßte PETERSENS Annahme dahin führen, daß die Aufnahme des Verwalters, einmal erklärt, nie mangels ihrer Voraussetzung zurückgewiesen werden könnte; es müßte, wenn sich die mangelnde Sollmassequalität ergäbe, die Klage abgewiesen, also der Prozeß beendet werden, während die Feststellung jenes Mangels gerade bedeutet, daß er nie unterbrochen war. Anscheinend hat aber PETERSEN nur die Unterscheidung im Auge, die neuerdings SEUFFERT S. 180f. (anders ders. in Z. 7, 11) für den Fall der Ladung zur Aufnahme ausdrücklich ausspricht: es sei zu unterscheiden, ob dem Reassumenten eingehalten werde: er sei nicht Verwalter, oder: der Anspruch gehöre nicht zur Masse; nur in jenem Fall liege ein Streit um die Prozeßvoraussetzung, in diesem ein gewöhnlicher Zwischenstreit vor. Allein diese nicht zu verkennende Verschiedenheit des Tatbestandes ergibt für die prozessuale Behandlung keinen Unterschied; § 247 Z. 7 CPO. schlägt in beiden Fällen ein, denn auf den Grund des Mangels der gesetzlichen Vertretung kommt nichts an. Insoweit richtig OETKER, Grundbegr. I 317. — SCHOLLMEYER S. 99f. charakterisiert den Aufnahmestreit als Zwischenstreit unter den Parteien, ohne auf den Fall, daß dem Verwalter die Sollmassequalität des Anspruchs bestritten wird, einzugehen.

körperliche Sache des Gemeinschuldners in Besitz (§ 117 KO.), so kann dieser die Freigabe verlangen. Der geeignete Weg dazu ist für den Fall, daß der Verwalter sich mit Hülfe des Gerichtsvollziehers auf Grund vollstreckbarer Ausfertigung des Eröffnungsbeschlusses in den Besitz der Sache gesetzt hat, in § 766 CPO. gegeben; in anderen Fällen ist der Gemeinschuldner auf den Weg der Klage gewiesen.[1] Dieser letztere Weg muß auch Platz greifen, wenn der Verwalter einen konkursfreien Anspruch eingeklagt oder den über einen solchen schwebenden Prozeß aufgenommen hat. Hier stellt die Klage oder die Aufnahme den Besitzergreifungsakt des § 117 KO. dar. Der Gemeinschuldner kann seine Klage auch als Hauptintervention zugleich gegen die Gegenpartei richten. Die an sich auffällige Erscheinung, daß in anhängigen Prozessen der Gemeinschuldner, obwohl er prozeßfähige Partei zu sein behauptet, seine Stellung im Rechtsstreite aufgeben muß, um sie sich im Klagwege aufs neue zu erringen, erklärt sich daraus, daß der Verwalter vermöge seines Rechts zur Besitzergreifung des gemeinschuldnerischen Vermögens den Kridar überall in die Angreiferrolle drängen kann. Auch würde die Erledigung der Ansprüche des Gemeinschuldners im anhängigen Prozeß für diesen zum Verlust von Instanzen führen. Der Ausgang des Rechtsstreits zwischen dem Kridar und dem Verwalter ist für die Legitimation des einen oder andern zur Führung des anhängigen Prozesses präjudiziell, auch wenn der Gegner der Aufnahme des Verwalters nicht widersprochen hatte. Das Gericht kann daher, sobald der Prozeß des Gemeinschuldners anhängig geworden ist, gemäß § 148 CPO. den zwischen dem Verwalter und der Gegenpartei geführten Prozeß aussetzen.[2]

---

[1] v. Wilmowski § 1, 23 will Klagerhebung auch in dem erstgenannten Falle.

[2] Die Möglichkeit einer Klage des Kridars gegen den Verwalter steht nicht in Widerspruch mit der Repräsentationstheorie. Denn die Trennung des gemeinschuldnerischen Vermögens in Masse und Nichtmasse führt notwendig zu rechtlichen Beziehungen zwischen beiden (vgl. u. a. Fitting Ko. S. 23). Die Zulässigkeit der Klage, mit der im Texte gegebenen Beschränkung, wird überwiegend anerkannt (Jäger § 1, 50; v. Wilmowski a. O.; Reichs-

II. Die Ablehnung der Aufnahme. Der Konkursverwalter ist durch sein Amt berechtigt und verpflichtet, Vermögensstücke des Gemeinschuldners, die an sich zur Sollmasse des Konkurses gehören, deren Verwertung jedoch einen Reinertrag nicht verspricht, von der Istmasse auszuschließen. Das gilt auch von Ansprüchen des Gemeinschuldners und insbesondere von solchen, die er durch seine Klage bereits rechtshängig gemacht hat. Der Verwalter ist nicht gehalten, den unterbrochenen Rechtsstreit für die Konkursmasse aufzunehmen; der § 10 Abs. 2 KO. ermächtigt ihn ausdrücklich zur Ablehnung der Aufnahme. Es entscheidet über diesen oder jenen Weg sein pflichtmäßiges Ermessen, der voraussichtliche Vorteil oder Nachteil, den die Durchführung des Prozesses für die Teilungsmasse erwarten läßt; die Begründetheit, die Beweisbarkeit des Anspruchs, die prozessuale Lage, die Solvenz des Gegners werden dabei zu prüfen sein. Handelt es sich um einen Streitwert von mehr als 300 Mark, so bedarf der Verwalter zur Ablehnung der Reassumtion der Genehmigung des etwa bestellten Gläubigerausschusses (§ 133 Z. 2 KO.). Doch ist, sie einzuholen, nur eine interne Verpflichtung, für deren Erfüllung der Verwalter der Gläubigerschaft verantwortlich ist; für den Prozeß ist die Ablehnung auch bei mangelnder Genehmigung wirksam. Die Erklärung der Ablehnung ist an den Prozeßgegner zu richten.[1] Sie erfolgt entweder spontan oder auf dessen außergerichtliche oder gerichtliche Interpellation. Sie ist selbst grundsätzlich — abgesehen von Modifikationen, die im Falle der Ladung zur Aufnahme eintreten — ein außergerichtlicher Akt und an besondere Form nicht gebunden.[2] Die Ablehnung hat stets zugleich eine materielle Bedeutung. Sie

gericht in E. 37, 398 f. u. a.; and. Mein. Seuffert S. 280 A. 2; OLG. Stuttgart in SA. 51, 377 f.); die Zulässigkeit der Hauptintervention ist die einfache Konsequenz, Jäger § 10, 9 erkennt sie ausdrücklich an.

[1] v. Wilmowski § 10, 10; Seuffert S. 181; Eccius in Beitr. 33, 738. Eine nur an den Kridar gerichtete Ablehnung kann zwar als Grundlage für § 10 Abs. 2 genügen (Reichsgericht in E. 41, 134; OLG. Dresden in We.A. 7, 429), sie würde aber den Verwalter nicht von der Tragung der Kosten einer vom Gegner gleichwohl unternommenen Ladung zur Aufnahme (unten S. 118 ff.; 126) befreien.

[2] v. Wilmowski § 10, 10; Seuffert S. 181.

enthält den Verzicht auf einen zur Sollmasse gehörigen Anspruch, die Freigabe eines zur Masse gehörigen Vermögensbestandteils an den Kridar in dessen konkursfreies Vermögen; sie ist gleich der Aufnahme unwiderruflich und kann dem gleichwohl reassumierenden Verwalter als „aufnahmehindernde" Einrede entgegengehalten werden (entsprechend oben S. 108 ff.).[1] Es erhellt aus dem Gesagten, daß die Aufnahme und die Ablehnung nicht einander koordinierte Willenserklärungen des Verwalters sind. In den hier fraglichen Prozessen über die Sollmasse ist der Verwalter gesetzlicher Vertreter von der Konkurseröffnung an. Nimmt er auf, so betätigt er nur eine Eigenschaft, die ihm von Rechts wegen zukommt; lehnt er ab, so entledigt er sich dadurch mit der Preisgabe des Anspruchs für die Masse zugleich der gesetzlichen Vertretung. Die Aufnahme hat also im wesentlichen deklarativen, die Ablehnung konstitutiven Charakter.[2] Diese Erkenntnis ist wichtig für die Beurteilung der Ladung zur Aufnahme.

Die Ablehnungserklärung des Verwalters macht die eingetretene Unterbrechung weder rückgängig noch beendet sie dieselbe. Aber sie stellt in Ansehung des streitbefangenen Anspruchs die volle Verfügungsfähigkeit des Gemeinschuldners und für den unterbrochenen Rechtsstreit seine Prozeßfähigkeit wieder her. Darum ist auf klägerischer Seite nunmehr er selbst das aktiv und passiv zur Reassumtion berufene Subjekt. Nach § 10 Abs. 2 KO. steht nach der Ablehnungserklärung des Verwalters die Befugnis zur Aufnahme dem Gemeinschuldner und der Gegenpartei konkurrierend zu.[3] Ist die Ablehnung nicht in

---

[1] Über den Verzichtscharakter der Ablehnung ist man sich einig; ihre Unwiderruflichkeit wird, soviel ich sehe, nur von Wolff § 10, 4b bestritten: sei die Ablehnung nicht auch dem Kridar erklärt, so könne der Verwalter nachträglich noch aufnehmen. Hierzu oben S. 107 Anm. 1.

[2] Es ist daher zwar für das praktische Ergebnis, aber nicht für die theoretische Konstruktion richtig, wenn man mit v. Sarwey-Bossert § 10, 3c u. a. sagt, der Verwalter habe die Wahl der Aufnahme oder Ablehnung; oder mit Petersen-Kleinfeller §§ 10 f., 6, eine prozessuale Pflicht des Verwalters zur Aufnahme bestehe nicht. Gerade diese besteht zunächst, nur kann der Verwalter sich von ihr befreien. Vgl. unten S. 125.

[3] An dieser Stelle läßt Oetkers Lehre, wonach für die Unterbrechung des Verfahrens die Beziehung zur Istmasse relevant sei (oben S. 57 f.), völlig

dem in § 10 Abs. 1 Satz 2 KO. geordneten Interpellationsverfahren, sondern außergerichtlich erfolgt, so hat die aufnehmende Partei diese Voraussetzung ihrer Reassumtion zu behaupten und nachzuweisen. Das Gericht hat den Mangel der Ablehnungserklärung von Amts wegen zu berücksichtigen und, wenn er nicht beseitigt wird, die Aufnahme durch Beschluß als unzulässig zu verwerfen. Der Beschluß ist nach Maßgabe des § 252 CPO. anfechtbar (vgl. oben S. 94 f.).

Nach der Ablehnung des Verwalters hat der Rechtsstreit mit dem Konkurse nichts mehr zu tun. Was der Gemeinschuldner in dem aufgenommenen Verfahren erstreitet, ist sein freies Vermögen und dem Zugriffe der Konkursgläubiger entzogen. Ein vom Verwalter bei der Ablehnung erklärter Vorbehalt dahin, daß er für den Fall siegreichen Ausgangs des Prozesses das Erstrittene zur Masse ziehen wolle, wäre ein Widerspruch mit der Ablehnungserklärung und ohne rechtliche Wirkung: der streitige Anspruch kann Bestandteil der Masse nur entweder sein oder nicht sein.[1] Das schließt indessen nicht aus, daß der Obsieg des Kridars in einem solchen Rechtsstreite tatsächlich der Konkursmasse zugute kommt. Das ist der Fall, wenn der streitbefangene Anspruch Akzessorium eines in die Masse gezogenen Gegenstandes und mit ihm rechtlich untrennbar verbunden, z. B. auf eine Servitut zu Gunsten eines zur Masse gehörigen Grundstücks oder auf eine Hypothek für eine in der Masse liegende Forderung

im Stich. Prozesse, deren Aufnahme der Verwalter ablehnt, entbehren nach Oetkers eigenen Ausführungen in Z. 25, 38 dieser Beziehung; sie könnten also auch nicht unterbrochen sein. Daß das Gesetz gleichwohl ausdrücklich ihre Aufnahme fordert, rechtfertigt Oetker a. O. durch den Satz, daß durch die Ladung des Verwalters zur Aufnahme dem Kridar gegenüber eine Unterbrechung *ex nunc* eintrete — eine ganz willkürliche Annahme, nach der die Partei über die Unterbrechung verfügen würde.

[1] Für die Wirksamkeit eines solchen einseitigen Vorbehalts ist in der JK. Hagens (Prot. S. 11) und danach noch Schultze S. 91 A. 1 eingetreten; jetzt ist man sich über die Unwirksamkeit einig. Vertragsmäßig kann sich allerdings der Kridar dem Verwalter gegenüber verpflichten, das eventuell Erstrittene in die Masse einzuwerfen (Seuffert S. 181 A. 5). — Führt der Kridar im Auftrage des Verwalters den Prozeß für Rechnung der Masse, was zulässig ist, so liegt keine Ablehnung, sondern Aufnahme durch den Verwalter vor.

gerichtet ist. Mit Unrecht ist behauptet worden, daß in Fällen dieser Art der Gemeinschuldner zur Prozeßführung nicht legitimiert sei; seine Legitimation beruht auf der durch den Konkursverwalter mit der Ablehnungserklärung bewirkten Freigabe des Anspruchs von der Masse. Auch ist nicht zu erkennen, wie der Gegner des Kridars einen solchen Prozeß gegen den Verwalter sollte aufnehmen können, nachdem dieser als das zur Entscheidung darüber berufene Subjekt sich bereits für die Ablehnung der Reassumtion ausgesprochen hat.[1] Verfügt der Verwalter über den in der Masse liegenden Hauptbestandteil, indem er die hypothekarisch gesicherte Forderung einzieht, so ist die Hypothekenklage des Gemeinschuldners in der Hauptsache erledigt, und der Prozeß unterliegt der Aufnahme nach § 10 Abs. 2 KO., oder als bereits aufgenommener der Fortsetzung, nur im Kostenpunkte. Veräußert der Verwalter die Forderung oder das herrschende Grundstück, so greifen für die *actio hypothecaria* bezw. *confessoria* des Kridars die Vorschriften der Prozeßordnung über die Veräußerung der streitbefangenen Sache Platz; dann kann der dritte Erwerber nach Maßgabe und in den Formen der §§ 265 f. CPO. den aufgenommenen Rechtsstreit übernehmen, oder, falls eine Aufnahme nach § 10 Abs. 2 KO. noch nicht stattgefunden hatte, zugleich diese und die Übernahme vollziehen.

Besonderes gilt zufolge der Vorschrift des § 17 KO. für die Aufnahme und ihre Ablehnung in denjenigen Prozessen, in welchen der Anspruch des Gemeinschuldners auf einem zur Zeit der Konkurseröffnung beiderseits nicht oder nicht vollständig erfüllten gegenseitigen Vertrage beruht, und der Verwalter gemäß § 17 Abs. 2 KO. die Erfüllung verweigert hat oder mit der

[1] Die Negativen des Textes richten sich einerseits gegen v. Wilmowski § 10, 12; Hullmann §§ 8 f., 10 Abs. 4 und Rintelen S. 457, andererseits gegen Fitting Ko. S. 57 u. A. 8 und Endemann S. 218, denen Jäger § 10, 27 ff. mit Recht entgegentritt. Wie im Text außer Jäger a. O. Petersen-Kleinfeller §§ 10 f., 11; v. Sarwey-Bossert § 10, 5, 2; Seuffert S. 182 A. 6 u. 7, letzterer jedoch mit der m. E. nicht gerechtfertigten Beschränkung, daß der Verwalter eine vom Gemeinschuldner erstrittene Servitut nicht ohne Vereinbarung mit diesem verwerten könne. Auch übersieht dieser, daß die Veräußerung des *praedium dominans* den Prozeß in der Hauptsache nicht erledigt (§ 266 CPO.).

gegenteiligen Erklärung präkludiert worden ist. Die prozessuale Behandlung solcher Rechtsstreitigkeiten hängt davon ab, welche materielle Bedeutung für den Vertrag jener Erfüllungsverweigerung beizumessen ist. Diese Frage ist streitig und entzieht sich einer beiläufigen Erörterung. Nach verbreiteter und m. E. richtiger Auffassung ersetzt die Erfüllungsverweigerung kraft positiver Vorschrift die wechselseitigen Ansprüche auf Erfüllung durch den einseitigen Anspruch des Gegenkontrahenten des Kridars auf Leistung des Interesses wegen Nichterfüllung, der im Konkurse geltend gemacht werden kann. Es kann, wenn der Verwalter die Erfüllung verweigert hat, weder der Gemeinschuldner noch sein Gegner ihm gegenüber auf Erfüllung bestehen. Für den Prozeß, in dem der Anspruch des Gemeinschuldners rechtshängig und der gemäß § 240 CPO. unterbrochen ist, hat das die Folge, daß er sich in der Hauptsache erledigt, etwas weiteres nicht. Namentlich schließt die materielle Erklärung des Verwalters, daß er die Erfüllung verweigere, nicht zugleich die prozessuale in sich, daß er die Reassumtion ablehne. Vielmehr steht dem Verwalter auch jetzt noch frei, den schwebenden Prozeß im Kostenpunkte aufzunehmen oder die Aufnahme abzulehnen. Im letzteren Falle können der Kridar oder die Gegenpartei reassumieren, immer in Beschränkung auf die Kosten.[1]

---

[1] Für die im Text gebilligte Auffassung des § 17 Abs. 2 KO. s. statt aller Jäger § 17, 43 und Reichsgericht in E. 22, 111. Bei der Besprechung der prozessualen Konsequenzen identifiziert Jäger § 10, 31 f. die Erfüllungsverweigerung mit der Ablehnung der Reassumtion und sieht demgemäß in jener eine positive Ausnahme von der der Ablehnung sonst innewohnenden freigebenden Wirkung. Er läßt — was gebilligt werden kann — mit Reichsgericht in Bolze 15, 716 eine Aufnahme des Gegners gegenüber dem Kridar zum Zwecke der Feststellung zu, daß dieser auf Erfüllung nicht bestehen könne. Von der fortdauernden Anhängigkeit im Kostenpunkte erwähnt er nichts. Die Aufnahmemöglichkeit insoweit ergibt sich auch daraus, daß über den Eintritt der Bedingung des vom Gegner des Kridars bedingt liquidierten Kostenerstattungsanspruchs (s. den Text) nur in diesem Verfahren und nicht im Verfahren nach § 146 KO. entschieden werden kann. — Kohler S. 133 nimmt an, daß auch nach der Erfüllungsverweigerung des Verwalters der Kridar Erfüllung verlangen könne, wenn er aus dem gantfreien Vermögen kaviere. Auf dem Boden dieser Auffassung wäre eine Reassumtion auch in der Hauptsache möglich.

Im allgemeinen gilt für die Kosten eines zwischen dem Kridar und der Gegenpartei fortgesetzten Prozesses, daß der durch das Unterliegen des Gegners bedingte Kostenerstattungsanspruch des Kridars Bestandteil des konkursfreien Vermögens auch dann ist, wenn der Sieg in der Hauptsache nach den obigen Erörterungen der Masse zugute kommt, und daß der durch das Unterliegen des Kridars bedingte Erstattungsanspruch des Gegners insoweit, als die Aufwendungen vor der Konkurseröffnung gemacht sind, bedingte Konkursforderung, soweit sie später gemacht sind, Forderung an das gantfreie Vermögen ist.

III. Die Ladung zur Aufnahme. Seine Entschließung, ob er den unterbrochenen Rechtsstreit aufnehme oder die Aufnahme ablehne, ist der Verwalter der Gegenpartei mitzuteilen verpflichtet, sobald er dazu imstande ist. Denn diese hat, insbesondere auch wegen der Ungewißheit, ob im Falle ihres Obsiegens ihr die Masse für die Prozeßkosten hafte oder sie insoweit auf das konkursfreie Vermögen bezw. auf die Anmeldung zur Tabelle angewiesen sei (oben S. 98 ff.) ein Interesse daran zu erfahren, ob ihr künftig der Verwalter oder der Kridar gegenüberstehen wird. Darum gibt ihr das Gesetz das Recht, den Verwalter wegen seiner Stellungnahme formell zu interpellieren und eine Erklärung zu erzwingen (§ 10 Abs. 1 Satz 2 KO.). Das ist die „Ladung zur Aufnahme“. Sie setzt voraus, daß seitens des Verwalters „die Aufnahme verzögert“ wird, d. h. daß er innerhalb einer den Umständen nach angemessenen und in dieser Eigenschaft der freien richterlichen Würdigung unterliegenden Frist dem Gegner weder die Aufnahme des Prozesses noch ihre Ablehnung erklärt hat; denn auch die letztere schließt natürlich die Ladung zur Aufnahme aus. Bei Beurteilung der Verzögerung, die namentlich für den Versäumnisfall (unten S. 128 ff.) wichtig ist, hat das Gericht in Rücksicht zu ziehen, daß der Verwalter in Prozessen von mehr als 300 Mark Streitwert zur Ablehnung der Genehmigung des Gläubigerausschusses bedarf (§ 133 Z. 2 KO.). In solchen Fällen ist daher, falls nicht ein provisorischer Ausschuß bestellt ist, vor Abhaltung der ersten Gläubigerversammlung eine Verzögerung der Erklärung nicht anzunehmen; der Verwalter muß Gelegenheit gehabt haben, den Ausschuß zu befragen, oder es muß vorläufig gewiß sein, daß keiner bestellt wird.[1]

Neben der Verzögerung ist Voraussetzung auch der Ladung zur Aufnahme, daß der streitbefangene Anspruch des Kridars zur Sollmasse des Konkurses gehört. Daß er ihn als solchen ansehe, erklärt der Gegner bindend durch seine Ladung, sodaß er dem nachmals aufnehmenden Verwalter nicht den Einwand mangelnder Legitimation entgegensetzen kann. Betrachtet er den Prozeß als einen der Disposition des Verwalters nicht unterliegenden, so hat er ihn dem Gemeinschuldner gegenüber als nicht unterbrochenen fortzuführen.

Wegen des mit der Ladung zur Aufnahme eingeleiteten Reassumtionsverfahrens verweist das Gesetz auf die in § 239 CPO. enthaltenen Vorschriften, nach denen die Rechtsnachfolger einer verstorbenen Partei zur Aufnahme zu laden sind. Es wird zu zeigen sein, daß die entsprechende Anwendung dieser Bestimmungen auf den Konkursfall sich nur auf die äußeren Formen des Verfahrens erstreckt, und die sachliche Bedeutung der Ladung in dem einen und dem anderen Falle keineswegs die selbe ist (unten S. 124ff.). Die Ladung zur Aufnahme beendet die Unterbrechung nicht, aber sie kann zu ihrer Beendigung den Anlaß geben. Die Ladungsfrist ist vom Vorsitzenden zu bestimmen unter Beachtung einer etwa unterbrochenen Einlassungsfrist, wenn zugleich zur mündlichen Verhandlung geladen ist. Der Ladungsschriftsatz ist dem Verwalter — nicht dem Prozeßbevollmächtigten des Kridars — zuzustellen und hat in Anwaltsprozessen die Aufforderung zur Bestellung eines Anwalts zu enthalten. Als weiteren notwendigen Inhalt wird man die Bezeichnung der die Ladung rechtfertigenden Tatsachen anzusehen haben. Mit der Ladung zur Aufnahme kann — als Ausnahme von § 249 Abs. 2 CPO. — die Ladung zur mündlichen Verhandlung über die Hauptsache verbunden werden, und es wird in der Regel praktisch sein, dies zu tun. Notwendig ist es nicht. Das folgt zwar nicht

---

[1] v. Sarwey-Bossert § 10, 4 Abs. 4 u. a.; and. Mein. Petersen-Kleinfeller a. O. u. a.: solange kein Ausschuß bestellt sei, habe der Verwalter selbst zu entscheiden. Aber dann hätte der Gegner es in der Hand, durch rasche Ladung das Mitwirkungsrecht des Ausschusses illusorisch zu machen.

zwingend aus der hierin undeutlichen Fassung des Gesetzes (§ 239 Abs. 2 CPO.). Aber die gegenteilige Annahme widerspricht den Grundsätzen über das Betreibungsrecht der Partei. Der Gegner des Kridars kann an der Kenntnis, wem er weiterhin gegenüber stehen werde, ein Interesse haben, ohne daß ihm als dem Beklagten an der alsbaldigen Fortsetzung des Streites selbst gelegen wäre. Überdies ist nach der Prozeßlage bisweilen gar kein Raum mehr für eine mündliche Verhandlung zur Hauptsache, so wenn die Aufnahme nur provoziert werden soll, um die Zustellung des Endurteils zu bewirken oder die unterbrochene Notfrist zwecks Erlangung der Rechtskraft wieder in Lauf zu setzen.[1]

Die Ladung zur Aufnahme ist Ladung zu einem Termin auch dann, wenn nicht gleichzeitig zur Hauptsache geladen wird. Der Konkursverwalter muß also im Termin erscheinen. Er kann nicht mehr, was vor der Ladung möglich gewesen wäre, die Aufnahme mittels Schriftsatzes oder außergerichtlich ablehnen; die Ablehnung würde ihn nicht vor den Versäumnisfolgen schützen.[2] Dagegen kann er vor dem Termin mittels Anzeige (§ 250 CPO.) aufnehmen und, wenn der Gegner das nicht getan, zur Verhandlung der Hauptsache laden.

Die Ladung zur Aufnahme erfolgt vor das Instanzgericht. Dieses ist das zuständige auch dann, wenn die Unterbrechung nach Schluß der mündlichen Verhandlung, auf welche das Endurteil ergeht, und vor der Zustellung dieses Urteils eingetreten ist, und die Ladung betrieben wird, um nach geschehener Aufnahme die Urteilszustellung zu bewirken.[3] Eine Zustellung des

---

[1] Übereinstimmend Petersen-Kleinfeller §§ 10 f., 11; Fitting Ci. S. 261 A. 9. Die gegenteilige Meinung: wenn die Ladung zur Hauptsache möglich sei, sei sie auch notwendig, ist die überwiegende; vgl. Gaupp-Stein § 239 IV 1; Struckmann-Koch § 239, 2 Abs. 3, die ihre früher andere Ansicht wegen der neuen Fassung des Abs. 4 aufgegeben haben; Petersen-Anger § 239, 4; Seuffert § 239, 2b; Planck I S. 526; Seuffert S. 180; Schmidt, Erg. S. 106; Frank in Z. 13, 234 f.; Reichsgericht in Beitr. 36, 1136 f. Frank a. O. hält eine Ladung zur Hauptsache selbst dann für notwendig, wenn vor Eintritt der Unterbrechung zunächst ein auswärtiges Gericht um eine Beweiserhebung ersucht werden sollte.

[2] Oetker in Z. 25, 37.

[3] Gaupp-Stein § 239 IV 1; v. Wilmowski § 10, 9; Planck I S. 531;

Urteils zugleich mit der des Ladungsschriftsatzes wäre nach § 249 Abs. 2 unwirksam.[1]

Tritt die Unterbrechung erst nach der Zustellung des Endurteils und vor der Einlegung des Rechtsmittels ein, so ist mit der Ladung zur Aufnahme das Gericht, welches das Urteil erlassen hatte, jedenfalls dann anzugehen, wenn es sich um ein bedingtes Endurteil, ein Vorbehaltsurteil oder ein dem Einspruche unterliegendes Versäumnisurteil handelt. Insoweit ist man sich auch anscheinend einig.[2] Im übrigen ergeben sich Zweifel und besteht Meinungsverschiedenheit über die funktionelle Kompetenz. Nach verbreiteter und namentlich in der Praxis herrschender Meinung wäre in solchen Fällen vor das übergeordnete Gericht zur Aufnahme zu laden.[3] Aber die Begründung, daß die Instanz durch die Zustellung des von ihr erlassenen Urteils abgeschlossen sei, ist für unseren Fall nicht ausreichend. Einerseits ist auch sonst trotz der Zustellung die Tätigkeit des Untergerichts in der Sache keineswegs abgeschlossen; es hat sich sowohl der Kostenfestsetzung zu unterziehen als auch möglicherweise bei der Vollstreckung mitzuwirken. Andererseits ist das höhere Gericht noch nicht mit der Sache befaßt und kann mit ihr grundsätzlich nicht

---

Kohler, Ges. Beitr. S. 353; Frank a. O. S. 238 Anm. 114; Reichsgericht und LG. Halle in RAnz. 1891, 37f.; 32; and. Mein. OLG. Naumburg das. S. 36.

[1] So mit Recht Frank a. O. Anm. 108 gegen Planck a. O., der § 239 Abs. 2 analog anwenden will.

[2] Petersen-Anger § 248, 2; v. Wilmowski-Levy, Nachtr. S. XX; OLG. Dresden in Sä.A. 2, 183 f.

[3] So Petersen-Anger § 239, 4; Struckmann-Koch § 239, 2 Abs. 3; v. Wilmowski § 10, 9; Reichsgericht in Beitr. 36, 473 in einer übrigens auch in anderer Hinsicht inkorrekten Entscheidung (s. unten S. 172 A. 1). Mit der hier streitigen Frage hat sich die Judikatur vorwiegend in dem entsprechend liegenden Falle befaßt, daß es sich um den Tod der Partei und das für die Aussetzung des Verfahrens (§§ 246, 248) und demnächst für die Ladung zur Aufnahme (§ 217 CPO.) zuständige Gericht handelt, und ist sich hier in der Annahme der Kompetenz des übergeordneten Gerichts nahezu einig; vgl. statt aller sonstigen Nachweisungen die von Kohler a. O. S. 356 Anm. 15 eingehend bekämpfte Entscheidung des Reichsgerichts in Beitr. 34, 1159 und Reichsgericht in E. 40, 369f. Gegen sie jedoch Reichsgericht in Beitr. 36, 131 und LG. Berlin in Z. 19, 269 f.

anders als durch Einlegung eines Rechtsmittels befaßt werden, denn nur ein solches hat den Devolutiveffekt. Dem Satze, daß nach Beendigung der Unterinstanz der Rechtsstreit bei der Oberinstanz anhängig sei, kann mit dem selben Rechte der andere entgegengestellt werden, daß die Anhängigkeit bei der Unterinstanz fortdauere, bis das Rechtsmittelverfahren eingeleitet sei, soweit nicht für besondere Fälle die Frage positiv anders geregelt ist. Es erscheint bedenklich, daß das höhere Gericht mit der Entscheidung einer inzidenten Frage befaßt werde, ehe ein Rechtsmittel eingelegt ist, und solange noch zweifelhaft ist, ob es überhaupt eingelegt werde, und befaßt werde zumal seitens einer Partei, die zu solcher Einlegung gar nicht imstande ist. Dazu kommt die unnötige Beschwerung der Partei, für die höhere Instanz einen Anwalt lediglich zum Zwecke dieser Ladung zur Aufnahme zu bestellen. Eine rationelle Interpretation führt daher dazu, auch nach Zustellung des Endurteils die untere Instanz als zur Entscheidung des Reassumtionsstreits berufen anzusehen.[1]

Nur in einem Falle wird allgemein und namentlich auch von den Vertretern der eben dargelegten Meinung die Kompetenz der höheren Instanz für die Entscheidung des Reassumtionsverfahrens für begründet erachtet: dann nämlich, wenn der Ladende mit der Ladung zur Aufnahme ein Rechtsmittel einlegt. Hält man ein solches Rechtsmittel für wirksam, so ist damit allerdings die Zuständigkeit des höheren Richters gegeben. Aber dieser Wirksamkeit stehen Bedenken entgegen, die zwar im allgemeinen nicht verkannt, aber m. E. nicht hinreichend gewürdigt werden. Im Gegensatz zur Aufnahme beendet die Ladung zu ihr die Unterbrechung nicht. Die mit der Zustellung des Ladungsschriftsatzes verbundene Einlegung eines Rechtsmittels würde während der Unterbrechung erfolgen. Sie wäre deshalb nicht nur gemäß § 249 Abs. 2 CPO. dem Gegner gegenüber ohne rechtliche Wirkung, sondern läge auch, da die mit der Zustellung des Urteils ein-

[1] Für die gleiche Auffassung verwenden sich nachdrücklich Gaupp-Stein § 239 IV 1 und Anm. 47 und Kohler a. O. S. 355 ff.; sie wird ferner geteilt von Seuffert § 239, 2b; Planck I S. 529; Frank in Z. 13, 238 Anm. 114; Neubauer das. 19, 270 ff.; Rintelen in Beitr. 40, 278 und von den in der vorigen Anm. am Schlusse angeführten Entscheidungen.

geleitete Notfrist während der Unterbrechung nicht läuft (§ 249 Abs. 1), außerhalb der Rechtsmittelfrist und wäre nach §§ 535, 566 CPO. unzulässig. Dagegen wird geltend gemacht, daß § 239 Abs. 2 CPO. ausdrücklich gestatte, mit der Ladung zur Aufnahme die Ladung zur mündlichen Verhandlung der Hauptsache zu verbinden, daß nach der Prozeßlage eine solche Ladung nicht möglich sei, wenn nicht gleichzeitig ein Rechtsmittel eingelegt werde und daß somit *implicite* die Statthaftigkeit eines Rechtsmittels vom Gesetze anerkannt werde.[1] Dieser Schluß ist indessen nicht zwingend. Wenn schon das Gesetz die gleichzeitige Ladung zur Verhandlung gestattet, so kann es sie doch nur für den Fall gestatten, daß, wie innerhalb der Instanz, eine mündliche Verhandlung überhaupt möglich ist. Für eine solche und für die Ladung zu ihr ist aber in der vorausgesetzten Prozeßlage kein Raum, wenn nicht mindestens gleichzeitig ein Rechtsmittel eingelegt wird, und dies ist, wie gezeigt, vor Beendigung der Unterbrechung ausgeschlossen. Wird doch auch die mit der Ladung zur Aufnahme verbundene Urteilszustellung als über die Ausnahme des § 239 Abs. 2 CPO. hinausgehend mit Recht für unwirksam angesehen (oben S. 120 f.), und diese ist gegenüber der Rechtsmitteleinlegung gewiß das *minus*. Dazu kommt für den Fall des Konkurses die praktische Rücksicht, daß der Verwalter kraft seines Rechtes der Ablehnung der Reassumtion durch seine Erklärung, die im Verhältnis zum Gegner auf reiner Willkür beruht, über die Wirksamkeit des mit der Ladung eingelegten Rechtsmittels verfügen könnte. Der Gegner müßte das Rechtsmittel ganz ins Ungewisse einlegen, und die Kosten der höheren Instanz wären ganz zwecklos erwachsen, wenn der Verwalter, wozu er natürlich auch beim vorläufigen Obsieg des Gemeinschuldners seinen Grund haben kann, sich vom Prozesse lossagt, mögen diese Kosten nun dem Ladenden, dessen Rechtsmittel verworfen wird, oder etwa, im Fall der Verzögerung des Verwalters (unten S. 126), der Masse zur Last fallen. Man wird hiernach annehmen dürfen, daß der unterlegene Gegner des Kridars,

---

[1] So namentlich Reichsgericht in E. 27, 357; vgl. auch Kohler a. O. S. 356 ff.

auch wenn er die Anfechtung des Urteils beabsichtigt, zunächst den Verwalter vor das Gericht der beendeten Instanz zur Aufnahme zu laden hat und erst, wenn diese erfolgt ist, von dem Rechtsmittel Gebrauch machen kann. Dieser Weg ist etwas länger, als der von der herrschenden Meinung gewiesene, aber er verhütet die Aufwendung unnötiger Kosten und zwingt nicht zur Durchbrechung der Sätze der §§ 249 Abs. 2, 535 CPO., die das Gesetz mit der Vorschrift des § 239 Abs. 2 schwerlich gewollt hat.[1]

Ehe auf den Inhalt des Reassumtionsverfahrens eingegangen werden kann, bedarf es der näheren Verständigung über die Bedeutung der Ladung zur Aufnahme. Sie ist im Falle des Konkurses nicht schlechthin die selbe wie im Falle des Todes der Partei. Der Rechtsnachfolger einer verstorbenen Partei tritt, wie *in omne ius defuncti*, so auch *ipso iure* in das Prozeßrechtsverhältnis des schwebenden Rechtsstreits ein.[2] Wie er sich nach seinem Eintritt verhalten will, ist ihm unbenommen; darüber, ob er aufnehmen wolle oder nicht, hat er keine Wahl, wenn anders er Rechtsnachfolger ist. Zögert er mit der Aufnahme, so kann ihn der Gegner dazu zwingen. Das geschieht durch die Ladung zur Aufnahme, und das ist ihr Sinn und ihr Zweck. Ist der geladene Sukzessor säumig, so spricht das Versäumnisurteil seinen Eintritt in den Prozeß aus. Bestreitet er seine Verpflichtung zum Eintritt, so dringt er nur dann damit durch, wenn er seine Sukzessorqualität mit Erfolg leugnet. Die materielle Eigenschaft als Rechtsnachfolger und die prozessuale Verpflichtung zur Aufnahme fallen zusammen.[3]

---

[1] Wenn SEUFFERT § 239, 2b; GAUPP-STEIN und KOHLER a. O. die funktionelle Zuständigkeit der unteren Instanz nur in dem Falle für gegeben erachten, daß der Gegner des Reassumtionsberechtigten ein Rechtsmittel einlegen (nicht kann oder) nicht will, so steht dem entgegen, daß ihm die Entschließung über die Einlegung doch verbleiben muß bis zum Ablauf der durch die zu provozierende Aufnahme erst zu eröffnenden Notfrist.

[2] Dieser schon im römischen Recht geltende, für das gemeine mit Unrecht bestrittene Satz wird für das geltende Recht wohl allgemein anerkannt; vgl. u. a. SCHOLLMEYER S. 107 ff.; KOHLER in Z. 12, 122 f. und in Ges. Beitr. S. 349; FRANK in Z. 13, 184 ff. (mit eingehenden historischen Erörterungen); BUNSEN das. 26, 309 f.

[3] Als Beispiel s. Reichsgericht in E. 40, 370 f., wo die Geladenen

Daß die Stellung des Konkursverwalters vermöge des ihm beigelegten Ablehnungsrechts eine andere ist, erhellt ohne weiteres; aber der Gegensatz wird vielfach in einer falschen Richtung gesucht. Man behauptet, die Ladung des Verwalters bedeute nicht, ihn zur Aufnahme, sondern nur zu einer Erklärung, ob er aufnehme oder ablehne, zu nötigen.[1] Praktisch erfüllt allerdings die Ladung zur Aufnahme diese Funktion, und im tatsächlichen Ergebnis kann der Verwalter zur Aufnahme nicht gezwungen werden, weil er das Recht zur Ablehnung hat.[2] Theoretisch aber steht der Verwalter dem Rechtsnachfolger näher, und das Gesetz spricht vollkommen korrekt von der Ladung zur Aufnahme und nicht von der zur Erklärung über die Aufnahme. In den die Konkursmasse betreffenden Prozessen ist der Verwalter von der Eröffnung des Verfahrens an von Rechts wegen gesetzlicher Vertreter des Kridars (oben S. 106) und als solcher zur Führung des Prozesses berechtigt und zunächst auch verpflichtet. Aber er kann sich kraft positiver Rechtsvorschrift konstitutiv von dieser Verpflichtung befreien, indem er unter Preisgabe des Anspruchs für die Masse die Reassumtion ablehnt. Tut er das nicht, so bewendet es bei seiner Verpflichtung zur Aufnahme. Zögert er mit der Erklärung der Aufnahme, die den Formalakt seines Eintritts in den Streit darstellt, so wird er nicht zur Erklärung über die Aufnahme, sondern zur Aufnahme geladen; und lehnt er nunmehr nicht noch ab, so wird er nicht zu jener, sondern zur Aufnahme verurteilt. Das wäre nicht möglich, wenn nicht auch für den Verwalter eine Verpflichtung zur Reassumtion bestände. Die Ladung zur Aufnahme hat hiernach die Bedeutung, den Verwalter formell zu interpellieren, ob er von seinem Rechte der Ablehnung der Reassumtion Gebrauch machen wolle, und ihn, wenn er es daraufhin nicht ausübt, nunmehr mit diesem Rechte auszuschließen.

---

die Erbenqualität zugestanden, aber die Aufnahme nicht erklärt haben und mit Recht zu ihr verurteilt worden sind.

[1] So namentlich Oetker in Z. 25, 38.

[2] Wegen des Rechtes der Ablehnung mußte das Gesetz statt der Anwendung des § 241 (Aufnahme nach Verlust der Prozeßfähigkeit) die des § 239 CPO. vorschreiben. Damit entfällt der Einwand Seufferts, Gesch. u. Dogm. S. 115.

In dem auf die Ladung zur Aufnahme anberaumten Termine hat der Verwalter sich hiernach zu erklären, ob er den Rechtsstreit aufnehme oder dies ablehne. Seine Erklärung ist zum Sitzungsprotokoll festzustellen. Im Falle der Aufnahme kann, sofern dies nach der Prozeßlage möglich ist, und entweder zugleich zur mündlichen Verhandlung geladen war oder die Parteien auch ohne dies verhandeln wollen, in die Verhandlung der Hauptsache eingetreten werden; andernfalls bewendet es zunächst bei der Aufnahme. Eines gerichtlichen Ausspruchs der Aufnahme bedarf es in diesem Falle nicht. Über die Kosten des Reassumtionsverfahrens wird im Endurteil erkannt; sie treffen die Konkursmasse (§ 59 Z. 1 KO.), wenn die Aufnahme verzögert worden war, den Gegner, wenn das nicht der Fall gewesen (§ 91 CPO.). — Lehnt der Verwalter die Aufnahme ab, so ist der Rechtsstreit ihm gegenüber erledigt; die Unterbrechung dauert fort; bei Vorliegen einer Verzögerung ist er zu Lasten der Masse zur Tragung der Kosten des Reassumtionsverfahrens zu verurteilen, wenn der Gegner es beantragt. Gibt der Verwalter eine Erklärung weder in dem einen noch in dem anderen Sinne ab, so wird erkannt, daß das Verfahren von ihm aufgenommen sei. Das Urteil ist einfaches Zwischenurteil, also nur in Verbindung mit dem Endurteil durch Rechtsmittel anfechtbar; es hat diesen Charakter selbst dann, wenn es nach Erlaß des Endurteils in der Instanz ergeht.[1] Mit seiner Verkündung gilt die Aufnahme als vollzogen und endet die Unterbrechung. War zugleich zur Verhandlung über die Hauptsache geladen, so kann in diese eingetreten werden.

Der Verurteilung zur Aufnahme kann der Verwalter nur entgehen, wenn er das Vorhandensein der Voraussetzungen der Ladung zur Aufnahme mit Erfolg leugnet. Er kann in dieser

---

[1] So mit guter Begründung Reichsgericht in RAnz. 1891, 38 f.; vgl. auch dass. in E. 30, 370 f.; ihm folgend v. Wilmowski § 10, 9. And. Mein. Gaupp-Stein § 239 IV 2 und Planck I S. 526, die das nach Verkündung des Endurteils erlassene Aufnahmeurteil als Ergänzungsendurteil betrachten. Aber die verschiedene Prozeßlage kann den Charakter des Urteils nicht verändern, und die abgelehnte Ansicht führt zu einer erheblichen Verzögerung des Rechtsstreits, da dann erst mit der Rechtskraft des Aufnahmeurteils die Unterbrechung enden kann.

Beziehung geltend machen entweder: er sei zur Prozeßführung nicht legitimiert, weil er nicht Verwalter sei, oder weil der streitige Anspruch nicht zur Sollmasse gehöre, oder weil er bereits vor der Ladung des Gegners die Aufnahme außergerichtlich abgelehnt habe; oder aber: es liege eine Verzögerung seinerseits nicht vor. In den Fällen der ersten Alternative, der Bestreitung der Legitimation, macht er eine prozeßhindernde Einrede geltend (§ 274 Z. 7 CPO.: mangelnde gesetzliche Vertretung). Dann findet die Vorschrift des § 275 CPO. Anwendung; es wird entweder der ladende Gegner durch Endurteil abgewiesen oder die Einrede durch qualifiziertes Zwischenurteil bezw. durch Ergänzungsendurteil verworfen. Wird die bestrittene Verzögerung bejaht, so ergeht einfaches Zwischen- oder Ergänzungsendurteil. Wird sie verneint, so kann, da die Abweisung des Ladenden hier keine definitive ist, dies nur in der Form des Beschlusses geschehen (oben S. 95). Jede Entscheidung, die eine der bezeichneten Einwendungen des Verwalters verwirft, hat zugleich dessen Aufnahme auszusprechen, es sei denn, daß er eventuell, nämlich für den Fall der Verwerfung, die Ablehnung erklärt hat. In diesem letzten Falle beschränkt sich das Urteil darauf, der Masse die Kosten des Reassumtionsverfahrens aufzuerlegen, und ist dann, weil es den Streit mit dem Verwalter endgültig erledigt, immer Endurteil und nach § 99 Abs. 3 CPO. anfechtbar.[1]

[1] Bestreitet im Falle des § 239 CPO. der Geladene die Rechtsnachfolge, so liegt immer durch einfaches Zwischen- bezw. Endurteil zu erledigender Zwischenstreit vor. Das selbe behauptet auch für den Konkursfall, abgesehen von der Bestreitung der Verwalterqualität, konsequent Seuffert S. 180 f. (ungenau ders. in Z. 7, 11), weil er auch im Konkurse den Eintritt einer neuen Partei annimmt. Ebenso, aber inkonsequent v. Wilmowski § 10, 9 g. E. und Schollmeyer S. 99 f., obwohl diese beiden die gesetzliche Vertretung des Verwalters anerkennen. — Völlig verkannt wird die rechtliche Situation von Wolff § 10, 4 b und 5, der auf dem Boden Oetkerscher Anschauungen in der Ablehnung die Erklärung des Verwalters sieht, daß das Verfahren die Masse nicht betreffe, und die Möglichkeit eines Streites über die Legitimation des Verwalters leugnet. Aber Bestreiten der Legitimation und Ablehnung sind ganz verschiedene Dinge. Der Unterschied zeigt sich praktisch im Kostenpunkte: dringt der Verwalter mit der Leugnung der Legitimation durch, so treffen die Kosten immer den Gegner; lehnt er ab, so treffen sie diesen nur, wenn eine Verzögerung nicht vorlag.

Die vorstehenden Sätze greifen in entsprechender Anwendung auch für das Versäumnisverfahren Platz. Versäumt der Konkursverwalter den auf die Ladung des Gegners angesetzten Termin, so bestimmt sich der Inhalt des Versäumnisurteils nach dem Inhalte der Ladung. Beschränkte sich diese auf die Aufnahme, was, wie gezeigt, trotz § 239 Abs. 2 und 4 für zulässig zu erachten ist (oben S. 119 ff.), so kann auch das Versäumnisurteil nur die Aufnahme aussprechen.[1] Voraussetzung des Versäumnisurteils, das die Aufnahme ausspricht bezw. zugleich in der Sache erkennt, ist einmal, daß die von Amts wegen zu prüfende Legitimation des Geladenen zur Prozeßführung feststeht. Das Versäumnisurteil kann also nur erlassen werden, wenn die Identität des *contumax* mit dem Konkursverwalter, die sich aus der Versäumnis nicht ergibt, entweder notorisch oder vom Ladenden dem Gerichte dargetan ist (§ 335 Z. 1 CPO.), und wenn kein Zweifel besteht, daß das Verfahren die Sollmasse des Konkurses betrifft.[2] Weitere Voraussetzung ist, daß die Aufnahme vom

---

Wolffs Behandlung der Vorschriften des § 10 ist auch sonst — wie beiläufig bemerkt sei — sehr angreifbar (vgl. z. B. die unhaltbare Konsequenz in Anm. 4c Abs. 4 a. E.), und seine Darstellung nicht frei von groben Ungenauigkeiten (nach Anm. 4c Abs. 4 soll nach der Ablehnung des Verwalters der Gegner „Aufnahme durch den Kridar verlangen können"; in Anm. 5 spricht er von dem Fall, daß „der Prozeßgegner, welcher vom Verwalter zur Aufnahme geladen ist", die Legitimation des letzteren nicht anerkennt).

[1] Der namentlich von Schmidt Erg. S. 106 vertretenen Ansicht gegenüber, daß nach der neuen Fassung des § 239 CPO. ein auf die Reassumtion beschränktes Versäumnis(zwischen)urteil nicht mehr möglich sei, sei auf das oben S. 119f., 126 Gesagte verwiesen. Das alte und das neue Recht haben gemeinsam, daß die Ladung immer auf die Aufnahme beschränkt werden kann; der Unterschied liegt nur darin, daß, wenn zugleich zur mündlichen Verhandlung über die Hauptsache geladen war, nach altem Recht das Versäumnisurteil gleichwohl nur die Aufnahme aussprach, während unter derselben Voraussetzung jetzt auch in der Hauptsache erkannt werden kann. Das auf die Feststellung der Reassumtion beschränkte Versäumnisurteil ist auch hier Zwischenurteil (gegen Gaupp-Stein § 239 IV 3). Beispiel nach früherem Recht OLG. Hamburg in HGZ. *B.* 17, 187 f.

[2] Daß auch der letztere Punkt zur Prüfung der Legitimation gehört, hebt Jäger § 10, 34 mit Recht hervor; and. Mein. Wolff § 10, 5. Daß die

Verwalter verzögert wurde, worüber oben S. 118f. das Nötige gesagt worden ist.[1] Ist der Verwalter durch Versäumnisurteil verurteilt, so genügt es nicht, die Ablehnung der Reassumtion im Einspruchsschriftsatze zu erklären; sie muß in der mündlichen Verhandlung erfolgen.[2] Mit der Rechtskraft des Versäumnisurteils ist die Aufnahme vollzogen. — Erscheint im Termin nur der Verwalter, so kann er die Abweisung des Gegners mit der Ladung zur Aufnahme durch Versäumnisurteil verlangen. Er kann in Abwesenheit des Gegners weder die Aufnahme noch ihre Ablehnung rechtswirksam erklären, da es wesentliches Erfordernis dieser Erklärungen ist, daß sie zur Kenntnis des Gegners gelangen. Das Recht zur Ablehnung bleibt ihm auch ferner erhalten. Hatte er rechtzeitig vor dem Termin mittels zugestellten Schriftsatzes die Aufnahme erklärt und war der Termin zugleich zur Verhandlung der Hauptsache bestimmt, so kann er statt der Abweisung der Ladung Versäumnisurteil in der Sache verlangen.[3]

§ 8.

3. Die Aufnahme der Passivprozesse über die Aktivmasse.

Die Reassumtion der gegen den Gemeinschuldner gerichteten Prozesse, seiner Passivprozesse i. w. S., ist verschieden, je nachdem sie ein Aktivum oder ein Passivum der Konkursmasse betreffen, d. h. je nachdem die angestrebte Entscheidung unmittelbar die Konkursmasse als aktives Vermögen vermindert oder in erster Linie nur für den Umfang der Schuldenmasse als der Summe der Ansprüche der Konkursgläubiger bestimmend ist. Zunächst sind jene, die Passivprozesse über die Aktiv-

---

poena confessi sich nicht auf die Verwaltereigenschaft erstreckt, wird, soviel ich sehe, nur von v. Sarwey-Bossert § 10, 5 bestritten.

[1] And. Mein. Wolff § 10, 4.

[2] Oetker in Z. 25, 37.

[3] Vgl. Gaupp-Stein § 239 IV 3, wo freilich die rechtzeitige Ankündigung der Aufnahme für genügend gehalten wird. — Der — nicht unter die Versäumnisgrundsätze gehörende — Fall, daß bei liquider Nichtlegitimation des Geladenen die Ladung *ab instantia* abzuweisen ist, hat keine Besonderheiten.

masse, zu erörtern. Von ihnen handelt § 11 KO. Das Gesetz charakterisiert sie dahin, daß sie:

1. gegen den Gemeinschuldner anhängig und dabei
2. entweder auf Aussonderung eines Gegenstandes aus der Konkursmasse oder auf abgesonderte Befriedigung gerichtet seien oder einen Anspruch betreffen, welcher als Masseschuld zu erachten ist.

So wenig im § 10 KO. der Ausdruck des Gesetzes „für den Gemeinschuldner anhängig" Rechtsstreitigkeiten ausschließt, in denen der Gemeinschuldner formell in der Parteirolle des Beklagten auftritt (vgl. oben S. 102 ff.), so wenig ist hier das Umgekehrte der Fall. Entscheidend ist auch hier das materielle Rechtsverhältnis, und es sind daher als gegen den Kridar anhängig zu behandeln die Prozesse, in denen auf seiten des Gegners des Kridars ein materieller Anspruch in Frage steht, die also ihrer Tendenz nach auf eine Verminderung des gemeinschuldnerischen Vermögens gerichtet sind. So fallen unter § 11 KO. die Klage des Gemeinschuldners auf Löschung einer Hypothek an seinem Grundstücke, seine *actio negatoria* hinsichtlich einer vom Gegner behaupteten Grunddienstbarkeit, seine Klage auf Feststellung des Nichtbestehens vom Gegner behaupteter dinglicher Rechte.[1]

Im einzelnen sind nach der Dreiteilung des Gesetzes unter § 11 KO. zu stellen alle Prozesse auf Grund von Ansprüchen, die im Konkurse den rechtlichen Charakter als Aussonderungs-, Absonderungs- oder Masseansprüche gewinnen, also:

a) Prozesse, in denen der Gegner des Kridars prozedierte kraft dinglichen oder persönlichen Rechts behufs Ausscheidung einer dem Kridar nicht gehörigen Sache oder eines ihm nicht zustehenden Rechts aus dem Konkursvermögen (Aussonderungsansprüche §§ 43 ff. KO.);[2]

---

[1] v. Wilmowski § 11, 2; Fitting Ko. S. 58 Anm. 9; Seuffert S. 180 A. 1; Reichsgericht in JW. 1891, 273 und im wesentlichen v. Sarwey-Bossert §§ 10, 2; 11, 1; grundsätzlich and. Mein.: die Beklagtenrolle sei entscheidend Jäger § 11, 5 und Rintelen S. 457.

[2] Die materielle Frage, was Aussonderungsrechte u. s. w. seien, ist hier nicht zu erörtern; vgl. z. B. Reichsgericht in E. 45, 171 f. und in

b) Prozesse, durch die der Gegner des Kridars Befriedigung suchte nicht aus dessen Vermögen schlechthin, sondern auf Grund besonderen Rechtstitels aus bestimmten, ihm verfangenen, zur Konkursmasse gehörigen Vermögensobjekten (Absonderungsansprüche §§ 47 ff. KO.). In der Regel wird es sich bei Prozessen, deren Aufnahme in Frage steht, die also bereits vor der Konkurseröffnung anhängig geworden sein müssen, um dingliche Rechte hinsichtlich eines zur Konkursmasse gehörigen Gegenstandes handeln.[1] Doch werden auch Auseinandersetzungsprozesse

---

We.A. 8, 103 f. Nicht unter die Aussonderungsprozesse und überhaupt nicht unter § 11 KO. fallen 1. die gegen den Gemeinschuldner gerichteten negativen Feststellungsprozesse (Petersen-Kleinfeller §§ 10 f., 12 und oben S. 103; and. Mein. Jäger §§ 10, 14; 11, 1); 2. die vom Gemeinschuldner als Kläger eingeleiteten Prozesse, wenn der Beklagte zur Abwendung der vorläufigen Vollstreckung den Streitgegenstand hinterlegt hat (§ 713 Abs. 2 CPO.; Stein S. 353); 3. die nach dem Ges. v. 21. Juli 1879 gegen den Kridar gerichteten Anfechtungsprozesse, weil das Anfechtungsrecht persönlicher Natur ist (Jäger § 11, 2; Reichsgericht in E. 13, 6; OLG. Hamburg in SA. 50, 252 f.). Im Falle 1. liegt ein Aktivprozeß, im Falle 2. ebenfalls ein Aktivprozeß (vgl. die folg. Anm. unter 3 a), im Falle 3. ein Passivprozeß über die Passivmasse vor.

[1] Hervorgehoben mag insbesondere werden, daß durch die vom Kläger zum Zwecke der vorläufigen Vollstreckung des Urteils geleistete Sicherheit und durch die vom Beklagten zur Abwendung dieser Vollstreckung geleistete Sicherheit oder bewirkte Hinterlegung des Streitgegenstandes (§ 713 CPO.) für den Prozeßgegner ein Pfandrecht, also im Konkurse ein Absonderungsrecht begründet wird. Unter Berücksichtigung dessen ergeben sich aus den Vorschriften über die vorläufige Vollstreckbarkeit interessante Verschiebungen der für den Aufnahmemodus maßgebenden Richtung der Prozesse im Gegensatz zur Parteirolle des Kridars.

Ist bei gegebenem vorläufig vollstreckbaren Urteil

<table>
<tr><td>1. Vollstreckung erfolgt ohne Sicherheitsleistung . . . .</td><td rowspan="3">und es wird danach Konkurs eröffnet über das Vermögen</td><td rowspan="3">a. des Klägers
b. des Beklagten</td></tr>
<tr><td>2. Vollstreckung erfolgt gegen Sicherheitsleistung des Klägers . . . .</td></tr>
<tr><td>3. die Vollstreckung abgewendet durch Sicherheitsleistung oder Hinterlegung des Beklagten . . . .</td></tr>
</table>

der in § 51 KO. gedachten Art infolge des Konkurses unterbrochen und müssen dann nach § 11 KO. aufgenommen werden.[1]

c) Prozesse, in denen der Gegner des Kridars einen persönlichen Anspruch verfolgte, der sich nachmals im Konkurse als Masseschuld charakterisiert (§ 59 KO.). Allerdings handelt es sich bei den in § 59 KO. unter Ziffer 1 und 3 als Masseschulden aufgeführten Ansprüchen um solche, die vor der Konkurseröffnung noch nicht begründet gewesen sein können, hinsichtlich derer also ein Prozeß nicht anhängig gewesen und nicht unterbrochen worden sein kann. Von den in § 59 anerkannten Masseschulden kommt deshalb hier lediglich der unter Z. 2 erwähnte Fall in Betracht, daß der Gegner des Kridars aus einem mit diesem abgeschlossenen zweiseitigen Vertrage geklagt hatte.[2] Voraus-

---

so liegen vor:

1. im Falle 1a: ein Passivprozeß über die Passivmasse. Der Rückforderungsanspruch des Beklagten ist nur persönlich; der Kridar, nicht die Masse, ist bereichert (vgl. oben S. 103 Anm. 1 a. E.; unten S. 143 Anm. 1);

2. im Falle 1b: ein Aktivprozeß. Da der Kläger befriedigt ist, braucht er nicht im Konkurse anzumelden (vgl. oben S. 104 Anm. 2);

3. im Falle 2a: ein Passivprozeß über die Aktivmasse. Gegenstand des Rechtsstreites ist die persönliche, pfandmäßig gesicherte Forderung an den Kridar auf Rückzahlung;

4. im Falle 2b: ein Aktivprozeß. Der Kridar verfolgt die — durch Pfandrecht gesicherte — Forderung auf Rückerstattung;

5. im Falle 3a: ein Aktivprozeß. Der noch nicht befriedigte Kläger begehrt noch Befriedigung;

6. im Falle 3b: ein Passivprozeß über die Aktivmasse. Der Kläger verfolgt seinen, nunmehr pfandmäßig gesicherten Anspruch gegen den beklagten Kridar (Reichsgericht in E. 12, 222 ff.).

Vgl. zum vorstehenden Stein S. 353 ff.

[1] Jäger § 11, 4; v. Sarwey-Bossert § 11, 2; Beispiel eines unterbrochenen Auseinandersetzungsprozesses Reichsgericht in JW. 1887, 41.

[2] Wird fast allgemein anerkannt. Nur Stein S. 354 hält für möglich, daß auch eine Masseschuld nach § 59 Z. 3 KO. (rechtlose Bereicherung der Masse) als Gegenstand des anhängigen Prozesses zur Aufnahme nach § 11 KO. führe, nämlich dann, wenn auf Grund eines Vorbehaltsurteils zu Gunsten des Kridars als Klägers geleistet und die Leistung erst nach der Konkurseröffnung in die Masse gelangt sei. Allein für die Modalität der Aufnahme kommt es auf die im Momente der Konkurseröffnung gegebene Prozeßlage an (*arg.* §§ 10; 3 KO.; vgl. oben S. 103 A. 1 a. E., unten S. 143 A. 1 a. E.). Es liegt Aktivprozeß vor (so auch Reichsgericht in E. 27, 357).

gesetzt ist dabei, daß keiner der Kontrahenten vollständig erfüllt hatte, und daß die Erfüllung von seiten des Gegners des Kridars, soweit sie nicht auf Grund gesetzlicher Vorschrift auch noch nach der Konkurseröffnung erfolgen muß, vom Konkursverwalter zu Gunsten der Masse verlangt wird, denn nur dann stellt sich die Verpflichtung, seinerseits dem Gegner zu erfüllen, als eine Masseschuld dar (§§ 17, 19 ff. KO.). Für den Fall des Nachlaßkonkurses treten nach der Novelle noch hinzu Prozesse über die in §§ 224 vb. 236 KO. bezeichneten Ansprüche, wenn sie vor der Konkurseröffnung eingeklagt sind.[1]

Die Form der Aufnahme dieser Prozesse hat keine Besonderheit. Dagegen ist im Unterschied zu § 10 KO. als Subjekt der Aufnahme neben dem Konkursverwalter auch die Gegenpartei anerkannt. Das beruht auf dem diesen Prozessen zu Grunde liegenden materiellen Rechtsverhältnis. Wenn das Gesetz es in das Ermessen des Verwalters stellen kann, ob er einen Anspruch des Kridars für die Masse weiter verfolgen will oder nicht, so ist eine solche Disposition natürlich ausgeschlossen, wenn es sich um eine auf der Masse ruhende Verpflichtung des Gemeinschuldners handelt, der Verwalter müßte denn von vornherein, und ehe er deswegen in Anspruch genommen worden ist, den Gegenstand der Verpflichtung überhaupt von der Masse preisgeben (unten S. 135 ff.). Sonst mag er sie bestreiten, aber er darf sich ihrer Erörterung nicht entziehen. Darum braucht der Gegner nicht zu warten, ob der Verwalter den Rechtstreit aufnehme, er braucht ihn auch nicht zur Reassumtion zu laden, sondern kann selbst mit Rechtswirksamkeit aufnehmen und damit die Unterbrechung beenden. Zwischen ihm und dem Verwalter entscheidet die Prävention. Damit entfällt die Möglichkeit des durch die Ladung zur Aufnahme eingeleiteten Reassumtionsstreits mit seinen Komplikationen. Sobald dem Konkursverwalter der Aufnahmeschriftsatz nach § 250 CPO. zugestellt oder sonst wirksam aufgenommen ist, ist der Prozeß mit Wirkung für die Masse im Gange und besteht für den Verwalter zur Vermeidung der Kontumazierung die prozessuale Verhandlungspflicht.

---

[1] Jäger § 11, 4; Petersen-Kleinfeller §§ 10 f., 12; v. Sarwey-Bossert § 11, 3.

Eine rechtswirksame Aufnahme ist natürlich auch bei den hier in Frage kommenden Prozessen an die Voraussetzung gebunden, daß das Verfahren die Konkursmasse betrifft, denn andernfalls wäre es nicht unterbrochen. Das ergibt auch die Fassung des § 11 KO. unmittelbar. Auch hier entscheidet über die Unterbrechung und Aufnahme die Beziehung zur Sollmasse des Konkurses.[1] Ob und wie die massekonstituierende Tätigkeit des Verwalters die Reassumtion der unterbrochenen Rechtsstreitigkeiten beeinflußt, davon ist noch zu reden. Jedenfalls sind der Unterbrechung und damit der Aufnahme entzogen Prozesse, die, wenn schon nach Art des verfolgten Anspruchs den Prozessen des § 11 KO. ähnlich, sich doch nur auf das konkursfreie Vermögen des Kridars beziehen. Das ist z. B. der Fall, wenn der Gegner des Kridars mit der Vindikation die Herausgabe einer Sache begehrt, die der Kridar für sich als Eigentum in Anspruch nimmt, und die im Falle der Richtigkeit der beklagtischen Behauptung als unpfändbare Sache zum gantfreien Vermögen gehören würde, oder wenn der Gegner kraft rechtsgeschäftlichen Pfandrechts aus solcher Sache Befriedigung sucht. Das selbe gilt von Prozessen gegen den Gemeinschuldner auf Grund von Ansprüchen, die auf einem gegenseitigen, beiderseits nicht erfüllten Vertrage beruhen, wenn der Vertrag sich auf ein Kompetenzstück bezieht, z. B. Kauf eines unentbehrlichen Kleidungsstücks ist (§ 811 Z. 1 CPO.), oder wenn die Berechtigung oder Verpflichtung des Gemeinschuldners eine höchstpersönliche ist.[2] Solche Prozesse werden nicht unterbrochen; sie sind der Führung durch den Verwalter überhaupt entzogen; im Falle gegenseitigen Vertrags besteht für diesen die Alternative des § 17 KO. überhaupt nicht. Mangelt es so an der Beziehung zur Masse, so kann der aufnehmenden Partei der prozeßhindernde Einrede der mangelnden gesetzlichen Vertretung entgegengestellt werden, und es finden die Vorschriften der §§ 56, 275 CPO. Anwendung.[3] Es kann auch,

[1] Mit Recht hervorgehoben von Petersen-Kleinfeller §§ 10 f., 12.

[2] Siehe oben S. 46 ff. und vgl. Fitting Ko S. 41 u. Anm. 9 u. 10; Oetker in Z. 14, 20 u. 22; Wolff das. 22, 312 f.

[3] Richtig v. Wilmowski § 11, 4, der in 5. Aufl. § 9, 5 auch mit Recht hervorhebt, daß den Reassumenten die „Beweislast" trifft; vgl. Jäger § 11, 12.

wenn ein solcher Prozeß gleichwohl vom Verwalter weiter geführt wird, der insoweit prozeßfähige Gemeinschuldner seine Rechte durch Klage gegen den Verwalter oder durch Hauptintervention wahren. Die oben S. 111f. für den Fall des § 10 KO. entwickelten Sätze finden entsprechende Anwendung.[1]

Ist die in § 11 KO. vorausgesetzte Beziehung des Verfahrens zur Masse gegeben, so kann, wie erwähnt, die Aufnahme des unterbrochenen Rechtsstreits sowohl seitens des Verwalters als seitens des Gegners erklärt werden. Ein Recht des ersteren zur Ablehnung der Reassumtion ist nicht anerkannt. Es fragt sich, ob damit eine materielle Disposition des Verwalters über das vom Prozesse ergriffene oder dem Anspruche des Gegners korrespondierende Aktivum des Gemeinschuldners dahin, daß er es von der Istmasse ausschließt, negiert sein soll, oder ob der Verwalter auch hier die bestehende Beziehung des Verfahrens zur Masse lösen und sich damit der Führung des Prozesses entziehen kann. Die Frage ist grundsätzlich im Sinne der letzteren Alternative zu entscheiden. Zu ihrer Erörterung müssen die Prozesse, die auf Aussonderung oder abgesonderte Befriedigung gerichtet sind von denen, in welchen Masseansprüche verfolgt werden, getrennt werden.

1. Es folgt aus dem Dispositionsrecht des Verwalters über die Sollmasse, daß er einen zu ihr gehörigen Gegenstand zu Gunsten des gantfreien Vermögens freigeben, ihn von der Istmasse ausschließen darf. Dies gilt auch von Gegenständen, hinsichtlich deren im anhängigen Prozesse die Aussonderung oder die abgesonderte Befriedigung begehrt wird. Indessen muß die Freigabe geschehen, ehe der konkrete Prozeß vom Verwalter oder vom Gegner aufgenommen ist. Durch die Aufnahme, auch wenn der Gegner sie vollzieht, wird die Freigabe präkludiert. Wollte man anders entscheiden, etwa dem Verwalter noch im

---

[1] And. Mein. v. Wilmowski 5. Aufl. § 9, 5 Abs. 2: der Kridar sei durch die Erklärung des Verwalters über die Vorfrage, ob das Objekt zur [Soll-]Masse zu rechnen sei, gebunden. Das hieße den Gemeinschuldner rechtlos stellen. Die Fortsetzer des Kommentars haben die Bemerkung mit Recht fallen gelassen.

Verhandlungstermine vor der Einlassung die Füglichkeit der Freigabe zugestehen, so wäre damit die Ablehnung der Reassumtion, die ausgeschlossen sein soll, wieder eingeführt. Der Gegner kann also durch rasche Aufnahme erzwingen, daß ihm im weiteren Verfahren der Verwalter gegenübersteht. Darin kommt das dem Gegner eingeräumte Recht zur Aufnahme zum Ausdruck. Durch die Aufnahme wird der Prozeß an die Masse gebunden und mit Wirkung für sie entschieden.

Durch die vor der Aufnahme an den Prozeßgegner gerichtete, formlose Erklärung, daß er auf das streitbefangene Objekt für die Masse keinen Anspruch erhebe, schließt aber der Verwalter die Anwendung des § 11 KO. gegen und für sich aus. Mit dieser Überweisung des Gegenstandes an das konkursfreie Vermögen entfällt das prozessuale Vertretungsrecht des Verwalters. Es enthält eine solche Freigabe weder ein prozessuales Anerkenntnis des gegnerischen Anspruchs, denn sie liegt vor der Prozeßfortsetzung und lehnt im Gegenteil die Verpflichtung zur Einlassung ab, noch eine eigentliche Ablehnung der Reassumtion im Sinne des § 10 KO., denn diese würde das ausschließliche Recht des Verwalters zur Aufnahme voraussetzen, sondern die einfache Verweisung des Gegners an den Kridar als das nunmehr zur weiteren Führung des Prozesses berufene Subjekt. Die materielle Wirkung ist die selbe, wie bei der Ablehnung: der Prozeß fällt dem Gemeinschuldner als der wieder prozeßfähigen Partei zur eigenen Betreibung anheim und wird für Rechnung des konkursfreien Vermögens gewonnen oder verloren.[1] Seine Aufnahme steht, wie aus der entsprechenden

---

[1] So im wesentlichen die herrschende Meinung: Jäger § 11, 10 f.; v. Sarwey-Bossert § 11, 4; v. Wilmowski § 11, 4; Seuffert S. 182; Fitting Ko. S. 59; Petersen in Z. 9, 67; Eccius in Beitr. 33, 738, der jedoch eine Freigabe nur zulassen will als eine mit dem Gemeinschuldner vertragsmäßig erfolgte, die dem Gegner erklärt sein müßte, damit der Verwalter sie diesem entgegenhalten könnte. Dabei wird verkannt, daß der Verwalter über die Istmasse selbständig entscheidet. Vgl. ferner OLG. Dresden in Sä.Ann. 16, 41; die Entscheidung ist richtig, der Verwalter muß den Prozeß fortsetzen. — Gegen die Möglichkeit der Freigabe Hullmann § 9, 8; Meisner § 9, 2 b Anm. 11; gegen die Bindung des Verwalters durch gegnerische Reassumtion Wolff § 11, 4a; unklar Petersen-Kleinfeller §§ 10 f., 12.

Vorschrift in § 10 Abs. 2 entnommen werden muß, den Parteien konkurrierend zu.[1]

2. Der Fall, daß der in einem unterbrochenen Prozesse gegen den Kridar verfolgte Anspruch als eine Masseschuld zu erachten ist, wie es § 11 KO. voraussetzt, ist, wie bereits hervorgehoben, im allgemeinen nur gegeben, wenn der Gegner des Kridars aus einem gegenseitigen, von keiner Seite vollständig erfüllten Vertrage geklagt hat (§ 59 Z. 2 KO). Die Verbindlichkeit des Kridars ist Masseschuld, entweder wenn der Verwalter die Erfüllung des Vertrags seitens des Gegners verlangt (§ 17 KO.), oder wenn der Vertrag auch ohne solches Verlangen von Gesetzes wegen für die Zeit nach der Konkurseröffnung erfüllt werden muß (§§ 19, 21, 22, 25 KO.).

a) Dem § 17 KO. sind zu unterstellen die streng gegenseitigen Verträge mit *actio directa* für beide Kontrahenten, insbesondere Kauf, Tausch und kaufähnliche Verträge, sowie Mietverträge, wenn der Gemeinschuldner Vermieter und die Mietsache zur Zeit der Konkurseröffnung noch nicht überlassen ist. Ferner kommt § 17 zur Anwendung in den Fällen der §§ 20 Abs. 2 und 44 KO.

Betrifft der aus solchem Vertrage gegen den Kridar gerichtete Rechtsstreit die Sollmasse des Konkurses, so ist das Verfahren nach § 240 CPO. unterbrochen. Der klageweise verfolgte Anspruch ist aber nicht ohne weiteres Masseanspruch; er ist es erst dann, wenn der Verwalter vom Gegenkontrahenden des Kridars die Erfüllung der korrespondierenden Verbindlichkeit begehrt. Durch dieses Verlangen, das der Verwalter auf Erfordern des anderen Kontrahenten zur Vermeidung der Präklusion ohne Verzug zu stellen hat (§ 17 Abs. 2; vgl. § 133 Z. 2 KO.), zieht der Verwalter den Anspruch des Gemeinschuldners zur Istmasse und macht er

[1] So wenig wie sonst endet hier die Unterbrechung durch den bloßen Wegfall der Beziehung des Verfahrens zur Masse, wie er in der Freigabe des Verwalters liegt (*arg.* § 10 Abs. 2 KO.). Das Schweigen des Gesetzes ist kein Gegengrund, da es überhaupt von der Freigabe nichts sagt. Richtig für „Aufnahme" v. Sarwey-Bossert a. O. und Fitting a. O. Jäger und Seuffert a. O. sprechen ungenau von der bloßen „Fortsetzung" des Verfahrens gegen den Kridar.

den des anderen Kontrahenten zur Masseschuld. Damit ist der Fall des § 11 KO. gegeben: sowohl der Verwalter als die Gegenpartei kann den Prozeß aufnehmen, der mit Wirkung für die Masse zu Ende geführt wird. Die Aufnahme des Prozesses — nicht seine Unterbrechung — steht also hier unter der weiteren Voraussetzung, daß der Verwalter für die Masse den Eintritt in den Vertrag erklärt; nimmt er selbst auf, so kann er mit dem Verlangen der Erfüllung die Aufnahme verbinden. Im Gegensatz zu den auf Aussonderung oder abgesonderte Befriedigung gerichteten Prozessen bedarf es hier einer Erklärung des Verwalters nicht, um die Anwendung des § 11 KO. auszuschließen, sondern um sie zu begründen. Materiell bedeutet dort das Schweigen, hier die Erklärung das selbe: die Einbeziehung des betreffenden Aktivums in die Istmasse.

Verweigert dagegen der Verwalter die Erfüllung oder wird er mit der gegenteiligen Erklärung präkludiert, so hat das nach der oben S. 117 bereits vertretenen „Umwandlungstheorie“ die materielle Wirkung, daß die bestehende zweiseitige Obligation auf Grund der positiven Bestimmung des § 17 ersetzt wird durch den einseitigen Anspruch des Gegenkontrahenten auf Entschädigung wegen Nichterfüllung, der den Charakter einer Konkursforderung hat. Die vertragsmäßige Erfüllung kann weder der Verwalter noch der Kridar vom Gegner, noch der letztere von diesem oder jenem verlangen.[1] Es ergibt sich daraus, daß der Prozeß nunmehr in der Hauptsache erledigt ist.[2] Nicht so im Kostenpunkt. Mit der materiellrechtlichen Erfüllungsverweigerung ist, wie entsprechend den oben S. 117 gegebenen Ausführungen auch hier behauptet werden muß, über die Frage der Aufnahme oder ihrer Ablehnung in Ansehung der noch unerledigten Kostenfrage nichts entschieden. Der Verwalter hat,

---

[1] Jäger § 17, 43 und die dort Angeführten.

[2] Der Anspruch des Gegners auf Entschädigung kann in diesem Prozesse nicht weiter verfolgt werden. Er ist nicht Masse-, sondern Konkursforderung, als solche anzumelden und im Fall des Bestreitens nach Abs. 2 § 146 KO. in selbständigem Prozesse, nicht nach Abs. 3 das. zu verfolgen, denn über die Entschädigungsforderung als solche ist kein Prozeß anhängig. Nicht dagegen § 268 Z. 3 CPO. Die gegenteilige Ansicht würde unter Umständen dem Liquidanten einen Instanzverlust aufdrängen.

wenn der Rechtsstreit für den Gemeinschuldner günstig steht, ein erhebliches Interesse, die verauslagten Kosten zur Masse erstattet zu erhalten. Er kann nach seinem Ermessen den Rechtsstreit aufnehmen oder die Aufnahme ablehnen. Als Prozeß über die Frage der Kostenerstattung ist er Aktivprozeß für beide Parteien (oben S. 105); jeder der Gegner hat den durch den eigenen Obsieg bedingten Erstattungsanspruch. Seine Aufnahme bestimmt sich daher nach den Vorschriften des § 10 KO. Der Gegner des Kridars kann den Verwalter nur zur Aufnahme laden und erst nach dessen Ablehnungserklärung gegen den Kridar aufnehmen. Die Ablehnungserklärung kann mit der Erklärung der Erfüllungsverweigerung verbunden werden. Es muß nach den Umständen des einzelnen Falles beurteilt werden, ob der Verwalter mit seiner Erklärung, daß er Erfüllung des gegenseitigen Vertrags nicht verlange, zugleich den Aktivanspruch auf Erstattung der Kosten des schwebenden Verfahrens hat frei geben wollen.[1]

b) Die gegenseitigen Verträge, die auf Grund gesetzlicher Vorschrift für die Zeit nach Eröffnung des Konkursverfahrens zu erfüllen sind (§§ 19, 21, 22, 25 KO.), haben das gemeinsame Charakteristikum, daß die Leistung des einen Kontrahenten sich als „*factum permanens*" darstellt, das von der Zeit vor der Konkurseröffnung in die Zeit nach dieser hinübergreift. Das Gesetz nennt Miet-, Pacht- und Dienstverträge, bei denen der Gemeinschuldner *conductor* ist oder als *locator rei* die Sache vor der Konkurseröffnung bereits überlassen hat. Die Ansprüche des Vertragsgegners des Kridars aus solchen Verträgen: auf Zahlung von Miet- oder Pachtzins, von Dienstlohn, auf Gewährung der gemieteten Sache, des gepachteten Gegenstands u. s. w. sind, soweit vor der Konkurseröffnung zu erfüllen, Konkursforderung, soweit nach ihr zu erfüllen, Masseanspruch (§ 59 Z. 2 zweiter Halbsatz).

---

[1] Die bisherige Literatur, auch soweit sie auf dem Boden der Umwandlungstheorie steht, pflegt die fortdauernde Anhängigkeit im Kostenpunkte und die Möglichkeit der Aufnahme insoweit zu ignorieren. Wer mit Oetker in Z. 14, 33 f., Seuffert S. 190 u. a. annimmt, daß auch nach der Erfüllungsverweigerung des Verwalters der Vertragsgegner statt der Liquidation des Schadens Erfüllung vom Kridar fordern könne, hat für diesen Fall eine Reassumtion in der Hauptsache. Vgl. ob. S. 117 A. 1 a. E.

Solche Ansprüche können nach den Vorschriften der Prozeßordnung über die Klage auf Verurteilung zu künftiger Leistung (§§ 258 f. CPO.), auch soweit sie sich nachmals als Masseansprüche qualifizieren, Gegenstand eines vor der Konkurseröffnung anhängig gemachten Rechtsstreits sein. Ist ein solcher Prozeß als ein die Sollmasse betreffender unterbrochen, so bestimmt sich seine Aufnahme grundsätzlich nach § 11 KO. Des näheren sind dabei hinsichtlich der Aufnahme und der etwaigen Füglichkeit des Verwalters, sich vom konkreten Prozesse zu befreien, Unterscheidungen zu machen, die ohne Eingehung auf die materiellrechtlichen Grundlagen im folgenden nur kurz skizziert werden können.

α) Ist der Kridar *conductor rei* und die Sache ihm überlassen (§ 19 KO.), so kann sich der Verwalter der Weiterführung des schwebenden Prozesses für die Masse nicht entziehen. Die Kündigung seitens eines der Kontrahenten hat darauf keinen Einfluß. Die von dem Verwalter oder dem Gegner zu vollziehende Reassumtion ist quantitativ beschränkt auf den Teil des in der Klage geltend gemachten Mietzinsanspruchs u. s. w., der sich auf Gewährung der Sache auf die Zeit von der Konkurseröffnung bis zu der — zufolge Kündigung oder sonst erfolgenden — Beendigung des Vertragsverhältnisses gründet. Im übrigen ist der Klaganspruch im Konkurse zu liquidieren und, wenn er bestritten wird, durch Aufnahme des anhängigen Prozesses nach § 146 Abs. 3 oder Abs. 6 oder auch nach § 144 Abs. 2 (s. unten S. 151 ff.) zu verfolgen. Ein auf Grund der Kündigung des Verwalters dem andern Kontrahenten erwachsener Entschädigungsanspruch muß selbständig, nach Befinden durch besondere Klage gemäß § 146 Abs. 2 KO. geltend gemacht werden.

β) Ist der Kridar *conductor rei* und die Sache ihm nicht überlassen (§ 20 KO.), so wird durch den Rücktritt des Gegenkontrahenten vom Vertrage der Rechtsstreit in der Hauptsache erledigt. Im Kostenpunkte ist er nach § 10 KO. als Aktivprozeß zu behandeln. Tritt der Gegner vom Vertrage nicht zurück, so greifen die Vorschriften des § 17 KO. Platz (oben unter 2a). Die zweite Alternative des § 59 Z. 2 KO. ist also im Falle des § 20 KO. nicht gegeben.

γ) Ist der Kridar *locator rei* und die Sache von ihm überlassen (§ 21 KO.), so kann sich der Verwalter der Weiterführung des Prozesses mit Wirkung für die Masse dadurch entziehen, daß er die vermietete Sache dem Gemeinschuldner zugleich mit dem Mietzinsanspruch freigibt. Das muß geschehen, ehe der Gegner die Aufnahme erklärt. Die prozessuale Behandlung ist die selbe wie bei Aussonderungsprozessen (oben unter 1 S. 135).

δ) Ist der Kridar *conductor operarum*, so gelten die oben unter *α*) entwickelten Sätze entsprechend.

3. Liegt endlich der besondere Fall des Konkurses über einen Nachlaß oder über das Gesamtgut bei fortgesetzter Gütergemeinschaft vor, so kann sich der Verwalter der Aufnahme gegen die Masse gerichteter Prozesse über Forderungen, die nach den §§ 224 Z. 2—6, 236 KO. Masseansprüche sind (oben S. 133), und ihrer weiteren Führung für die Masse nicht entziehen. —

Ist ein Rechtsstreit nach § 11 KO. vom Verwalter oder gegen ihn aufgenommen worden, so ist er damit nach der oben allgemein aufgestellten Regel unwiderruflich an die Masse gebunden und wird zu ihren Gunsten oder Ungunsten entschieden. Das ergehende Urteil begründet auch über den Konkurs hinaus *res iudicata* für und gegen den Gemeinschuldner.[1] Im Falle des Unterliegens des Verwalters ist der dem Gegner zustehende Kostenerstattungsanspruch Masseschuld nach § 59 Z. 1 KO. (oben S. 98 ff.). In letzterer Beziehung macht jedoch das Gesetz eine Ausnahme für den Fall, daß der Verwalter den Anspruch des Gegners sofort anerkennt; nach § 11 Abs. 2 KO. sollen ihn dann keine Prozeßkosten treffen, d. h. die Prozeßkosten sollen nicht wie sonst der Konkursmasse als Masseschuld zur Last fallen. Die Bestimmung soll im Interesse der Konkursgläubiger

[1] Vgl. oben S. 107; and. Mein. v. Sarwey-Bossert § 11, 4 a. E.; Oetker in Z. 25, 40 f. — Die von Fitting Ko. S. 59 A. 10 behauptete Schwierigkeit, daß im Falle des Unterliegens des Verwalters in einem Aussonderungsprozeß die Nichtzugehörigkeit des Streitgegenstands zur Masse und damit die Nichtlegitimation des Verwalters zur Prozeßführung feststehe und das Urteil mit der Nichtigkeitsklage anfechtbar sei, besteht in der Tat nicht. Die Legitimation des Verwalters bestimmt sich danach, ob der Streitgegenstand zur Sollmasse, nicht danach, ob er zum Vermögen des Kridars gehört. In letzterer Hinsicht genügt es hier wie sonst, daß die Zugehörigkeit zum Vermögen der Partei behauptet wird.

eine Schmälerung der Masse durch Kosten verhüten, die durch aussichtslose oder schikanöse Prozeßführung des Gemeinschuldners entstanden sind. Das vorausgesetzte Anerkenntnis des Verwalters ist nicht verschieden von dem des § 307 CPO.; es schafft die Grundlage für die auf Antrag des Gegners zu erlassende, den Gemeinschuldner bindende Agnitoria. Es braucht nicht im ersten Termine abgegeben zu werden, in dem es an sich möglich war, um ein sofortiges zu sein. Es ist das auch noch nach einer längeren Vertagung, die etwa mit Rücksicht auf die unter Umständen erforderliche Genehmigung des Gläubigerausschusses auf Antrag des Verwalters ausgesprochen wurde (§ 133 Z. 2 KO.); es ist nur vorausgesetzt, daß der Anspruch nicht vorher vom Verwalter bestritten worden war. Es entsteht die, in der Literatur in jedem denkbaren Sinne beantwortete Frage, wer die Prozeßkosten zu tragen hat, wenn sie die Masse nicht tragen soll. Da die Kosten notwendig einem der Streitteile aufzuerlegen sind, eine Verurteilung des Gemeinschuldners in sie aber, da sie auf einem Akt des Verwalters beruht, eine Masseschuld konstituieren würde (§ 59 Z. 1 KO.), so bleibt nichts übrig, als in dem Anerkenntnisurteil die Kosten dem Gegner aufzuerlegen. Es ist das zweifellos eine Härte für den siegreichen Gegner, die sich aber rechtfertigt durch die Erwägung, daß das Interesse des einzelnen dem der Gesamtheit der Konkursgläubiger nachstehen muß. Inwieweit der Gegner die ihm auferlegten Kosten als Konkursforderung geltend machen kann, bestimmt sich nach materiellem Recht; das Prozeßgericht hat darüber nicht zu befinden. In der Regel wird der unbegründete Widerspruch des Kridars der Klage gegenüber einen Ersatzanspruch des Klägers an diesen begründen, der, soweit vor der Konkurseröffnung entstandene Kosten in Frage kommen, zur Tabelle liquidiert, hinsichtlich der übrigen, insbesondere der Kosten des Aufnahmeverfahrens, nur im Wege besonderer Klage gegen den Kridar verfolgt werden kann. Von einem näheren Eingehen auf die sehr umstrittene Bedeutung des § 11 Abs. 2 muß hier abgesehen werden.[1]

---

[1] Wie im Text im wesentlichen Petersen-Kleinfeller §§ 11, 12 a. E.;

§ 9.

4. Die Aufnahme der Passivprozesse über die Passivmasse.

An dritter und letzter Stelle bleibt zu betrachten die Reassumtion derjenigen Rechtsstreitigkeiten, in denen ein Anspruch gegen den Gemeinschuldner verfolgt wird, der sich vom Standpunkte des Konkurses aus als Konkursforderung charakterisiert, von Prozessen also, in denen ein persönlicher Gläubiger einen zur Zeit der Konkurseröffnung begründeten Vermögensanspruch an den Kridar geltend gemacht hat (§ 3 KO.), den sog. „Passivprozessen über die Passivmasse“.[1]

Wie bei den Prozessen über die Aktivmasse für die Unterbrechung die Beziehung des Verfahrens zur Sollmasse releviert,

---

Fitting Ko. S. 64 A. 21; vgl. auch Wolff in Z. 22, 292 f.; Makower das. 20, 444 f. und jetzt auch v. Wilmowski § 11, 6, der früher (5. Aufl. § 9, 6 Abs. 2) zwar auch den Kläger in die Kosten verurteilen wollte, aber mit dem Vorbehalt, sie als Konkursforderung geltend zu machen. Nach Jäger § 11, 16 hätte die Agnitoria die Kosten dem Gemeinschuldner als Konkursforderung aufzuerlegen; m. E. geht es nicht an, auf diese Weise durch das Prozeßgericht eine Konkursforderung dem Grunde nach feststellen zu lassen. Endlich Wolff § 11, 6 befürwortet in augenfälligem Widerspruch mit § 11 Abs. 2 die Verurteilung des Verwalters in die Kosten; die Art der Verfolgung des Erstattungsanspruchs sei Sache des Gegners. — Daß bei der Hypotheken- und ähnlichen Klagen, wenn das Grundstück auch für die Kosten der Rechtsverfolgung haftet und das Anerkenntnis des Verwalters sich auf sie erstreckt, der Kläger auch insoweit sich aus dem Grundstück befriedigen kann, versteht sich von selbst. Hier trifft Abs. 2 nicht zu (v. Wilmowski § 11, 7; Jäger § 11, 18; Kohler S. 288).

[1] Regelmäßig steht der Gläubiger im anhängigen Prozesse in der Klägerrolle, und es werden deshalb im folgenden die Ausdrücke Kläger und Gläubiger *promiscue* gebraucht. Ausschlaggebend ist aber die Parteirolle hier so wenig, wie bei den Aktivprozessen. Ein Passivprozeß über die Passivmasse liegt z. B. vor, wenn der nachmalige Kridar als Kläger auf Grund vorläufig vollstreckbaren Urteils die Judikatssumme vor der Konkurseröffnung beigetrieben hat und der Beklagte im weiteren Verfahren die Rückzahlung petiert (s. Stein S. 355 und vgl. die Zusammenstellung oben S. 131 f. Anm. 1 *sub* 1 a). Entscheidend ist aber auch hier die Zeit der Eröffnung des Konkurses; ist die Beitreibung erst nach dieser erfolgt, so bleibt der Rechtsstreit ein Aktivprozeß (§ 10 KO.; richtig Reichsgericht in E. 27, 357; vgl. oben S. 132 Anm. 2).

so entscheidet für die Unterbrechung der die Passivmasse betreffenden Rechtsstreitigkeiten die Natur der geltend gemachten Forderung als einer materiellen Konkursforderung im Sinne des § 3 KO. Prozesse über Forderungen, denen diese Eigenschaft mangelt, werden nicht unterbrochen. Wie es zu halten ist, wenn ein derartiger Klaganspruch gleichwohl zur Tabelle angemeldet wird, davon wird unten zu sprechen sein (S. 155 ff.). Liegt dagegen eine materielle Konkursforderung der Klage zu Grunde, so ist es für den Eintritt der Unterbrechung gleichgültig, ob sie im Konkurse angemeldet und damit auch formell als Konkursforderung geltend gemacht wird oder nicht.[1]

Nach unserem Konkursrechte steht es im Belieben des Konkursgläubigers, ob er für seine Forderung im Konkurse Befriedigung suchen will oder nicht. Will er die Masse in Anspruch nehmen, so kann er das, auch wenn sein Anspruch bereits rechtshängig oder gar bereits judikatsmäßig festgestellt ist, nicht anders als im gemeinsamen Verfahren mit allen übrigen Konkursgläubigern und nur dadurch, daß er ihn zur Tabelle anmeldet (§§ 12, 111, 138 ff. KO.). Die Anmeldung begründet ein der Rechtshängigkeit analoges Verhältnis und die entsprechende prozeßhindernde Einrede (§ 374 Z. 4 CPO.).[2] Darum ist die gleichzeitige Verfolgung des Anspruchs innerhalb und außerhalb des Konkurses ausgeschlossen. Die Rechtsschutzansprüche auf Verfolgung seines Rechts im ordentlichen und im Konkursverfahren stehen dem Gläubiger nur alternativ zu: er hat die Wahl zwischen diesem und jenem Wege. Rücktritt von dem einen und Einschlagung des andern ist nicht ausgeschlossen, aber es muß, wenn nach anfänglichem Vorgehen gegen den Kridar die

---

[1] Das ist oben unter Ablehnung der weit verbreiteten Gegenmeinung des näheren dargetan; s. S. 62 ff. und die Literaturnachweise S. 63 Anm. 1. Es ist darum nicht korrekt, wenn die Beziehung des Verfahrens zur Masse gelegentlich deshalb als gegeben erachtet wird, weil die Klagforderung angemeldet worden sei (z. B. OLG. Dresden in Sä.A. 1, 667).

[2] So u. a. Jäger § 12, 3; Seuffert S. 187; Kohler S. 303 Anm. 1 und in Civ.A. 81, 397; Reichsgericht in E. 29, 74; vgl. auch Reichsgericht in JW. 1896, 698. And. Mein. in verschiedenem Sinne Petersen-Kleinfeller § 12, 1 (Einrede der einstweiligen Unzulässigkeit des Rechtsweges); Oetker I S. 210; OLG. Dresden in Sä.Ann. 1, 154 f.

Liquidation im Konkurse erfolgen soll, vorerst die Klage, und wenn nach vorgängiger Anmeldung im Konkurse nunmehr der Gemeinschuldner persönlich in Anspruch genommen werden soll, zunächst die Anmeldung zurückgenommen sein — zur Vermeidung der Abweisung der Liquidation oder der Klage.[1]

Je nach dem Wege, den der Konkursgläubiger betritt, bestimmt sich die Reassumtion des unterbrochenen Prozesses.

I. Beabsichtigt der Gläubiger, für die rechtshängige Forderung aus dem gantfreien Vermögen des Kridars und mithin außerhalb des gemeinsamen Verfahrens Befriedigung zu suchen, so hat er den unterbrochenen Rechtsstreit dem Gemeinschuldner gegenüber aufzunehmen. Das Gesetz tut allerdings einer solchen Aufnahme nicht ausdrücklich Erwähnung, und man hat aus diesem Schweigen des Gesetzes auf die Unzulässigkeit dieser Reassumtion geschlossen und es mit verwertet zur Unterstützung der hier bekämpften Annahme, daß erst die Anmeldung bezw. Zulassung der litigiösen Forderung das Verfahren in Beziehung zur Masse setze und die Unterbrechung begründe.[2] Für

---

[1] Jäger § 12, 2 u. 4; Petersen-Kleinfeller § 12, 2; Seuffert S. 187 nebst Anm. 8 u. 9; Reichsgericht in E. 29, 73 ff. And. Mein. Oetker I S. 208 und Hullmann § 10, 3, welche mit verschiedener Begründung behaupten, daß die Klage außerhalb des Konkurses die konkursmäßige Befriedigung endgültig ausschließe. — Zulässig ist es, die Forderung zum Teil im Konkurse, zum Teil außerhalb zu verfolgen (Reichsgericht in JW. a. O.).

[2] So namentlich Oetker I S. 126 f. u. s. und v. Sarwey-Bossert § 144, 6 I (s. oben S. 62 A. 1). Im Gegensatz sowohl zu diesen als zu der Auffassung des Textes stehen OLG. Frankfurt in Frankf. Rsch. 25, 209 f. und OLG. Cöln in Rh.A. 89 I, 181. Sie nehmen zwar auch eine Beziehung des Verfahrens zur Konkursmasse und damit die Unterbrechung an, wenn die bloße rechtliche Möglichkeit der konkursmäßigen Verfolgung der Forderung vorliegt, ohne Rücksicht auf ihre tatsächliche Anmeldung (s. oben S. 63 A. 1), aber sie nehmen sie doch nur an dem Verwalter und nicht dem Gemeinschuldner gegenüber, gegen den also der Rechtsstreit ohne Aufnahme fortgesetzt werden könnte. Es kann aber das selbe Verfahren nicht gleichzeitig unterbrochen und nicht unterbrochen sein; es gibt im Momente der Konkurseröffnung nur ein Entweder — Oder. Ist die Beziehung zur Masse gegeben, so ist das Verfahren unterbrochen, und zwar schlechthin. Jene Meinung wäre praktisch eben so undurchführbar, wie die oben S. 62 ff. abgelehnte,

uns, die wir das Kriterium der Beziehung zur Masse in der rechtlichen Beschaffenheit des streitigen Anspruchs als einer „potentiellen" Konkursforderung erblicken und demnach die Unterbrechung auch bei fehlender konkursmäßiger Liquidation des Klaganspruchs anerkennen, ergibt sich die Statthaftigkeit der Aufnahme *durante concursu* schon aus der früher bereits (S. 101f.) betonten allgemeinen Erwägung, daß nach der Meinung des Gesetzes alle Rechtsstreitigkeiten, die durch die Konkurseröffnung unterbrochen worden sind, auch während des Konkurses sollen aufgenommen werden können. Es wäre nicht zu verstehen, wenn das Gesetz den Gläubiger, der nicht liquidiert, nötigen wollte, vor weiterer Rechtsverfolgung das Ende des Konkursverfahrens abzuwarten. Den Beweis, daß eine Aufnahme gegen den Kridar ohne vorgängige Liquidation im Konkurse zulässig, entnehmen wir aus § 12 KO. Indem diese Vorschrift die gemeinrechtliche *vis attractiva* des Konkurses beseitigt (*verba*: „aus der Konkursmasse"), beläßt sie dem Gläubiger die Möglichkeit, außerhalb des Konkurses gegen den Kridar persönlich vorzugehen. Die Zulässigkeit der Klage gegen den Kridar zum Zwecke der — freilich *durante concursu* nicht erzwingbaren — Befriedigung aus dem konkursfreien Vermögen ist denn auch nahezu allgemein und namentlich auch vom höchsten Gerichtshof in feststehender Rechtsprechung anerkannt. Wenn aber der Gläubiger, der den Gemeinschuldner persönlich in Anspruch nehmen will, gegen ihn Klage erheben kann, so ist kein Grund ersichtlich, ihm, wenn der Anspruch bereits eingeklagt war, die Aufnahme des Rechtsstreits zu versagen. Insbesondere ist er in dem Schweigen des Gesetzes über solche Aufnahme nicht zu finden, denn das Gesetz erwähnt auch die Klage nicht ausdrücklich. Der zufällige Umstand, daß die Klage vor der Konkurseröffnung zugestellt worden ist, liefert keinen ausreichenden Grund, den Gläubiger in seiner Rechtsverfolgung dahin zu beschränken, daß sein Wahlrecht zwischen dem Angriff auf die Masse und dem auf das gantfreie Vermögen zu Gunsten der ersten Alternative beseitigt werde.[1]

---

daß erst die Anmeldung oder die Zulassung zur Tabelle die Unterbrechung begründe.

[1] Übereinstimmend im wesentlichen Jäger § 12, 10; Petersen-Klein-

Voraussetzung dieser Reassumtion außerhalb des Konkurses ist auch hier wie bei den Prozessen über die Aktivmasse, daß die ursprünglich bestehende Beziehung des Verfahrens zur Masse weggefallen ist. Die Lösung dieser Beziehung erfolgt aber hier nicht durch Disposition des Verwalters, sondern durch eine Willenserklärung des Gläubigers, daß er zu seiner Befriedigung nicht die Konkursmasse in Anspruch nehmen wolle. Damit ist der Rechtsstreit auf das gantfreie Vermögen verwiesen, der Gemeinschuldner in Ansehung der streitigen Forderung wieder verfügungs- und prozeßfähig, und der Aufnahme ihm gegenüber steht mithin nichts mehr im Wege. Die disponierende Erklärung des Gläubigers kann eine ausdrückliche sein oder durch konkludente Handlung, z. B. durch Zurücknahme der bereits bewirkten Anmeldung, geschehen. Sie kann geschehen mittels eines dem Verwalter gegenüber ausgesprochenen bindenden Verzichts auf die Befriedigung aus der Masse; doch ist es irrig, einen solchen Verzicht für notwendig zu halten. Sie liegt aber endlich auch schon in der bloßen Reassumtionserklärung an den Gemeinschuldner, die gleich der Klagerhebung gegen ihn den Willen seiner persönlichen Inanspruchnahme deutlich zum Ausdruck bringt. Es ist also in letzter Linie Voraussetzung der Aufnahme des Gläubigers nur dies, daß die

---

feller § 12, 1; Seuffert S. 188; Fitting Ko. S. 61; Kohler in Civ.A. 81, 397; Reichsgericht in E. 29, 74; in Beitr. 31, 1122 f.; in JW. 1886, 229; OLG. Jena in Thür. Bl. 39, 328 ff.; and. Mein. Oetker a. O.; inkonsequent v. Wilmowski § 12, 2 Abs. 3. — Oetker nimmt Anstoß daran, daß die im Text vertretene Reassumtion nicht „nach den für den Konkurs geltenden Bestimmungen“ erfolge, wie § 240 CPO. es verlange. Aber die fehlende besondere Bestimmung ist im Wege der Analogie aus § 10 Abs. 2 KO. zu ergänzen. Daselbst begründet der Wegfall der Beziehung zur Masse — die Ablehnung des Verwalters — die Reassumtion gegenüber dem Gemeinschuldner; der gleiche Grund (vgl. die weiteren Ausführungen im Texte) hat auch hier die gleiche Folge. Noch weiter als Oetker geht Wolff § 12, 2 Abs. 2, der in eingehender Polemik gegen die herrschende Meinung aus dem Mangel einer besonderen Bestimmung über die Aufnahme nicht bloß die Unzulässigkeit der Reassumtion, sondern auch die jeder Rechtsverfolgung gegen den Kridar *durante concursu* folgert — eine sehr gesuchte und m. E. mit § 12 KO. nicht vereinbare Argumentation.

streitige Forderung im Konkurse nicht — oder nicht mehr — angemeldet ist.[1]

Da der Gläubiger und nur er über die Art der Rechtsverfolgung disponiert, so steht die Aufnahme in erster Linie ihm zu. Im allgemeinen den Formen des § 250 CPO. unterliegend (oben S. 89 ff.), wird sie gerade hier häufig in der mündlichen Verhandlung erklärt werden. Konkurrierendes Subjekt der Aufnahme ist aber der Gegner, der Gemeinschuldner, dann, wenn der Gläubiger, ohne zunächst selbst aufzunehmen, seinen Willen der persönlichen Belangung des Kridars diesem kundgegeben hat. Auf dieser Basis kann dann auch der Kridar aufnehmen.[2]

---

[1] So richtig Seuffert S. 188; Reichsgericht in E. 29, 77 und in Beitr. 31, 1122; OLG. Hamburg in SA. 39, 382; auch Reichsgericht in JW. 1894, 173. Dagegen verlangen als notwendige Basis der außerkonkursmäßigen Aufnahme einen Verzicht auf Befriedigung aus der Masse dem Verwalter gegenüber Fitting KO. S. 61 (gegen ihn auch Oetker I S. 202 u. a.), einen Verzicht diesem oder dem Kridar gegenüber Kohler in Civ.A. 81, 397. Der Verzicht gegenüber dem Verwalter ist mehr als eine zureichende Grundlage der Aufnahme; er schließt die Befriedigung im Konkurse definitiv aus. Der Verzicht dem Gemeinschuldner gegenüber hat keine weitere Bedeutung als die, daß sie diesen zur Aufnahme legitimiert (s. den Text). — Das OLG. Jena in Thür. Bl. 39, 328 f. geht mit Recht davon aus, daß ein gegen den nachmaligen Kridar auf Geldzahlung gerichteter Prozeß ohne weiteres immer als die Masse betreffend und deshalb als unterbrochen angesehen werden muß (s. oben S. 63 A. 1). Aber es folgert daraus mit Unrecht, daß der Gemeinschuldner, falls der Kläger nicht ausdrücklich auf Befriedigung aus der Masse verzichtet oder den Antrag auf Zahlung nach Ende des Konkurses einschränkt, sich der Fortsetzung des Rechtsstreits gegen ihn persönlich entziehen und den Kläger auf die Konkursmasse verweisen könne. Es ist dabei verkannt, daß in der dem Kridar persönlich erklärten Aufnahme ein Verzicht des Gläubigers auf die konkursmäßige Befriedigung enthalten ist. Der Einwand, daß die Anmeldung ja jederzeit nachgeholt werden könne, schlägt nicht durch, denn ihr würde, solange die Klage nicht zurückgezogen ist, die *exceptio litis pendentis* entgegenstehen (oben S. 144). Die Revision gegen das Urteil hat denn auch Erfolg gehabt (das. S. 330 = E. 29, 77).

[2] And. Mein. Jäger § 12, 11. — Seuffert S. 189 bemerkt, der Kridar könne nicht durch seine Aufnahme dem Gläubiger den Versuch konkursmäßiger Feststellung verschränken. Er wird also die Aufnahmebefugnis des ersteren zugeben, wenn ihm der Gläubiger seinen Willen, jenen Versuch nicht zu machen, erklärt hat.

Ist die Aufnahme von der einen oder anderen Seite erfolgt, so ist die nachmalige Liquidation des Klaganspruchs zur Tabelle unwirksam, es sei denn, daß die Klage zurückgenommen ist.[1] Und auch dann ist die konkursmäßige Befriedigung ausgeschlossen, wenn auf sie dem Verwalter gegenüber förmlich verzichtet worden war.

Der zwischen dem Gläubiger und dem Gemeinschuldner aufgenommene Prozeß geht außerhalb des Konkursverfahrens und unbeeinflußt durch dasselbe seinen normalen Gang weiter. Die einzige Besonderheit ist, daß ein siegreiches Urteil des Gläubigers *durante concursu* nicht vollstreckt werden kann (§ 14 KO.). Die Tragweite dieser positiven Vorschrift reicht aber nicht über die Vollstreckungsinstanz hinaus. Das Verbot der Exekution gegen den künftig unterliegenden Beklagten nötigt den Kläger nicht, seinen Antrag auf Feststellung der Forderung zu beschränken. War der Anspruch auf die Leistung einmal begründet, so bleibt er es, auch wenn die Beitreibung der Judikatssumme rechtlich oder tatsächlich unmöglich ist.[2] Ebensowenig bedarf es einer Einschränkung des Klagantrags und des den Beklagten verurteilenden Erkenntnisses dahin, daß dieser erst nach Beendigung des Konkursverfahrens zu leisten schuldig sei.[3] Endlich bildet das Verbot des § 14 KO. kein Hindernis,

---

[1] S. oben S. 144 und S. 145 A. 1. Nach Kohler a. O. soll es genügen, daß der Gläubiger das Verfahren gegen den Kridar sistiere.

[2] Die Beschränkung auf Feststellung verlangt Fitting Ko. S. 79 nebst Anm. 6 gegen die herrschende Meinung. Gut Oetker I 202: „Aus der Unzulässigkeit der Zwangsvollstreckung folgt schon deshalb nicht die Unzulässigkeit der Verurteilung, weil dem Judikate freiwillig genügt werden kann. Die Unmöglichkeit des Erfüllungszwanges hindert nicht, die Erfüllungspflicht urteilsmäßig zu normieren. Die mangelnde Vollstreckbarkeit läßt nicht die Leistungsklage, sondern nur den Vollstreckungsantrag beim Vollstreckungsorgan als verfrüht erscheinen".

[3] Für die Einschränkung Motive z. KO. S. 48 u. 49 f.; Senst in Z. f. GV. 5, 11; OLG. Hamburg in SA. 39, 382; OLG. Frankfurt in Frankf. Rsch. 25, 210; OLG. Jena in Thür. Bl. 39, 329. Dagegen die herrschende Theorie und das Reichsgericht in E. 29, 74. Die Einschränkung des Tenors empfiehlt sich höchstens aus Zweckmäßigkeitsrücksichten (Seuffert S. 186; s. jedoch die — etwas weit hergeholten — Bedenken von Kohler in Civ.A. 81, 401 f.); ein Recht des Beklagten auf sie (Reichsgericht a. O.)

die Kondemnatoria für vorläufig vollstreckbar zu erklären und sie mit der Vollstreckungsklausel zu versehen. Denn jene Erklärung besagt nur, daß das Urteil ohne Rücksicht auf Rechtsmittel oder Einspruch exequiert werden kann, und die Erteilung der Vollstreckungsklausel als reine Urkundsfunktion liefert kein Zeugnis dafür, daß der Vollstreckung kein Hindernis entgegenstehe. Das Exekutionsverfahren bildet in den Mitteln des § 766 CPO. die Gelegenheit, den Gemeinschuldner vor vorzeitiger Vollstreckung nach § 14 KO. zu schützen.[1]

II. Wenn dagegen der eine materielle Konkursforderung verfolgende Kläger an der Generalexekution teilzunehmen beabsichtigt und demgemäß den im Prozesse befangenen Anspruch im Konkurse angemeldet hat, so äußert nunmehr das Konkursverfahren seinen Einfluß dahin, daß die prozessuale Feststellung des Anspruchs zunächst auf dem für das Konkursverfahren charakteristischen, vereinfachten Wege versucht wird.

Es bedarf zur Feststellung einer Forderung im Konkurse nicht des richterlichen Urteils. Sie vollzieht sich vielmehr dadurch, daß im Prüfungstermine weder vom Konkursverwalter noch von einem anderen Konkursgläubiger ein Widerspruch erhoben bezw. aufrecht erhalten wird. Die so ermittelten Liquidate werden in die Konkurstabelle aufgenommen, und dieser Eintrag hat für den Konkurs die Wirkung eines rechtskräftigen Urteils (§§ 141, 144, 145 KO.). Ein Widerspruch gegen die Forderung seitens des Gemeinschuldners, dessen Erklärung ebenfalls herbeizuziehen ist (§ 141 Abs. 2 KO.) berührt ihre konkursmäßige Feststellung nicht; von seiner über den Konkurs hinausgehenden Bedeutung wird unten zu reden sein (S. 177). Je nach dem Verhalten des Verwalters, der Mitgläubiger und des Kridars den litigiösen Liquidaten gegenüber ergeben sich Verschiedenheiten für das Verfahren zur Aufnahme der sie verfolgenden Prozesse.

---

oder eine Amtspflicht des Gerichts zu ihr (Jäger § 12, 16) können aber nicht anerkannt werden.

[1] Jäger §§ 12, 16 f.; 14, 14; Seuffert a. O.; Oetker I S. 206 und herrschende Meinung. Für die Unzulässigkeit der Vollstreckungsklausel Petersen-Kleinfeller § 12, 1.

A. Wird die Forderung im Prüfungstermine vom Verwalter oder einem anderen Gläubiger nach Grund oder Betrag **bestritten**, so bedarf es ihrer Feststellung schon zum Zwecke ihrer Berücksichtigung bei der Ausschüttung der Masse. Sie hat im Wege des ordentlichen Prozesses zu erfolgen (§ 146 Abs. 1 u. 2 KO.). War ein solcher, die angemeldete Forderung gegen den Kridar klage- oder widerklageweise geltend machender Prozeß bereits anhängig, so ist er aufzunehmen (das. Abs. 3). Dabei macht das Gesetz den der Aufnahme der Prozesse über die Passivmasse eigentümlichen Unterschied, daß das Subjekt der Reassumtion je nach der prozessualen Lage, in der der Rechtsstreit zum Stillstand kam, ein verschiedenes ist. Der kritische Zeitpunkt ist der Erlaß eines — nicht notwendig rechtskräftigen — Endurteils oder im Mahnverfahren, welches unten besonders zu betrachten ist und für das Folgende einstweilen außer Rücksicht bleibt, des Vollstreckungsbefehls.[1]

a) War weder bis zum Eintritt der Unterbrechung noch nach demselben bis zu dem Momente, wo die Aufnahme in Frage steht (vgl. § 249 Abs. 3 CPO.) ein Endurteil verkündet, handelt es sich also um eine „**nicht titulierte**" Forderung, so ist **Subjekt** der Aufnahme der anmeldende Kläger (§ 146 Abs. 1 KO.). Dieser ist es, der an der Aufnahme ein Interesse hat, denn zum Zwecke seiner Befriedigung muß seine Forderung feststehen, und es gilt also für ihn, den dagegen erhobenen Widerspruch zu beseitigen. Der die Forderung bestreitende Verwalter oder Mitgläubiger kann seinerseits den Prozeß nicht aufnehmen. Er kann aber auch nicht den Gläubiger in der durch § 239 CPO. vorgesehenen Weise zur Aufnahme nötigen. Denn § 239 CPO.

---

[1] Forderungen, für welche „ein mit der Vollstreckungsklausel versehener Schuldtitel, ein Endurteil oder ein Vollstreckungsbefehl" vorliegen (§ 146 Abs. 6 KO.), werden nach Oetkers Vorgang „**titulierte**" Forderungen genannt. Der Ausdruck ist nicht ganz korrekt (Seuffert S. 268 A. 2), aber brauchbar. Im Falle der Bestreitung haben die titulierten Konkursforderungen Teilnahmeberechtigung unter der auflösenden Bedingung der Beseitigung des Titels, die nicht titulierten unter der aufschiebenden Bedingung der Beseitigung des Widerspruchs (Oetker I S. 293 f.; Seuffert S. 268; Jäger § 146, 1).

bezieht sich nur auf die Aufnahme im Falle Todes; für die Aufnahme im Falle Konkurses kommen nach § 240 CPO. die Vorschriften der Konkursordnung zur Anwendung, mithin § 239 CPO. nur dann, wenn die Konkursordnung ausdrücklich seine Anwendung vorschreibt, wie das zwar für den Fall des § 10 KO., nicht aber für die hier fraglichen Fälle geschieht.[1]

In formeller Beziehung weist die Reassumtion Besonderheiten nicht auf; zu vergleichen sind nur wegen des Urkundenprozesses unten S. 191 ff. und wegen des Mahnverfahrens unten S. 194 ff. Daß der Prozeß vor dem einmal mit der Sache befaßten Gericht aufzunehmen und fortzuführen ist, versteht sich nach dem Begriffe der Aufnahme von selbst und mag nur deshalb hervorgehoben sein, weil es möglich ist, daß der nunmehr mit Rücksicht auf die zu erwartende Dividende festzustellende Wert des Streitgegenstandes (§ 148 KO.) an sich die Zuständigkeit des Amts- statt des Landgerichts oder die Nichtrevisibilität der Sache begründen würde. Ist der Rechtsstreit vor der Kammer für Handelssachen anhängig, so ist er vor dieser aufzunehmen und weiterzuführen.[2] Eine Frist für die Aufnahme hat das

---

[1] Petersen-Kleinfeller §§ 146, 13 u. 12, 2; Jäger § 12, 13; Seuffert S. 271; Oetker I S. 339; Reichsgericht in E. 16, 361 f.; 34, 409; in JW. 1886, 348; OLG. Dresden in Sä.Ann. 20, 188; OLG. Hamburg in HGZ. *B.* 15, 148; sonst von der Praxis mehrfach verkannt, z. B. OLG. Breslau in Beitr. 31, 1124; LG. Aschaffenburg in E. 16, 359. — Der Opponent kann den Eintritt in den Prozeß nicht verweigern (Jäger § 12, 11; Reichsgericht in Bolze 3, 1515; unverständlich deshalb die Schlußbemerkung von OLG. Hamburg a. O.), doch kann er sich so verteidigen, daß er die Qualität des Anspruchs als Konkursforderung und damit die Zulässigkeit der Aufnahme bestreitet (unten S. 156 ff.). Hat der Opponent die Aufnahme erklärt, so kann der Gläubiger ihre Zurückweisung (durch Beschluß § 252 CPO.) verlangen. Er kann aber auch mit oder ohne ausdrückliche Aufnahmeerklärung seinerseits in die Fortsetzung des Prozesses eintreten; dann endet die Unterbrechung mit seiner Erklärung oder seinem stillschweigenden Eintritt (vgl. Oetker a. O.; Reichsgericht in JW. 1896, 602).

[2] Petersen-Kleinfeller § 146, 9; Kohler S. 563 A. 4 u. a. Denn weder der Gemeinschuldner verliert durch die Konkurseröffnung seine Eigenschaft als Kaufmann, noch der Klaganspruch die zur Angehung der Kammer für Handelssachen berechtigenden Eigenschaften (§ 101 GVG). Seuffert S. 270 Anm. 5, der den Kridar nicht für die Partei hält, leugnet die Kompetenz

Gesetz nicht bestimmt, doch ist ihre Beschleunigung mit Rücksicht auf § 152 KO. ratsam. Die Anstellung einer neuen Klage an Stelle der Aufnahme des anhängigen Rechtsstreits ist unzulässig.[1]

Die Reassumtion nach § 146 Abs. 3 KO. steht unter folgenden drei Voraussetzungen:

1. daß die den Gegenstand des Prozesses bildende Forderung im Konkurse „streitig geblieben" ist (§ 146 Abs. 1 u. 3);

2. daß der Antrag auf konkursmäßige Feststellung dieser Forderung auf den Grund gestützt und höchstens auf den Betrag gerichtet wird, der bei der Liquidation angegeben war (Abs. 4);

3. daß die Forderung eine Konkursforderung im materiellen Sinne ist (§ 3 KO.).

Den Mangel dieser Voraussetzungen hat das Gericht von Amts wegen zu berücksichtigen. Wird er konstatiert, so ist die Aufnahme — nicht etwa die Klage — als unzulässig zu verwerfen, ein etwa auf ihr basierendes Rechtsmittel als wirkungslos zurückzuweisen. Dazu im einzelnen folgende Bemerkungen.

Zu 1. Das Gericht hat sich durch Befragung zu vergewissern, ob die streitige Forderung zur Tabelle ordnungsmäßig (§ 139 KO.) angemeldet, geprüft und streitig geblieben, d. h. mit Wirkung für das Konkursverfahren, also entweder vom Verwalter oder von einem Konkursgläubiger, bestritten worden ist. Den Nachweis hierfür liefert der Liquidant durch den beglaubigten Auszug aus der Tabelle, der ihm nach § 146 Abs. 1 zu diesem Zwecke erteilt wird. Das Gericht darf und muß, wenn ihm über die gehörige Liquidation Zweifel beigehen, die Vorlegung dieses Auszugs verlangen, auch wenn der Gegner insofern keine Einwendungen erhebt. Die ordnungsmäßige Anmeldung u. s. w. fällt unter die Formalien der Reassumtion, die immer der Offizial-

---

der Handelskammer im Falle des § 101 Z. 1 GVG., weil Verwalter und Gläubigeropponent als solche keine Kaufleute seien, und läßt sie nur für Z. 2 und 3 zu. Auch die Erweiterung des Klagantrags auf ein bestrittenes Vorrecht (unten S. 155) schließt, gegen Seuffert, m. E. die Zuständigkeit der Kammer für Handelssachen nicht aus.

[1] Auch für den Urkundenprozeß gilt keine Ausnahme (unten S. 193).

prüfung unterliegen (oben S. 88). Zudem ist das Gericht zu prozedieren weder verpflichtet noch berechtigt, wenn und solange ihm nicht dargetan ist, daß der nach zwingendem Rechte in erster Linie zuständige normale Weg der konkursmäßigen Feststellung ohne Erfolg betreten worden ist, und daß es mithin des ordentlichen Rechtswegs bedarf. Steht dem Kläger eine ordnungsmäßige Anmeldung u. s. w. nicht zur Seite, so ist die Reassumtion als unzulässig zu verwerfen.[1] Jedoch kann das Gericht in Erwartung des Nachweises der Anmeldung u. s. w. in die Verhandlung eintreten, wenn der Liquidant sich zu dessen nachträglicher Beibringung erbietet; es kann auch, wenn der Gegner zustimmt, die Nachholung der Anmeldung selbst gestatten. Die Entscheidung ist, falls nicht ein Rechtsmittel zurückzuweisen, Beschluß, der nach Analogie des § 252 CPO. als ein die Aufnahme verwerfender mit einfacher, als ein sie zulassender mit sofortiger Beschwerde anfechtbar ist.[2] Besteht unter den Parteien Streit über die Ordnungsmäßigkeit einer gegebenen Anmeldung u. s. w., so ist über diesen Zwischenstreit durch Urteil zu entscheiden, welches einfaches Zwischenurteil ist, wenn es die Aufnahme für zulässig erklärt, Endurteil, wenn es sie verwirft.[3]

---

[1] So ist z. B. ein Widerspruch „wegen mangelnder Angabe des Grundes" keine genügende Basis für die Aufnahme; vgl. OLG. Hamburg in HGZ. *B.* 19, 159, wo die Frage unentschieden geblieben ist.

[2] Vgl. Jäger § 12, 14; Petersen-Kleinfeller § 146, 21. Beispiele: OLG. Hamburg in SA. 49, 253 (mangelnde Anmeldung; Beschluß, daß Anmeldung noch nachzuweisen); OLG. Dresden und Reichsgericht in Sä.A. 1, 668 ff. u. 670 (mangelnde Bestrittenheit; Verwerfung der Aufnahme trotz übereinstimmenden gegenteiligen Parteiwillens); OLG. Naumburg in RAnz. 1891, 31 (mangelnde Anmeldung, Zurückweisung der Berufung); OLG. Cöln in Rh.A. 89 I, 181 (ebenso); OLG. Hamburg in HGZ. *B.* 15, 148 und 19, 158 (mangelnde Anmeldung bezw. Prüfung, Ablehnung des Versäumnisurteils); vgl. auch dass. in HGZ. *B.* 17, 187. Handelt es sich nicht um die Aufnahme anhängigen, sondern um die Einleitung neuen Prozesses, so ergeht entsprechend die Klage abweisendes Prozeßurteil, z. B. OLG. Dresden und Reichsgericht in E. 39, 41 f. u. 47 f.; OLG. Hamburg in Beitr. 44, 1223; OLG. Rostock in Meckl. Zschr. 13, 290. — Inkorrekt, soweit ersichtlich, das in der Revision bestätigte Erkenntnis des OLG. Oldenburg in Beitr. 42, 1128, welches einen im Konkurse nicht bestrittenen Teilbetrag des Liquidats gleichwohl noch urteilsmäßig festgestellt hat.

[3] Beispiel: LG. Heilbronn in E. 30, 68.

Zu 2. Der sachliche Inhalt des Klagantrags im aufgenommenen Prozesse ist nach Grund und Betrag gebunden an den Inhalt der Liquidation und den Umfang der Bestreitung. Dies Erfordernis steht im engsten Zusammenhange mit dem zu 1. aufgestellten, denn Änderung des Grundes oder Erhöhung des Betrags involvieren das Verlangen der Feststellung einer nicht gehörig oder überhaupt nicht angemeldeten Forderung. Darum entspricht auch das Verfahren dem dort dargestellten. Auch hier liefert der Tabellenauszug den nach Befinden zu erfordernden Nachweis für die notwendigen Unterlagen einer wirksamen Reassumtion. Es darf also der Antrag über den in der Anmeldung oder im Prüfungstermine angegebenen Betrag hinaus nicht erweitert werden (Ausnahme von § 268 Z. 2 CPO.), auch nicht in dem in der Klagschrift niedergelegten Umfange aufrecht erhalten werden, wenn in geringerem Umfange liquidiert worden war; es darf nicht mit dem ursprünglichen Klaggrunde weiter prozediert werden, wenn in der Anmeldung ein anderer Grund angegeben ist. Ergibt sich aus der notwendigen Akkommodation des neuen Klagantrags mit dem Inhalte der Liquidation eine Klagänderung gegenüber dem vor der Konkurseröffnung behaupteten Klaggrunde, so greifen die einschlagenden Vorschriften der §§ 264, 268, 527 CPO. Platz. Die Entscheidung über Zulässigkeit oder Unzulässigkeit der Aufnahme ist auch hier Zwischen- bezw. Endurteil, wenn sie auf Grund eines Zwischenstreites *inter partes* ergeht, sonst mittels sofortiger bezw. einfacher Beschwerde anfechtbarer Beschluß.[1] — Ist ein Vorrecht angemeldet und zugleich mit der Forderung bestritten, so kann der Klagantrag auf Feststellung des Vorrechts erweitert werden (§§ 256, 268 Z. 2 CPO.). Beschränkt sich der Widerspruch auf das Vorrecht, so ist seine Feststellung durch besondere Klage zu verfolgen; eine Aufnahme ist unstatthaft.[2]

Zu 3. Ist die den Gegenstand des Rechtsstreits bildende,

---

[1] Die neu erhobene Klage wird eventuell durch *absolutio ab instantia* abgewiesen: Jäger § 146, 20f.; Seuffert S. 272; Reichsgericht in Beitr. 44, 1223 f.; 42, 1128 (in dem 1. Revisionsurteil); 38, 1177 (zugleich Klagänderung); in JW. 1894, 16.

[2] Jäger § 146, 19; Petersen-Kleinfeller § 146, 11; v. Wilmowski § 134, 5 Abs. 3; Fitting Ko. S. 109 A. 23 f. u. a.

zur Tabelle angemeldete und bestrittene Forderung keine materielle Konkursforderung nach § 3 KO. (vgl. §§ 3 Abs. 2, 63 KO.), so ist nach der hier vertretenen Ansicht eine Beziehung des Verfahrens zur Masse nicht vorhanden, und daher eine Unterbrechung nicht eingetreten. Eine Aufnahme des Rechtsstreits ist mithin nicht möglich; der erhobene Anspruch ist zur konkursmäßigen Feststellung nicht geeignet. Das Gericht hat auch die auf diesem Mangel beruhende Unzulässigkeit einer prätendierten Aufnahmeerklärung von Amts wegen zu beachten, ohne den entsprechenden Einwand des Gegners abzuwarten. Für das Verfahren ergeben sich kleine Verschiedenheiten, je nachdem der Verwalter oder ein Kolliquidant dem betreibenden Gläubiger im Prozesse gegenübersteht.

α) Der Einwand, der Liquidant sei wegen der Natur der streitigen Forderung zur Teilnahme an der Ausschüttung der Masse nicht berechtigt (§§ 3 Abs. 2, 63 KO.), als ein vom Verwalter erhobener, stellt sich dar als die prozeßhindernde Einrede der mangelnden gesetzlichen Vertretung (§ 274 Z. 7 CPO.). Ansprüchen eines Dritten an den Kridar gegenüber, die mit der Konkursmasse sachlich nichts zu tun haben, weder die Aktivmasse zu vermindern noch die auf diese angewiesene Passivmasse zu vermehren tendieren, ist der Verwalter den Kridar zu vertreten nicht berufen (§ 6 KO). Gemäß § 275 CPO. kann er also die Einlassung verweigern, und es ergeht dann wie im Falle besonderer gerichtlicher Anordnung abgesonderte Entscheidung über die Einrede durch Urteil, welches Endurteil *(absolutio ab instantia)* ist, wenn es der Einrede stattgiebt, also die Aufnahme für unzulässig erklärt — denn es beendet dann den Prozeß dem Verwalter gegenüber —, dagegen selbständig anfechtbares Zwischenurteil ist, wenn es, die Einrede verwerfend, die Aufnahme zuläßt.

β) Etwas abweichend, wenn ein Mitgläubiger opponiert und die Reassumtion ihm gegenüber stattgefunden hat. Der so in den Rechtsstreit hineingezogene Kolliquidant ist, wie noch zu erörtern sein wird (unten S. 162 f.), nicht Vertreter des Gemeinschuldners, sondern selbst Partei. Die Einrede des § 274 Z. 7 CPO. steht ihm also nicht zu. Sein Einwand, daß dem Klaganspruch die Qualität der Konkursforderung mangle, wirft die

Frage auf, ob der Gläubiger das Recht habe, für den behaupteten Anspruch im Konkurse Befriedigung zu suchen. Das ist ein Streit über eine Rechtsschutzbedingung. Der Gläubiger hat diesen besonderen Rechtsschutzanspruch auf Befriedigung im Konkurse nur, wenn seine Forderung dem § 3 KO. unterfällt. Der Streit der Parteien ist echter Zwischenstreit. Wird die Konkursforderungsqualität und damit der besondere Rechtsschutzanspruch verneint, so wird die Aufnahme durch Endurteil verworfen; wird er bejaht, so wird sie durch einfaches Zwischenurteil für zulässig erklärt. Das abweisende Endurteil ist nicht Prozeßurteil, wie im Falle α), sondern Sachurteil. Es verneint die Qualifikation des Anspruchs zur konkursmäßigen Geltendmachung und ist insoweit der materiellen Rechtskraft fähig. Es verneint nicht die Existenz des Anspruchs, der vielmehr dem Gemeinschuldner gegenüber weiter verfolgt werden kann. Es ist zu vergleichen dem im Urkundenprozesse ergehenden Sachurteil, welches die Klage „als in der gewählten Prozeßart unstatthaft" abweist (§ 597 Abs. 2 CPO.).[1]

γ) Haben der Verwalter und ein Gläubiger der Liquidation mit der Behauptung widersprochen, es liege keine Konkursforderung vor, so sind sie notwendige Streitgenossen (§ 62 CPO.). An und für sich würden die unter β) entwickelten Sätze auch auf das Verfahren dem Verwalter gegenüber zutreffen; sie sind die allgemeinen. Die besondere Eigenschaft des Verwalters als gesetzlichen Vertreters des Kridars begründet aber für ihn die stärkere forideklinatorische Einrede, wie unter α) ausgeführt. Ergeht also die Aufnahme zulassendes Zwischenurteil, so kann der Verwalter, aber auch nur er, es mit den Rechtsmitteln angreifen. Der Erfolg des Angriffs wirkt aber auch zu Gunsten der mitstreitenden Kolliquidanten (unten S. 164).

Wird die Aufnahme mangels Vorliegens einer Konkursforderung abgewiesen, so steht fest, daß das Verfahren niemals unterbrochen gewesen ist. Der Rechtsstreit kann also durch einfache Ladung zwischen dem Kläger und dem Gemeinschuldner persönlich fort-

---

[1] Über diese Kategorie von Urteilen s. Schmidt S. 532 f. Nr. 3 nebst Anm. 1. Für den Urkundenprozeß vgl. die Kommentatoren zu § 597 CPO., besonders Gaupp-Stein das. II u. III und Stein S. 228 unter II.

gesetzt werden; die in der Zwischenzeit unter ihnen vorgenommenen Prozeßhandlungen stellen sich nunmehr als wirksam heraus. —

Auf Grund seiner Auffassung, der oben (S. 62f.) entgegen zu treten war, daß die Unterbrechung nicht durch die Qualität der litigiösen Forderung, sondern erst durch ihre „Zulassung" zur Prüfung *ex tunc* — mit Wirkung von der Konkurseröffnung ab — begründet werde, wendet sich OETKER [1] gegen die im vorstehenden erörterten Konsequenzen der Liquidierung einer zur konkursmäßigen Verfolgung nicht geeigneten Forderung für den anhängigen Prozeß. OETKER führt aus: auch wenn der Gläubiger Zulassung auf Grund einer Nichtkonkursforderung erlange, trete die Unterbrechung ein; die Annahme, daß dem § 218 CPO. [a. F.] nur Prozesse über Konkursforderungen subsumiert werden könnten, sei leicht *ad absurdum* zu führen; das Konkursgericht habe vor der Zulassung nicht zu prüfen, ob eine Konkursforderung vorliege; den Mangel der Konkursforderungsqualität geltend zu machen, sei Sache des Verwalters, der Mitliquidanten. „Bestritte nun der Verwalter im Prüfungstermin die Anmeldung und erlangte im aufgenommenen Prozeß die Zurückweisung des Liquidanten, weil die Forderung nicht Konkursforderung sei, so stände nach dem Urteil zugleich fest, daß der anhängige Rechtsstreit nie unterbrochen gewesen, Aufnahme im Rechtssinne nie erfolgt wäre. Das Prozeßgericht deklarierte selbst die Nichtigkeit der gesamten Prozeßführung von der Aufnahme an!" (ähnlich für Aktivprozesse OETKER in Z. 14, 10). Gewiß — aber weshalb dieses Ergebnis absurd sein soll, ist nicht zu erkennen. Die zurückgewiesene Aufnahme teilt das Schicksal einer jeden Klage, die ohne Entscheidung über die Existenz des Anspruchs, insbesondere *ab instantia*, abgewiesen wird. Ein Urteil dieses Inhalts erklärt allerdings den Prozeß für nichtig, d. h. es erklärt, daß so, wie geschehen, nicht prozediert werden kann. Daß gleichwohl formell ein Prozeß vorhanden und deshalb ein Urteil zu erlassen ist, ist eine Tatsache, die durch die rechtliche Nichtigkeit natürlich nicht beseitigt wird. Gerade darin liegt das Wesen des nicht über den Anspruch entscheidenden klagabweisenden Urteils. Es

[1] Grundbegr. I S. 127 f.

begründet eben auch die nur formell korrekte Klage einen formell gültigen Prozeß; warum sollte die formell korrekte Reassumtion nicht seine Fortsetzung begründen?[1]

Die Aufnahme im Konkurse bewirkt, wenn schon der Klagantrag formell, sofern er regelmäßig auf Feststellung, und häufig sachlich, sofern er immer auf Geld zu richten ist (§ 69; vgl. auch § 65 KO.), sich ändert, keine Veränderung in dem prozessualen Charakter des Rechtsstreits in der Richtung, daß die gegen den Gemeinschuldner begründete Leistungsklage nunmehr den Charakter einer Feststellungsklage im Sinne des § 256 CPO. annehme oder doch aufhöre, eine Leistungsklage zu sein.[2] Daß

---

[1] Vgl. über solche Nichtigkeit des Prozesses Schmidt S. 804 f.

[2] Auf die sehr bestrittene prozessuale Natur der sog. „Konkursfeststellungsklagen" näher einzugehen, ist hier nicht der Ort, weil es sich für uns um diese Klagen nicht überhaupt, sondern nur insoweit handelt, als sie vor der Konkurseröffnung erhoben sind; zudem müßte die Untersuchung auf die Fundamente der Klagentheorie zurückgreifen. Hinsichtlich des Wesens der Feststellungsklage schließt sich der Verfasser der für diese Materie grundlegenden Arbeit von Wach, Der Feststellungsanspruch, und den im wesentlichen auf dem selben Boden stehenden Ausführungen von Schmidt, Lehrb. S. 683 ff. an. Daher nur folgende Bemerkungen.

Der fundamentale Unterschied zwischen dem Leistungs- und dem Feststellungsanspruch hat seine Wurzel außer- und vorprozessual, liegt in den Bedingungen der Gewährung des Rechtsschutzes, in dem Verhalten des zu beklagenden Gegners, welches entweder ist Rechtsverletzung oder Rechtsgefährdung. Die Rechtsverletzung erzeugt den befriedigungsbedürftigen, erfüllungsreifen Anspruch, der durch die Leistungsklage geltend gemacht wird; die Rechtsgefährdung begründet die Feststellungsklage. Jede dieser Kategorien hat einen anderen Rechtsschutzgrund zur Basis. Darum ist die Feststellungsklage des § 256 CPO. nicht das *minus* der Leistungsklage (Wach a. O. S. 43). — Im Konkurse macht der Gläubiger seinen Anspruch als befriedigungsbedürftigen geltend, er verlangt die Leistung. Die Umstellung des Klagantrags auf Feststellung zur Tabelle oder Beseitigung des erhobenen Widerspruchs berührt das Wesen der Sache nicht. Es ist nur Schein, daß sich die Klage auf „Repression des Widerspruchs" richte (so namentlich Oetker I S. 309 f., 580 u. oft, auch Seuffert S. 269). Der Widerspruch zur Tabelle ist die Folge der vom Gesetze beliebten, tabellarischen Form der Feststellung der Liquidate. Sachlich ist er nichts anderes, als die Bestreitung des Liquidats, wie sie im Klagabweisungsbegehren zu Tage tritt: der Widerspruch ist der antizipierte Klagabweisungsantrag. Ein besonderer Antrag auf Repression des Widerspruchs ist sonach ein im Gesetze von der Betreibung der Feststellung und der Klage auf Feststellung die Rede ist, sollte nicht dazu führen, mit den Motiven S. 365 ff. diese Feststellung mit der des § 256 CPO. zu identifizieren. Die Feststellung, welche § 146 KO. im Auge hat, ist nichts anderes, als die in jedem Leistungsprozesse erforderliche und in jedem richterlichen Ausspruch auf Verurteilung stillschweigend enthaltene Feststellung des Bestehens eines fälligen Anspruchs des Klägers, und nur insofern modifiziert, als sie zugleich das Vorliegen des besonderen Rechtsschutzanspruchs, die Qualität der Forderung als Konkursforderung konstatiert, und die dann in der durch das Tabellensystem bedingten Form des — berichtigten — Eintrags in der Tabelle erscheint. Sie enthält nur ein *minus* der sachlich gerechtfertigten Verurteilung zur Leistung. Des Ausspruchs der Verurteilung, des Leistungsgebots, aber bedarf es im Konkurse nicht; es genügt die Feststellung der Leistungspflicht, denn die Beitreibung der Leistung liegt im Begriffe des Konkurses. Deshalb, und weil das im Konkurse aufgenommene Verfahren dadurch Bestandteil des allgemeinen Liqui-

---

Unding. Die Klage des Gläubigers richtet sich auch nicht auf Feststellung der Voraussetzung der Teilnahme am Konkurs oder Anerkennung des Teilnahmerechts (Petersen-Kleinfeller § 146, 16; Jäger § 146, 12), denn das Recht solcher Teilnahme ist eben das Recht, eine Leistung zu verlangen. Daß sie nicht verlangt werden könne (Petersen-Kleinfeller a. O.), ist nicht richtig: gerade wenn jemand eine Leistung vom Kridar nach materiellem Recht verlangen darf, ist er Konkursgläubiger (§ 3 KO.). Die Behauptung: nicht das Urteil, sondern der vom Gläubiger zu erwirkende berichtigte Tabelleneintrag begründe die Befriedigung, nimmt die Form für die Sache; ist doch auch bei den unstreitigen Liquidaten die Unterlassung des Widerspruchs und nicht die formelle Fixierung dieser Tatsache das Wesentliche. Allerdings wird der Opponent nicht zur Leistung verurteilt werden (Jäger § 146, 12), aber nur deshalb nicht, weil es dessen im Konkurse, in dessen Begriffe die Vollstreckung liegt, nicht bedarf. Das Verfahren hat sich daher auf die autoritative Feststellung des Anspruchs zu beschränken. Abzulehnen ist auch die Notwendigkeit der von Rocholl in Z. 8, 346 f. vertretenen Aufstellung einer besonderen Klagenkategorie, der „Konfliktsklagen“ (dagegen auch Leonhard in Z. 15, 358 f.). Im übrigen sei wegen des Standes der Kontroverse und der Literatur auf die Kommentare zu § 146 KO. verwiesen. In der Judikatur haben sich für die Leistungsklage ausgesprochen das Reichsgericht in E. 24, 61; in JW. 1889, 343 f.; 1900, 393 f.; das Ob.LG. f. Bayern in SA. 54, 378 u. a.

dationsverfahrens geworden und den Zwecken des Konkurses unterworfen ist, spricht die Kondemnatoria nicht die an und für sich gerechtfertigte Verurteilung zur Zahlung, sondern die Unbegründetheit des erhobenen Widerspruchs bezw. die Feststellung der Forderung aus. Dem Zwecke der Weiterführung des Prozesses entsprechend: diese konkursmäßige Feststellung zu erlangen, ist denn auch der Klagantrag nach erfolgter Aufnahme auf Beseitigung des Widerspruchs und gegebenen Falls (unten S. 164) auf Feststellung der Forderung zu richten. Davon wird aber das Wesen des Rechtsstreits als eines Leistungsprozesses nicht berührt, welches sich darauf gründet, daß der Anspruch als ein befriedigungsbedürftiger geltend gemacht wird, wie das im Konkurse *per eminentiam* der Fall ist. — Wahrer Feststellungsstreit liegt nur vor, sofern der Kläger seinen Antrag auf Feststellung eines bestrittenen Vorrechts erweitert.

Der nach § 146 Abs. 3 aufgenommene Prozeß richtet sich materiell gegen den Kridar als beklagte Partei, für welchen der Verwalter als gesetzlicher Vertreter handelnd auftritt. Das ist wenigstens der normale und praktisch häufigste Fall. Der Verwalter als gesetzlicher Vertreter des Kridars als Subjektes der in Anspruch genommenen Konkursmasse und in dessen Interesse sowohl wie in dem der Gesamtheit der Konkursgläubiger, ist in erster Linie dazu berufen, einer unbegründeten oder unzulässigen Liquidation seinen Widerspruch entgegenzusetzen und ihn im Prozesse zu vertreten. Allein neben dem Bestreitungsrechte des Verwalters legt § 144 KO. auch den anderen Konkursgläubigern das Recht des Widerspruchs gegen angemeldete Forderungen bei, und zwar als ein derartig selbständiges und von dem des Verwalters unabhängiges, daß es seine Wirkung des Nichtfeststehens angemeldeter Liquidate selbst dann ausübt, wenn Kridar und Verwalter, die eigentlichen und alleinigen Träger der Beklagtenrolle im schwebenden Rechtsstreit, in der Anerkennung der fraglichen Forderung einig sind. Da nun § 146 Abs. 1 KO. vorschreibt, daß die Feststellung streitig gebliebener Forderungen gegen die Bestreitenden zu betreiben ist, so ist ein bereits anhängiger Rechtsstreit möglicherweise ausschließlich gegen Konkursgläubiger, mithin gegen Personen aufzunehmen und fortzuführen, gegen die die Klage gar nicht erhoben war. Hieraus ergibt sich für die auf beklagtischer Seite prozedierenden Gläubiger eine prozessuale Stellung, die in der Literatur verschiedene Auffassungen gefunden hat (unten S. 163 A. 1).

Die herrschende Meinung entscheidet sich jetzt mit Recht dahin, daß dem opponierenden Gläubiger im Prozesse die Eigenschaft als Partei zukomme. Es ergibt sich das aus der Stellung, die das Gesetz den einzelnen Gläubigern — in Anerkennung ihres Interesses an der Nichtfeststellung unberechtigter Liquidate — im Liquidationsverfahren zugewiesen hat. Nicht nur der Gemeinschuldner als Exequendus hat das Interesse der Ausschließung unberechtigter Ansprüche, weil deren Zulassung seine wirklichen Schulden in höherem Betrage bestehen lassen würde, sondern jeder am Verfahren beteiligte Gläubiger hat das selbe Interesse — und zwar als ein eigenes. Das der Gesamtheit der Liquidanten zugewiesene Vermögen des Kridars muß vor dem Zugriffe Unberechtigter bewahrt bleiben, denn jede Schmälerung der Aktiva wirkt unmittelbar auf die Befriedigungsmöglichkeit jedes einzelnen Gläubigers zurück.[1] Dieses Interesse ist unabhängig von dem des Gemeinschuldners; es zielt nicht ab auf dessen Unterstützung, sondern auf den eigenen Vorteil des Gläubigers. Darum hat das Gesetz jedem Kolliquidanten das Recht des Widerspruchs gegen die angemeldeten Liquidate gegeben und dieses Recht selbständig neben das des Verwalters gestellt (§ 144 Abs. 1 KO.). Auch wenn Verwalter und Gemeinschuldner anerkennen, bleibt die vom Mitgläubiger bestrittene Forderung streitig.

Diese auf eigenem Interesse beruhende Selbständigkeit des opponierenden Gläubigers nötigt dazu, ihn im Prozesse als Subjekt des Rechtsstreits, als Partei, zu betrachten; er streitet nur für sich selbst, nicht will er einen anderen unterstützen oder vertreten, wenn schon sein Erfolg einem anderen zugute kommen kann. Der Widerspruch zur Tabelle ist, wie oben (S. 159 f. A. 2) schon hervorgehoben, seinem Inhalte nach nichts anderes als die

[1] Dies Interesse des einzelnen Liquidanten besteht unabhängig davon, ob die eigene Forderung bereits festgestellt ist; auch hier steht der behauptete für den begründeten Anspruch. Wegen der Konsequenzen, die hier nicht weiter interessieren, vgl. Seuffert S. 262 f.; Oetker I S. 311 ff.

formelle Reaktion gegenüber dem unbegründeten oder im Konkurse unzulässigen Anspruch, der vorweg genommene Antrag auf Abweisung der Klage. Nur die Partei ist aus eigenem Recht und ohne Unterstützungswillen zu diesem Antrage legitimiert. Es hat denn auch der unterliegende Gläubigeropponent die Kosten des Rechtsstreits aus seinem Vermögen zu tragen (*arg.* § 147 S. 2 KO.).[1]

Der Gläubiger einer bereits rechtshängigen, streitig gebliebenen Forderung hat sonach, wenn er ihre Feststellung betreiben will, den Aufnahmeschriftsatz allen denen zuzustellen, die nach Ausweis des ihm erteilten Tabellenauszugs die Forderung bestritten haben. Befindet sich unter diesen der Verwalter, so vermehrt sich die Anzahl der Beklagten; sind alle Opponenten Konkursgläubiger, so ergibt sich die interessante Erscheinung eines Übergangs der Beklagtenrolle, ohne daß jedoch der Kridar als Partei aus dem Prozesse ausschiede. Er bleibt Beklagter, aber er vermag nicht mehr handelnd aufzutreten. Seine Stellung ist der eines Streitgenossen vergleichbar, der den Anspruch anerkannt hat, ohne daß die Agnitoria beantragt worden wäre, entfernter auch der des streitentlassenen *detentor* (§ 76 CPO.). Eine ähnliche Erscheinung hinsichtlich der Rolle des Klägers ergibt sich

[1] Für die Parteiqualität Petersen-Kleinfeller § 146, 14; Willenbücher § 134, 11; Oetker I S. 325 f.; Petersen in Z. 9, 66 u. a.; jetzt auch v. Wilmowski[5] § 134, 5 Abs. 3. Der letztere hat früher (3. Aufl. § 127, 1 Abs. 2) die Ansicht vertreten, der prozedierende Mitgläubiger sei Nebenintervenient des Kridars, der ja als Partei im Prozesse bleibe; das scheitert namentlich daran, daß der Gläubiger auch gegen den Willen des Verwalters und Gemeinschuldners den Prozeß fortzusetzen vermag, und danach der wesentliche Zweck der Unterstützung einer Partei (§ 66 CPO.) nicht gegeben ist. Fitting Ko. S. 103 f. A. 8 u. ö. meint, die Gläubigeropponenten würden durch ihren Widerspruch zu *negotiorum gestores* der Masse und seien im Prozesse den gesetzlichen Vertretern gleich zu behandeln. Die Auffassung hat manches für sich. Allein sie führt zu einer schiefen prozessualen Stellung des Gläubigeropponenten (vgl. § 89 CPO.), und es ist eine Verkennung der tatsächlichen Verhältnisse, zu meinen, der Opponent führe fremde Geschäfte; zudem bedarf es einer weitergehenden Vertretung des Kridars, als er sie im Verwalter hat, nicht. Vgl. endlich Schultze S. 17, 55 ff.: der beklagte Opponent mache als Partei den gemeinsamen „Konkursanspruch“ aller Mitgläubiger geltend.

aus dem noch zu erörternden § 13 des Anfechtungsgesetzes vom 21. Juli 1879 (unten S. 208 ff.).[1]

Liegt eine Mehrheit von Widersprüchen vor,[2] so muß der liquidierende Gläubiger zur Erlangung der konkursmäßigen Feststellung seines Anspruchs sämtliche Opponenten überwinden; unterliegt er einem, so unterliegt er überhaupt. Der Erfolg eines einzigen Widerspruchs und die demgemäß ausgesprochene Abweisung der Aufnahme oder der Klage begründet *res iudicata* für alle Opponenten und alle Konkursgläubiger überhaupt, mag die Forderung als unbegründet oder als zur Verfolgung im Konkurse ungeeignet zurückgewiesen worden sein; sie begründet im ersten Falle auch *res iudicata* für den Gemeinschuldner.

Wegen der Notwendigkeit der Überwindung aller Widersprüche empfiehlt es sich für den Kläger, den Rechtsstreit gleichzeitig gegen alle Bestreitenden mit dem Antrage auf Feststellung der Forderung aufzunehmen. Diese gemeinsame Aufnahme begründet eine passive Streitgenossenschaft. „Notwendig" mit der Folge, daß bei Übergehung eines Opponenten die Klage abzuweisen sei, ist die gemeinsame Aufnahme nicht; es ist keine *exceptio plurium litis consortium* gegeben. Nur kann im gedachten Falle der Klagantrag sich nicht auf Feststellung des streitigen Liquidats, sondern nur auf Beseitigung der einzelnen Widersprüche der Reassumtionsgegner richten.[3] Gegenüber den weiteren Bestreitenden kann, da der Rechtsstreit dem Kridar gegenüber anhängig bleibt, die Reassumtion nachgeholt werden, solange nicht im vorher aufgenommenen Streit die Klage oder die Aufnahme rechtskräftig zurückgewiesen worden ist. In diesem Falle würde

---

[1] Vgl. Petersen-Kleinfeller § 146, 14; Bunsen in Z. 26, 315.

[2] Auch für das Folgende gilt das am Eingange der A. 2 S. 159 Gesagte. Die Darstellung beschränkt sich auf das zur Wahrung des Zusammenhangs Notwendige.

[3] So die herrschende Meinung. Dagegen einerseits Wolff § 147, 1; Fitting Ko. S. 107 A. 17; Osterloh in Z. 3, 92, welche Klage und Aufnahme gegen alle Opponenten für erforderlich halten; andererseits Kohler in Civ.A. 81, 406 ff., der auf Grund der Annahme eines prozessualen Sukzessionsverhältnisses die Gemeinsamkeit zwar nicht für die Klage, aber für die Aufnahme verlangt.

der Aufnahme die *exceptio rei iudicatae* entgegenstehen.[1] Bei sukzessiver Reassumtion des Verfahrens entsteht keine Streitgenossenschaft; wohl aber kann sie durch Verbindung gemäß § 147 CPO. hergestellt werden. Die Trennung der durch gemeinsame Aufnahme oder nachmalige Verbindung kumulierten Prozesse unterliegt den allgemeinen Regeln (§ 145 CPO.).

Die Streitgenossenschaft der Opponenten, mag unter ihnen auch der Verwalter sein oder nicht, ist eine notwendige im Sinne des § 62 CPO., wenn entweder der Rechtsstreit gegen sämtliche Bestreitende mit dem Antrage auf Feststellung der Forderung aufgenommen ist, ohne Unterschied, wie die einzelnen Widersprüche begründet werden, oder wenn diejenigen Opponenten, gegen welche er mit Antrag auf Beseitigung der einzelnen Widersprüche aufgenommen ist, sämtlich den Widerspruch auf den selben Punkt (Vorrecht, Konkursforderungsqualität u. s. w.) richten und ihn auf die selben rechtlichen oder tatsächlichen Gründe stützen. In beiden Fällen kann das streitige Rechtsverhältnis allen Beklagten gegenüber nur einheitlich festgestellt werden (§ 62 CPO.). Dagegen liegt einfache Streitgenossenschaft (§ 61 das.) vor, wenn die mehreren Opponenten ihren Widerspruch auf verschiedene Gründe stützen oder gegen verschiedene Punkte richten, also z. B. der eine nur den Grund des Anspruchs, ein anderer nur den Betrag, ein dritter die Konkursforderungsqualität oder das Vorrecht bestreitet. Eine Verschiedenheit des Grundes ist insbesondere dann gegeben, wenn der Konkursverwalter seinen Widerspruch auf ein Anfechtungsrecht (§§ 29 ff. KO.) gründet, welches ja nur er und keiner der Konkursgläubiger geltend zu machen in der Lage ist (§ 36 das.).[2]

---

[1] Seuffert S. 277; im Ergebnis auch Oetker I S. 341, der aber nicht rechtskräftig entschiedene Sache, sondern nicht begründete Klage annimmt, wenn kein Widerspruch mehr zu reprimieren ist (vgl. oben S. 159 f. A. 2).

[2] Die Natur dieser Streitgenossenschaft ist überaus streitig. Sie wird als einfache angesehen von Hellmann S. 240; Weismann S. 152 A. 37; Bunsen in Z. 26, 315 f. und — in Verkennung des § 62 CPO. — vom OLG. Karlsruhe in Bad. Ann. 56, 163; als notwendige von Jäger § 146, 10; v. Wilmowski § 135, 1c; Willenbücher § 134, 4 Abs. 4; Petersen-Anger § 62, 8; Gaupp-Stein § 62 II 1b; Fitting S. 107; Wach I S. 624 A. 32; Hachenburg S. 123; Kohler, Pr. a. R. S. 104 und in Civ.A. 81, 406; Reichsgericht in E. 5, 417; OLG. Hamburg in HGZ. *B.* 18, 173; als not-

Ist der Prozeß gegen einen oder einige Opponenten aufgenommen, so können die übrigen Bestreitenden dem einen oder anderen Beklagten als Nebenintervenienten beitreten. Voraussetzung des Beitritts ist aber, wie gesagt, daß sie selbst im Prüfungstermin Widerspruch erhoben und ihn aufrecht erhalten haben. Andernfalls haben sie zwar noch das rechtliche Interesse an der Nichtfeststellung des streitigen Liquidats, aber sie haben sich des Rechts seiner Bekämpfung begeben und können es auch auf dem Umwege der Nebenintervention nicht mehr geltend machen. Die Intervention des Opponenten ist in allen Fällen eine streitgenössische im Sinne des § 69 CPO.[1] — Daß der Kridar trotz seines rechtlichen Interesses am Ausgange der Feststellungsprozesse als Partei nicht intervenieren kann, wurde schon oben S. 97 hervorgehoben.

b) Unter den Liquidanten nehmen eine besondere Stellung ein die sog. „titulierten“ Gläubiger (oben S. 151 A. 1), diejenigen, für deren Forderung nach den Worten des Gesetzes „ein mit der Vollstreckungsklausel versehener Schuldtitel, ein Endurteil oder ein Vollstreckungsbefehl vorliegt.“ Ist einer solchen Forderung bei der Prüfung widersprochen worden, so hat nicht der Gläubiger die Feststellung, sondern der Opponent den Widerspruch durchzuführen (§ 146 Abs. 6 KO.). Es müssen also zwar auch die titulierten Forderungen zum Zwecke ihrer Befriedigung im Konkurse zur Tabelle angemeldet und geprüft werden und werden durch den Widerspruch des Verwalters oder eines Kolliquidanten zu „streitigen“, aber der Widerspruch erlangt seine Wirkung, die betroffene Forderung von der Teilnahme an der Ausschüttung der Masse zunächst auszuschließen, erst dadurch, daß er gericht-

---

wendige wenigstens dann, wenn nur Gläubiger opponieren, von Schultze S. 104 und v. Amelunxen S. 66 auf dem Boden der Theorie vom „Konkursanspruch“ der Gläubiger. Auf die Begrenzung oder Begründung des Widerspruchs stellen ab: Petersen-Kleinfeller § 146, 4; v. Sarwey-Bossert § 146, 4 Z. 5; Struckmann-Koch § 62, 2a Abs. 6; Seuffert S. 269f.; Oetker I S. 328f.; 341; Dreyer in Beitr. 38, 28.

[1] Jäger § 146, 11; v. Sarwey-Bossert a. O.; Petersen-Anger § 66 D. 14; Wach I S. 624, 651; Oetker I S. 331; Seuffert S. 272; Hachenburg a. O. — Intervention eines Nichtopponenten lassen zu Petersen-Kleinfeller § 146, 6; v. Canstein in Z. 8, 236 u. a.

lich geltend gemacht wird. Solange das nicht geschieht, ist der Gläubiger vermöge des in dem Dekrete, das den Titel gewährt, liegenden Präjudizes dahin privilegiert, daß er bei der Verteilung der Masse berücksichtigt, die Abschlagsdividenden auch an ihn gezahlt werden (§ 152 KO. *arg. e contr.*). Will der Bestreitende die Zahlungen ausschliessen, so liegt es ihm ob, bei der im Prozeßwege erfolgenden Feststellung die Angreiferrolle zu übernehmen.

Die Verfolgung des Widerspruchs ist formell verschieden nach der Art des gegebenen Titels. Sie kann durch Reassumtion eines Rechtsstreits geschehen. Das ist dann der Fall, wenn der privilegierende Titel in einem zur Zeit der Konkurseröffnung über die Forderung anhängigen und durch diese unterbrochenen Rechtsstreit erlangt worden war. Nur diese Fälle interessieren hier.[1] Es bleibt indes an dieser Stelle ausgeschlossen die Erörterung der Widerspruchsverfolgung gegenüber Titeln, die im besonderen oder im fakultativ mündlichen Verfahren erlangt sind; auf sie wird bei der Betrachtung der besonderen Verfahrensarten einzugehen sein (unten S. 190 ff.). Es handelt sich also jetzt nur um den Fall, daß dem liquidierenden Gläubiger für seine streitig gebliebene Forderung ein im ordentlichen Verfahren erlangtes, nicht rechtskräftiges Endurteil zur Seite steht.

Das Urteil, das den Titel verschafft, braucht nicht notwendig vor der Konkurseröffnung verkündet zu sein; es muß nur die mündliche Verhandlung, auf welche es erlassen ist, vor der Konkurseröffnung liegen (§ 249 Abs. 3 CPO.). Es kann sein Voll- oder Teilurteil, kontradiktorisches oder Versäumnisurteil, endgültiges oder Vorbehaltsurteil (§§ 302, 540 CPO.), wenn schon das letztere nicht eigentlich ein Endurteil ist. Es begründet keinen Unterschied, ob das Urteil ist vollstreckbar oder nicht

[1] Beiseite bleibt insbesondere die Bekämpfung rechtskräftiger Urteile durch Wiederaufnahmeklage, Vollstreckungsgegenklage, Anfechtungsklage des Verwalters. Der beschränkte Zweck dieser Darstellung rechtfertigt es auch, wenn auf die gründlichen, wenn schon m. E. nicht überall einwandfreien Untersuchungen Oetkers über die Widerspruchsverfolgung in dessen Grundbegr. I S. 349 ff. (auch in Z. 25, 55 ff.) nicht *ex fundamento* eingegangen wird.

vollstreckbar, zugestellt oder nicht zugestellt, angefochten oder nicht angefochten, nur darf es natürlich nicht durch ein anderweitiges Urteil bereits aufgehoben sein. Auf der anderen Seite muß das Urteil, um den Titel zu begründen, trotz der allgemeinen Fassung des Gesetzes ein unbedingtes sein, denn in dem bedingten Urteil liegt kein Präjudiz für die Forderung; es muß ferner den Beklagten zu einer bestimmten Geldleistung verurteilen, denn sein Inhalt muß sich mit der Anmeldung decken (§§ 69, 146 Abs. 4 KO.), es muß endlich ein inländisches, also eventuell ein Vollstreckungsurteil sein, denn aus dem ausländischen Urteil findet ohne dieses eine Zwangsvollstreckung nicht statt (§ 722 CPO.).[1]

Steht ein so qualifiziertes Urteil dem Liquidanten zur Seite, so gibt das Gesetz die Befugnis zur Aufnahme des unterbrochenen Rechtsstreits dem Opponenten, damit er die Berücksichtigung des Liquidats bei den Verteilungen ausschließen könne. Sobald die Aufnahme geschehen ist, werden die Zahlungen an den Liquidanten sistiert und nur nach § 168 Z. 1 KO. ein entsprechender Anteil der Masse zurückbehalten. Zum Zwecke der Verfolgung seines Widerspruchs ist dem Opponenten auf Antrag ein beglaubigter Auszug aus der Tabelle zu erteilen.[2] Für die Aufnahmebefugnis des Opponenten tritt zu den sonstigen Voraussetzungen der Reassumtion der Prozesse über die Passivmasse — ordnungsmäßige Anmeldung, Prüfung, Bestreitung, Qualität des Liquidats als Konkursforderung[3] — das „Vorliegen" des Titels,

---

[1] Vgl. Jäger § 146, 22 f.; Petersen-Kleinfeller § 146, 24; v. Sarwey-Bossert § 146, 9; v. Wilmowski § 164, 9; Seuffert S. 274 nebst Anm. 12 f.; Kohler S. 558; Fitting Ko. S. 110; Reichsgericht in E. 13, 315; 16, 361; 34, 409 f.; in Beitr. 36, 471; OLG. Dresden in Sä.A. 5, 146; 148 und das. 1, 672; wegen der ausländischen Urteile besonders Borchardt in Beitr. 33, 612 ff., 625 ff. Im einzelnen herrscht Meinungsverschiedenheit: Wengler § 134 Abs. 6, 1 will die nicht vollstreckbaren, Petersen-Kleinfeller wollen die Vorbehaltsurteile der §§ 302, 540 CPO. ausschließen.

[2] Fitting Ko. S. 110 Anm. 28 u. a.; nicht von Amts wegen, wie Jäger § 146, 20; v. Wilmowski § 134, 2 und Oetker in Z. 25, 56 wollen, denn das Konkursgericht hat über das Vorliegen eines Titels nicht zu entscheiden (s. S. 169 A. 1) und der Titel braucht ihm nicht präsentiert zu werden.

[3] Siehe S. 153 ff. Beispiel mangelnden Widerspruchs bei titulierter Forderung OLG. Naumburg in RAnz. 1891, 31.

d. h. die Existenz eines solchen, als weitere Voraussetzung hinzu. Sein Mangel ist von Amts wegen zu berücksichtigen; ob er gegeben ist, ist Gegenstand der Entscheidung im aufgenommenen Prozesse. Wird die Existenz des Titels verneint, so ist die Reassumtion des Opponenten durch Beschluß (§ 252 CPO.) als unzulässig zu verwerfen, falls nicht der Liquidant sich mit ihr einverstanden und damit seinerseits die Aufnahme erklärt (oben S. 153 A. 1 a. E.).[1]

Die Verhandlung auf Grund der Aufnahme geschieht auch

---

[1] Was das „Vorliegen" des Titels bedeute, ist streitig. Wie hier im wesentlichen v. Wilmowski § 134, 9 (S. 390 f.). Im Gegensatze dazu nimmt Oetker I S. 272 ff., 284 und in Z. 25, 55 f., dem sich Jäger §§ 141, 3; 146, 2 angeschlossen hat, ein besonderes Verfahren vor dem Konkursrichter an, in welchem über die Zulassung der angemeldeten Forderung und insbesondere auch über ihre Qualität als einer titulierten bindend und mit der Wirkung entschieden werde, daß die Frage des Titels im aufgenommenen Prozesse als eine erledigte nicht mehr zur Erörterung stehe, der Beschluß des Konkursrichters also darüber befinde, ob dem Opponenten die Aufnahmebefugnis zustehe, und die Erteilung des Auszugs an Liquidanten oder Opponenten jeden Zweifel über das Subjekt der Aufnahme ausschließe. Es ist richtig, und wohl auch herrschende Meinung, daß ein „Zulassungsverfahren" vor dem Konkursgericht stattzufinden hat (vgl. Seuffert S. 259; Jäger § 141, 3 Anf.), aber es ist doch nur in engen Grenzen und wesentlich in der Beschränkung auf Prüfung von Formalien (namentlich § 139 KO.) anzuerkennen. Für eine weitere Ausdehnung, insbesondere auf die Frage des Titels — oder gar auf die der Konkursforderungsqualität, wie Endemann S. 526 will —, fehlt es m. E. an der positivrechtlichen Grundlage. Das ist Sache des Liquidationsprozesses. Oetkers Argumentation ist nicht überzeugend. Es wird vielmehr der Abs. 6 dahin zu verstehen sein, daß der Opponent aufnehmen kann, wenn für den Gegner ein Titel „vorliegt", d. h. wenn er vor der Konkurseröffnung einen solchen erlangt hat, ohne Rücksicht, ob er sich für das Konkursverfahren auf ihn berufen, das durch ihn gewährte Privileg im Konkurse geltend gemacht hat, denn er kann das letztere ja jederzeit nachholen. Es ist in dieser Beziehung ein Unterschied zu machen zwischen dem konkursmäßigen Exekutionsverfahren und dem schwebenden Rechtsstreit: an den Verteilungen partizipiert der Liquidant nur, wenn er sich auf seinen Titel beruft; Reassumtionsgegner ist er, wenn er den Titel auch nur besitzt. Seufferts Stellung zu der Kontroverse S. 268, den Jäger für sich anführt, ist nicht klar ausgesprochen. Die Judikatur scheint der hier vertretenen Auffassung zuzuneigen (vgl. OLG. Dresden in Sä.A. 5, 146; 148).

hier nicht im Forum des § 146 Abs. 2, sondern vor dem mit der Sache befaßten, oder, falls die Instanz beendet ist, vor dem übergeordneten Gericht (vgl. oben S. 152) in den gewöhnlichen Formen. Es kann mit ihr je nach der Lage des Prozesses die einfache Ladung zur mündlichen Verhandlung, die Ladung zwecks Einleitung des Nachverfahrens gegenüber dem Vorbehaltsurteil, die Einlegung des Einspruchs gegenüber dem Versäumnisurteil, die Einlegung von Rechtsmitteln gegenüber dem die Instanz beendenden Endurteil verbunden werden. Was das Versäumnisurteil anbetrifft, so ist der Zweifel angeregt worden,[1] ob es, wenn vor der Unterbrechung bereits Einspruch eingewendet sei, noch einen Titel im Sinne des § 146 Abs. 6 KO. darstelle, da nach § 342 CPO. der Einspruch das Versäumnisurteil beseitige. Indessen geht diese Begründung fehl, und es ist mit der herrschenden Meinung das Versäumisurteil dem streitigen Endurteil darin gleich zu setzen, daß es seine Titelqualität behält, bis es durch anderweites Urteil aufgehoben ist (§ 343 CPO.).[2]

Es ist streitig, ob im Falle des Vorliegens einer titulierten Forderung die Aufnahme des schwebenden Rechtsstreits ausschließlich den Opponenten zustehe oder ob neben ihm auch, wie sonst, der Liquidant Subjekt der Aufnahme sei. Den Vertretern der ersteren Ansicht ist zuzugeben, daß sie den Wortlaut des Gesetzes für sich haben, welches mit seiner imperativen Fassung: „der Widerspruch“ gegen eine titulierte Forderung „ist von dem Widersprechenden zu verfolgen“ die Reassumtion des Liquidanten auszuschließen scheint. Allein dieser Wortlaut deckt den Sinn des Gesetzes nicht, wie er aus den Vorarbeiten entnommen werden muß. Insbesondere sagen die Motive S. 329: zum Zwecke der Beseitigung des Widerspruchs gegen eine titulierte Forderung „darf nicht der Liquidant verpflichtet sein, die Feststellung seiner Forderung gegen den Widersprechenden zu betreiben, sondern es muß dem letzteren anheim gegeben werden,

[1] Von Stein S. 357 Anm. 17.

[2] Jäger § 146, 22; Petersen-Kleinfeller § 146, 24; Oetker I S. 349 f. und in Z. 25, 58; im Gegensatz zur 4. Aufl. jetzt auch v. Wilmowski § 134, 9; ferner stillschweigend OLG. Dresden in Sä.A. 5, 146 u. 148 und neuerdings ausdrücklich Reichsgericht in E. 50, 415.

seinen Widerspruch gegen jenen zu verfolgen.“ Hiernach hat dem Gesetzgeber die Frage so vorgelegen: wem liegt, wenn das Liquidat streitig geblieben ist, es ob, den Streit auszutragen, wen trifft der Nachteil, wenn er unausgetragen bleibt? Das Gesetz disponiert dahin: den Liquidanten bei nicht titulierter, den Opponenten bei titulierter Forderung. Es regelt damit nur die Verpflichtung, es verteilt unter den Streitteilen nur die „Last“ der Durchführung der eigenen Behauptung. Unberührt bleibt dabei das Recht des einen oder anderen Teils, der eigenen Behauptung rechtliche Geltung zu verschaffen. Ein solches Recht zur Betreibung der Feststellung ist dem Liquidanten durch § 146 Abs. 1 gegeben; das Gesetz bietet keinen Anhalt, daß es ihm im Falle des Abs. 6, der ihn viel günstiger stellt, hat entzogen werden sollen. Auf Grund der selben Erwägungen hat auch der höchste Gerichtshof sich wiederholt dahin ausgesprochen, daß auch bei titulierter Forderung der Gläubiger aktiv vorgehen, die Feststellung betreiben könne. Diese Meinung ist die herrschende geworden.[1] Es steht ihr nicht entgegen, daß

[1] Petersen-Kleinfeller § 126, 24; v. Wilmowski § 134, 1; Seuffert S. 275; Endemann S. 537 f.; Reichsgericht in E. 34, 410 und in der früheren, das. in Anm. 1 mitgeteilten Entscheidung, wo es heißt (S. 411): „Der Abs. 6 will ... offenbar, indem er die Pflicht („ist zu verfolgen“ im Gegensatz zu „bleibt überlassen“) betont, diese Pflicht ... dem Anmeldenden abnehmen und dem Widersprechenden auflegen, das Recht dagegen jenem belassen“; auch in JW. 1901, 162; OLG. Dresden a. O. S. 148 und OLG. Hamburg in HGZ. *B.* 15, 148. Auf ein besonderes Interesse des Gläubigers an der Aufnahme, wie es das Reichsgericht und Seuffert überdies bejahen, kommt bei der hier vertretenen Auffassung der Konkursfeststellungsklagen nichts an. Auch Jäger § 146, 27 hält den Gläubiger für reassumtionsberechtigt, stützt dies aber nicht auf § 146 Abs. 1 KO., sondern auf § 256 CPO. Dagegen hat Oetker die von ihm schon früher (Grundbegr. I S. 269, 504 f.) vertretene und von den Vorinstanzen des Reichsgerichts in dem zit. Urteil (E. 34, 411 A. 1) geteilte Meinung, daß bei titulierter Forderung nur der Opponent zu aktivem Vorgehen berufen sei, in Z. 25, 62 ff. dem höchsten Gerichtshof gegenüber aufs neue verteidigt. Es ist ihm zuzugeben, daß das Gebiet der Kontroverse beschränkt ist auf den Fall der Aufnahme schwebenden Prozesses und z. B. dem rechtskräftigen Urteil gegenüber der Liquidant nicht die Initiative ergreifen kann. Aber diese auf allgemeinen prozessualen Grundsätzen beruhende Tatsache kann gegen die Richtigkeit der herrschenden Lehre eben für jenen Fall ebensowenig

der Gläubiger unter Umständen nicht in der Lage ist, den Gegner zu laden oder überhaupt zur Fortsetzung des Verfahrens den Anstoß zu geben, denn diese Möglichkeit ist nicht Voraussetzung der Reassumtion (oben S. 90). Der Liquidant ist unter Umständen eben darauf beschränkt, durch Zustellung des Urteils auf Grund erklärter Aufnahme die Notfrist überhaupt, oder, falls schon vor der Unterbrechung zugestellt war, sie durch bloße Aufnahme aufs neue in Lauf zu setzen. — Gesteht man so dem Liquidanten das Recht zu, selbst seinerseits das Verfahren aufzunehmen, so ergibt sich daraus von selbst, daß er seinen Gegner nicht zur Aufnahme laden kann (§ 239 Abs. 2 CPO.). Die Ladung zur Aufnahme hat nur für den Sinn, dem die Aufnahme selbst versagt ist. Außerdem fehlt es an einer dem § 10 Abs. 1 KO. entsprechenden Bestimmung für die hier fraglichen Passivprozesse.[1]

Das dem Liquidanten zur Seite stehende Endurteil liefert ein Präjudiz nur für den Bestand der Forderung, nicht aber — weil ohne Rücksicht auf den nun eingetretenen Konkurs erlassen — für ein etwa beanspruchtes Vorrecht oder für die Qualität des Anspruchs als Konkursforderung. Wenn in diesen Beziehungen Streit herrscht, liegt es immer dem Liquidanten ob, die Initiative zur Feststellung zu ergreifen.[2] Bei bestrittenem Vorrecht tut er dies, falls auch die Forderung selbst streitig geblieben war, in dem von ihm oder dem Opponenten aufgenommenen

den Ausschlag geben, wie der Umstand, daß umgekehrt im Falle des Abs. 3 dem Opponenten die Aufnahme versagt ist, obwohl er, wie Oetker mit Recht gegen v. Wilmowski a. O. betont, an ihr ein Interesse haben kann (§ 95 KO.). Denn es entspricht den in § 146 KO. zum Ausdruck gelangten prozessualen Grundsätzen, daß im allgemeinen dem Liquidanten als dem angreifenden Teil die Initiative zukommt, dem Opponenten aber nur dann, wenn er bereits ein Präjudiz gegen sich hat.

[1] So die herrschende Meinung. Sonderbarerweise schließen Petersen-Kleinfeller § 146, 24 gerade umgekehrt von der Reassumtionsbefugnis des Gläubigers auf sein Recht zur Ladung zur Aufnahme. Für letzteres auch OLG. Hamburg in HGZ. *B.* 19, 158. Das Reichsgericht hat keine feste Praxis, vgl. einerseits E. 34, 409 f., andererseits Beitr. 36, 472, wo ohne ein Wort der Rechtfertigung einfach der § 8 KO. a. F. angewendet wird.

[2] Jäger § 146, 3; Seuffert S. 268 u. a.

Rechtsstreit durch Erweiterung des Klagantrags; war entweder überhaupt nur das Vorrecht oder von einem unter mehreren Opponenten nur dieses bestritten, so bedarf es besonderer Feststellungsklage (§ 256 CPO.).[1] — Hat der Opponent dem mit einem Titel ausgestattenen Liquidate aus dem Grunde widersprochen, weil er ihm die Eigenschaft einer Konkursforderung nicht zuerkennt, so kann er nach seinem Standpunkte die Aufnahme des Prozesses nicht erklären, denn mit der Behauptung, daß der klägerische Anspruch im Konkurse nicht verfolgbar sei, würde er die Unterbrechung und die eigene Legitimation zur Aufnahme leugnen. In diesem Falle zwingt er den Gläubiger zur Betreibung dadurch, daß die Dividendenzahlungen auf die Forderung unterbleiben. Es ist Amtspflicht des Verwalters, diese Zahlungen zu unterlassen, sowohl wenn er selbst, als auch wenn ein anderer Gläubiger die Forderung deshalb bestritten hat, weil sie keine Konkursforderung sei. Diesen Grund des Widerspruchs wird der Opponent dem Liquidanten in der Regel mitteilen; erzwungen werden kann die Mitteilung ohne Aufnahme des Prozesses nicht, — ein Grund mehr, auch im Falle des Abs. 6 dem Gläubiger die Aufnahmebefugnis zuzusprechen. Der Liquidant nimmt dann, unter Ladung des Opponenten vor das Instanzgericht, auf mit dem Antrage, die ihm bereits zuerkannte Forderung als im Konkurse teilnahmeberechtigt zu erklären. Das Gericht erkennt durch Ergänzungsendurteil entweder — unter Bejahung des besonderen Rechtsschutzanspruchs — auf konkursmäßige Feststellung, oder — unter Verneinung desselben — auf Zurückweisung der Aufnahme, damit zugleich konstatierend, daß eine Unterbrechung des Prozesses nicht eingetreten war.[2]

---

[1] Vgl. namentlich Oetker in Z. 25, 64 f.

[2] Die Vertreter der „Zulassungstheorie“ Oetker I S. 272 ff. und Jäger § 141, 3 g. E., von denen der erstere überdies (S. 128) auch bei eingeklagter Nichtkonkursforderung eine Prozeßunterbrechung zufolge der Zulassung annimmt, wollen die im Texte erörterte Sachlage abweichend behandeln. Es habe nämlich das Konkursgericht titulierten Nichtkonkursforderungen die titulierte Zulassung zu verweigern, damit der Gläubiger nicht die durch den Titel begründeten Vorteile (§§ 152, 168 Z. 1 KO.) erlange. Diese Ansicht führt durch eine Hintertür wieder herein, was die genannten Autoren sonst selbst mit Recht zurückweisen (Oetker S. 278 f.;

Die respektiven Anträge der Parteien im aufgenommenen Verfahren richten sich dem nunmehr veränderten Zwecke des Prozesses entsprechend darauf, die angemeldete Forderung für festgestellt, den Widerspruch für begründet zu erklären. Die durch das Tabellarsystem bedingte Umstellung der Anträge ist auch hier, wie im Falle der Abs. 1 und 3, rein formaler Natur; sie verändert den prozessualen Charakter des Rechtsstreits nicht. Der als Leistungsprozeß gegen den Gemeinschuldner eingeleitete Rechtsstreit bleibt auch nach der Aufnahme durch Opponenten oder Liquidanten ein seitens des letzteren auf Leistung gerichteter; nur bedarf es überdies noch der Bejahung des besonderen, auf konkursmäßige Befriedigung gerichteten Rechtsschutzanspruchs. Er ist weder „Feststellungsklage“ (§ 256 CPO.) des Liquidanten noch des Opponenten, noch gehört er als „Widerspruchsklage“ einer besonderen Kategorie von Klagen an.[1] Der Opponent tut ja nichts anderes, als daß er in die Rolle des auf Zahlung belangten und nach wie vor zahlungspflichtigen Kridars als gesetzlicher Vertreter oder als neue Partei eintritt; daß ihm neue Rechtsbehelfe (Anfechtungsrecht des Verwalters) erwachsen sein können, ändert daran nichts. Der Widerspruch zur Tabelle ist der vorgreifend zu formellem Ausdruck gebrachte Wille des Opponenten, die Aufhebung des den Gemeinschuldner kondemnierenden Erkenntnisses zu verlangen. — Der Erfolg des Opponenten kann ein mehr oder minder weitgehender sein. In der Mehrzahl der Fälle, wo der Bestand der Forderung selbst bestritten ist, erlangt er als Sieger die Aufhebung des Urteils und die Abweisung der Klage als unbegründet, die Verneinung der Existenz der Forderung überhaupt. Der weitere Fall der Ver-

---

Jäger 141, 3): die Kognition des Konkursrichters über die Konkursforderungsnatur des Liquidats. Ihr Zulassungsbegriff nötigt dazu. Ohne ihn besteht, wie der Text zeigt, die Gefahr gar nicht, daß der Gläubiger unbefugt die Vorteile des Titels genieße. Auf eine titulierte Forderung, der die Verfolgbarkeit im Konkurse bestritten ist, zahlt der — durch das Konkursgericht nicht gebundene — Verwalter einfach nicht aus. Das ist m. E. die prozessual natürlichere Auffassung, wie sie auch von v. Wilmowski § 134, 9 geteilt wird.

[1] So Oetker I S. 353; vgl. überhaupt oben S. 159 ff.

neinung der Konkursforderungsqualität wurde schon erwähnt. Endlich aber erreicht der Opponent seinen nächsten Zweck, den Wegfall der Berücksichtigung der Forderung bei der Verteilung (§ 152 KO.), schon dann, wenn er auch nur den Titel beseitigt, wenn er also, ohne daß über die Forderung sachlich erkannt wird, etwa die Aufhebung des Urteils wegen Fehlers *in procedendo* oder diese und Abweisung der Klage wegen Mangels einer Prozeßvoraussetzung erlangt. Auch dann war „der Widerspruch begründet" (§ 147 KO.), und es hat nunmehr wiederum der Gläubiger die Feststellung seiner — nicht titulierten — Forderung zu betreiben.[1]

Liegt gegen eine titulierte Forderung eine Mehrheit von Widersprüchen vor, so gelten die selben Grundsätze, wie sie oben für die nicht titulierte Forderung dargelegt worden sind.[2] Die mehreren Opponenten können das Verfahren gemeinsam, *uno actu,* aufnehmen. Dann bilden sie eine Streitgenossenschaft, die eine notwendige (§ 62 CPO.) ist entweder, wenn sie alle Opponenten umfaßt und ihnen gegenüber der Antrag auf Feststellung der Forderung gestellt ist, oder wenn die zusammen streitenden Opponenten ihren Widerspruch auf den selben Punkt richten und auf den selben Grund stützen. Ein Zwang zur Streitgenossenschaft besteht nicht; die einzelnen Opponenten können jeder den eigenen Widerspruch durch sukzessive Aufnahme verfolgen. Die getrennten Prozesse können nach den allgemeinen Regeln verbunden, und auf diesem Wege die Streitgenossenschaft herbeigeführt werden. Es ist auch zulässig, daß ein Gläubiger, der bestritten hat, einem anderen bereits prozedierenden Opponenten als Nebenintervenient beitritt.

Die Möglichkeit sukzessiver Reassumtion findet ihre Schranke in dem Satze, daß das Urteil, welches einen Widerspruch für begründet erklärt, allen Konkursgläubigern gegenüber

---

[1] Jäger § 146, 25; Petersen-Kleinfeller § 146, 27; v. Wilmowski § 134, 9; Seuffert S. 275 nebst Anm. 17; Fitting Ko. S. 110 Anm. 29. And. Mein. Oetker a. O., der dem Opponenten nunmehr selbständige „Widerspruchsklage" geben will.

[2] Siehe S. 164 ff., wohin auch wegen der Kontroversen und der Literatur verwiesen wird (S. 164 A. 3, S. 164 A. 1 u. 2).

wirkt (§ 147 Satz 1 KO.). Der Sieg eines einzigen Opponenten kommt allen anderen zustatten. Dabei macht es keinen Unterschied, aus welchem rechtlichen Grunde der Widerspruch für begründet erklärt worden ist. Ist die Forderung selbst rechtskräftig verneint worden, so steht jeder späteren Aufnahme die *res iudicata* entgegen; ist ihre Verfolgbarkeit im Konkurse negiert oder der privilegierende Titel beseitigt, so gebricht es an der allgemeinen oder besonderen Voraussetzung der Reassumtion. — Abgesehen von dieser Schranke sind die einzelnen Prozesse der getrennt streitenden Opponenten selbständig zu beurteilen. Das Unterliegen des einzelnen berührt den Prozeß des anderen nicht. Die einzelne Aufnahme setzt die unterbrochenen Fristen nur für und gegen den Reassumenten wieder in Lauf. Daher ist es allerdings an sich möglich, daß nach der Verwerfung der Berufung des einen Opponenten ein zweiter aufnimmt und in der nun für ihn eröffneten Notfrist das Urteil abermals anficht u. s. f., aber diese Konsequenz ist nicht zu umgehen, und auch im Falle des Abs. 3 ist ja gegenüber verschiedenen Opponenten mehrfaches Rechtsmittel gegen das klagabweisende Urteil denkbar. Für die praktische Handhabung bildet gegen das sukzessive Rechtsmittel die Aufnahmebefugnis des Liquidanten und die Verbindungsmöglichkeit ein ausreichendes Korrektiv, ganz abgesehen von dem Interesse, das die Opponenten selbst an schleuniger Durchführung des Widerspruchs haben.[1]

B. Der Widerspruch des Gemeinschuldners gegen eine angemeldete Forderung ist ohne Einfluß auf ihre konkursmäßige Feststellung oder Nichtfeststellung. Allerdings muß nach der Vorschrift des § 141 Abs. 2 KO. der Kridar bei der Erörterung der angemeldeten Liquidate zugezogen und gehört werden, aber seinen Erklärungen wohnt in Ansehung des Konkursverfahrens nur ein Auskunftsinteresse inne, da die einzelne Forderung bei übereinstimmendem Anerkenntnisse des Verwalters und der Gläubiger trotz Widerspruchs des Gemeinschuldners feststeht,

[1] Hinsichtlich der sukzessiven Aufnahme übereinstimmend Petersen-Kleinfeller § 146, 28; v. Sarwey-Bossert § 146, 9; Oetker I S. 355; and. Mein. Fitting Ko. S. 111 f. Anm. 32 und 33.

umgekehrt aber, bei Widerspruch des Verwalters oder eines Gläubigers trotz Anerkenntnisses des Kridars streitig bleibt. Die Wirkung einer Feststellung, die gegen den in der Tabelle zu vermerkenden Widerspruch des Gemeinschuldners erfolgt, erstreckt sich jedoch nur auf das Konkursverfahren. Für die Zeit nach Aufhebung des Konkurses begründet es einen wichtigen Unterschied, ob der Gemeinschuldner die Forderung anerkannt oder bestritten hatte. Während im ersteren Falle der Tabelleneintrag nach § 164 Abs. 2 KO. einen Schuldtitel bildet, auf Grund dessen nach Beendigung des Konkurses wegen des Ausfalls ohne weiteres gegen den Kridar vorgegangen werden kann, hat im letzteren Falle der Tabelleneintrag keinerlei Wirkung gegen das gantfreie Vermögen des Gemeinschuldners, und bedarf es zum Zwecke der Exekution gegen ihn eines besonderen Schuldtitels. Dem Interesse des Gläubigers, diesen Schuldtitel noch während des Konkurses zu erhalten, um nach dessen Beendigung sofort gegen das der Einzelexekution bis dahin verschlossene Vermögen des Gemeinschuldners vorgehen zu können, dient die Vorschrift des § 144 Abs. 2 KO. Hier ist bestimmt, daß ein über eine vom Gemeinschuldner bestrittene Forderung anhängiger Rechtsstreit *durante concursu* gegen den Gemeinschuldner selbst aufgenommen werden kann, der rücksichtlich des konkursfreien Vermögens ja prozeßfähig ist. Voraussetzung dieser Aufnahme ist, daß die Forderung im Konkurse liquidiert, geprüft und bestritten worden ist. Dadurch unterscheidet sich der hier vorliegende prozessuale Tatbestand von dem oben S. 144 f. erörterten, wo der Gläubiger einer materiellen Konkursforderung, von der Befriedigung im Konkurse absehend und deshalb ohne Liquidation, das unterbrochene Verfahren auf Grund seiner oder des Kridars Aufnahme gegen diesen fortsetzt. Im Falle des § 144 Abs. 2 KO. ist Subjekt der Aufnahme nur der anmeldende Gläubiger. Das gilt auch dann, wenn die Forderung eine titulierte ist. Denn nach den einleitenden Worten des § 146 KO. finden dessen Vorschriften nur Anwendung auf „streitig gebliebene" Forderungen, und darunter fallen die lediglich vom Kridar bestrittenen Liquidate nicht. Der Kridar, der an einer über den Konkurs hinauswirkenden Feststellung kein Interesse hat, kann weder selbst aufnehmen noch den Gegner nach § 239 CPO. zur Aufnahme laden.[1]

Für das zwischen dem Gläubiger und dem Gemeinschuldner nach erfolgter Liquidation aufgenommene Verfahren gelten im allgemeinen die selben Sätze, wie für das zwischen beiden ohne Liquidation fortgesetzte Verfahren, auf dessen Darstellung verwiesen wird (oben S. 145 ff.). Aus der mangelnden Konkursforderungsnatur des Anspruchs kann der Gemeinschuldner keine Einwendungen in der Sache herleiten. Der Prozeß ist Leistungsprozeß. Da er außerhalb des Konkursverfahrens geführt wird, ist der Antrag auf Leistung auch formell aufrecht zu erhalten; an die Stelle einer ursprünglich *in natura* zu bewirkenden Leistung tritt aber hier der zur Tabelle liquidierte Geldbetrag. Es bedarf keiner Einschränkung des Antrags oder Urteils auf Zahlung nach beendetem Konkurse, geschweige denn auf bloße Feststellung, keiner Einschränkung auf Zahlung des im Konkurse nicht gedeckten Teils der Forderung, wenn sich auch von selbst versteht, daß der Gläubiger das siegreiche Urteil erst *finito concursu* vollstrecken kann (§ 14 KO.) und die gezahlte Konkursdividende sich auf die Judikatssumme anrechnen lassen muß. Dies beides sind aber Fragen der Vollstreckungsinstanz und auf das Verfahren *in iudicio*

---

[1] Jäger § 144, 4; Petersen-Kleinfeller § 144, 12; v. Sarwey-Bossert § 144, 6 II 1; Seuffert S. 265; Kohler S. 362 f.; Fitting Ko. S. 115 Anm. 42; Oetker I S. 360; Reichsgericht in E. 13, 316; 16, 360; OLG. Dresden in Sä.A. 1, 666, 668 f. Die abweichende Ansicht v. Völderndorffs II S. 389 hat keinen Anklang gefunden. — Oetker geht in seinen weiteren Ausführungen (S. 360 ff.) näher auf den Unterschied zwischen der Aufnahme nach und ohne konkursmäßige Liquidation ein. Auf Grund seiner schon oben bekämpften Ansicht, daß die „Zulassung" die Unterbrechung begründe, gelangt er zu Konsequenzen, die m. E. unhaltbar sind. So wenn er annimmt, daß der nach der Konkurseröffnung gegen den Kridar fortgesetzte und durch Urteil, Vergleich oder Klagrücknahme beendete Prozeß auf Grund nachmaliger Liquidation der Klagforderung durch Aufnahme gegen die Opponenten fortgesetzt werden könne. „Selbst mit der Beendigung der Rechtshängigkeit ist er (der der Konkurseröffnung vorgängige Prozeßabschnitt) noch nicht endgültig zu den Toten gelegt; die Aufnahme gegen einen Opponenten erweckt ihn zu neuem Leben" (S. 365). Die verschiedene Beantwortung der grundlegenden Frage rechtfertigt die Unterlassung des näheren Eingehens auf Oetkers Resultate.

ohne Einfluß. Einer Berichtigung der Tabelle bedarf es nicht; der Gläubiger exequiert aus dem Urteil.[1]

Die Aufnahme des § 144 Abs. 2 geschieht unabhängig vom Konkursverfahren und deshalb auch ohne Rücksicht darauf, ob die Klagforderung zur Tabelle festgestellt, oder ob sie auch im Konkurse streitig ist.[2] Die Möglichkeit abweichender Entscheidung des Prozesses gegen den Gemeinschuldner gegenüber der konkursmäßigen Feststellung ist damit gegeben. Sie hat aber auch vom Gesetze nicht ausgeschlossen werden sollen, und die verschiedene Entscheidung enthält keinen Widerspruch, da die Feststellung zur Tabelle nur für das Konkursverfahren und die Konkursmasse, die Entscheidung gegen den Gemeinschuldner aber außerhalb des Konkursverfahrens für das konkursfreie, insbesondere für das Vermögen des Gemeinschuldners nach Beendigung des Konkurses wirkt. Endet der über eine im Konkurse festgestellte Forderung schwebende Prozeß im Verfahren zwischen Gläubiger und Gemeinschuldner mit Abweisung der Klage, so ist die Forderung

---

[1] Der Leistungscharakter des Prozesses wird energisch betont von Ob.LG. f. Bayern in SA. 54, 378 und auch von PETERSEN-KLEINFELLER § 144, 12 und dem OLG. Hamburg in SA. 39, 382 vertreten. Echte Feststellungsklage mit der Maßgabe, daß nach dem Obsiege aus der zu berichtigenden Tabelle exequiert werde, nehmen an JÄGER § 12, 19; FITTING Ko. S. 115 f. Anm. 43; Reichsgericht in E. 24, 407. OETKER I S. 364 gibt dem Gläubiger die Wahl zwischen der Klage auf Leistung oder auf Repression des Widerspruchs. — Vielfach wird Einschränkung des Antrags oder doch des Urteils auf Zahlung nach Beendigung des Konkurses gefordert, so Reichsgericht in Beitr. 39, 694 — entsprechend dem Falle der mangelnden Liquidation in E. 29, 76 —, Ob.LG. f. Bayern und OLG. Hamburg a. O. Dagegen oben S. 149f.; auch hat der höchste Gerichtshof selbst in der in Beitr. 39, 694 zitierten Entscheidung II 243/87 (bei BOLZE 5, 1420), soweit aus den Referaten ersichtlich, den Tenor schlechthin auf Zahlung gestellt und nur in den Gründen auf § 14 KO. verwiesen. — Die Beschränkung auf den Ausfall verlangt JÄGER § 144, 3.

[2] Siehe namentlich v. SARWEY-BOSSERT § 144, 6. Das hat auch das Reichsgericht in Beitr. 39, 690 ff. gegenüber der abweichenden, auf die Stellung des § 144 Abs. 2 im Gesetze und seine Entstehungsgeschichte sich stützenden Meinung des Kammergerichts (S. 691 f.) ausdrücklich hervorgehoben und die Praxis auch sonst stillschweigend anerkannt z. B. Reichsgericht in E. 13, 315 f.; 24, 405; Ob.LG. f. Bayern a. O.; OLG. Dresden in Sä.A. 5, 145 f.

bei der Ausschüttung der Masse zu berücksichtigen, während der Kridar wegen des Ausfalls des Gläubigers nicht in Anspruch genommen werden kann.[1] Praktisch häufig wird dieses in der Sache vielleicht unbillige Ergebnis nicht sein, dank der Vorschrift, daß der Kridar zu den Anmeldungen zu hören und überhaupt zur Auskunft verpflichtet und der Verwalter in der Lage ist, sein Verhalten den einzelnen Liquidaten gegenüber nach dessen Mitteilungen einzurichten; schlechthin zu vermeiden ist es wegen der Dispositionsbefugnisse des Verwalters nicht.

Ist die Forderung auch im Konkurse streitig, so kann der Streit gegen die Opponenten einerseits und den Kridar andrerseits in getrennten Prozessen ausgetragen werden. Es kann aber auch der Gläubiger den Rechtsstreit gegen die Opponenten im Konkurse und den Gemeinschuldner gleichzeitig aufnehmen; es können endlich die von ihm oder nach § 146 Abs. 6 KO. vom Opponenten getrennt aufgenommenen Prozesse zu gemeinsamer Verhandlung und Entscheidung verbunden werden. In den letzteren Fällen entsteht eine passive Streitgenossenschaft, auch insoweit, als der Gemeinschuldner und der Verwalter, sein Vertreter, nebeneinander streiten, denn dieser streitet für das zur Konkursmasse gehörige Vermögen, über das der Kridar nicht verfügen kann, jener für das gantfreie Vermögen prozeßfähig (entsprechend oben S. 111 f.). Da verschiedene Vermögenssphären in Frage stehen und verschiedene Entscheidung für die Masse und für das gantfreie Vermögen immer, nicht bloß dann, wenn etwa der Verwalter auf Grund eines Anfechtungsrechts oder der Kolliquidant wegen Mangels der Konkursforderungsqualität widersprochen hat, juristisch möglich ist, so ist die Streitgenossenschaft zwischen dem Kridar auf der einen und dem Verwalter oder Gläubigeropponenten auf der anderen Seite stets eine einfache (§ 61 CPO.), auch wenn die Konsorten die Klagforderung mit der selben Begründung und Begrenzung bekämpfen.[2] —

---

[1] Vgl. hierzu namentlich die Ausführungen des Reichsgerichts in E. 13, 318 f. und Fitting Ko. S. 116 nebst Anm. 44.

[2] Für einfache Streitgenossenschaft die herrschende Meinung: Jäger § 144, 3; Wolff § 144, 2; Gaupp-Stein § 62 IIb Anm. 11; Fitting Ko. S. 115 Anm. 42; Oetker I S. 360; Bunsen in Z. 26, 315 f.; OLG. Dresden a. O.

Dem Gemeinschuldner kann weder der Verwalter noch ein Gläubigeropponent als Nebenintervenient beitreten, denn es fehlt an dem rechtlichen Interesse an seinem Obsiege. Umgekehrt ist auch die Nebenintervention des Kridars nicht nur zu Gunsten des Verwalters (hierüber oben S. 97), sondern auch zu Gunsten eines allein opponierenden Gläubigers unzulässig. Er hat zwar zweifellos ein rechtliches Interesse daran, daß eine unbegründete Forderung nicht als teilnahmeberechtigt im Konkurse festgestellt werde. Denn die Teilnahme Unberechtigter an der Ausschüttung der Masse verringert die Dividende auf die begründeten Forderungen und läßt diese also für die Zeit nach Aufhebung des Konkurses in höherem Betrage bestehen, als beim Ausschlusse jener. Aber zur Verhinderung der konkursmäßigen Feststellung ist eben an Stelle des Gemeinschuldners der Konkursverwalter berufen; bestreitet dieser nicht, so hat der Kridar kein Mittel, die Feststellung zur Tabelle zu hintertreiben. Sein Interesse wird, was den Konkurs anlangt, vom Verwalter vertreten. Ob der Gemeinschuldner seinerseits dem Liquidate widersprochen hatte oder nicht, ist für die Frage seiner Nebenintervention ohne Belang. Denn dieser Widerspruch hat nur Bedeutung für sein gantfreies Vermögen; die Liquidationsprozesse, um die es sich hier handelt, tangieren nur die Konkursmasse.[1]

S. 147; für notwendige KOHLER, Lehrb. S. 569 (Pr. a. R. S. 104; in Civ.A. 81, 412). PETERSEN-KLEINFELLER § 146, 4 wollen auch hier nach dem Gegenstande des Widerspruchs unterscheiden (oben S. 165). Unrichtig ist es auch, wenn die selben Autoren § 144, 12 die Aussetzung des Verfahrens gegen den Kridar bis zur Erledigung des Liquidationsprozesses für statthaft erklären, und wenn umgekehrt KOHLER in Civ.A. 81, 413 für die auf Antrag anzuordnende Aussetzung des Liquidationsprozesses eintritt, weil der Sieg des Gemeinschuldners dem Opponenten eine materielle Einrede verschaffe.

[1] Die Irrelevanz des gemeinschuldnerischen Widerspruchs für die Frage der Nebenintervention wird zumeist verkannt. JÄGER § 146, 11 und SEUFFERT S. 272 stimmen im Ergebnis mit dem Text überein, leugnen aber für den Fall des Widerspruchs des Kridars mit Unrecht sein Interesse am Siege des Opponenten, denn daß die feststellende Wirkung der Tabelle gegen sein gantfreies Vermögen ausgeschlossen ist, beseitigt dies Interesse, wie gezeigt, noch nicht. Unrichtig, daß im Falle des Nichtbestreitens des Gemeinschuldners sein Interesse nur ein tatsächliches sei, wie GAUPP-STEIN

C. An letzter Stelle bleibt der Fall zu betrachten, daß einer rechtshängigen zur Tabelle liquidierten Konkursforderung weder seitens des Verwalters, noch eines Konkursgläubigers, noch auch seitens des Gemeinschuldners ein Widerspruch entgegengesetzt worden ist. Es wird dann nicht nur der Gläubiger nach Maßgabe des geforderten Betrages aus der Konkursmasse verhältnismäßig befriedigt, sondern der Eintrag in die Tabelle bildet zugleich einen vollstreckbaren Schuldtitel gegen den Kridar auch über den Konkurs hinaus (§ 164 Abs. 2 KO.). Der Eintrag begründet gleich einem rechtskräftigen Urteile *res iudicata* gegenüber allen am Konkurse beteiligten Personen.

Der zur Zeit der Konkurseröffnung schwebende Rechtsstreit über die angemeldete Forderung ist damit erledigt. Er hat auf einem, infolge des eingetretenen Konkurses einzuschlagenden besonderen Wege zu einem rechtskräftigen Schuldtitel für die beanspruchte Forderung geführt. Etwas weiteres kann der Gläubiger nicht verlangen und hätte er auch im Wege des ordentlichen Prozesses nicht erreichen können. Da das *iudicium* selbst zu Ende ist, kann hier von einer besonderen Beendigung der Unterbrechung, die ja die *durans lis* voraussetzt, nicht mehr die Rede sein. Der Satz des § 240 CPO., daß die Unterbrechung nicht anders endet, als entweder durch Aufnahme oder durch Aufhebung des Konkursverfahrens, ist damit hier gegenstandslos. Ist die Aufnahme schon aus dieser formellen Rücksicht unzulässig, so steht ihr materiell ebenso wie einer etwa neu zu erhebenden Klage die Einrede der rechtskräftig entschiedenen Sache entgegen. Das gilt in gleicher Weise, ob die Aufnahme *durante* oder *finito concursu*, ob sie gegenüber einem Opponenten oder dem Gemeinschuldner versucht wird. Das Gesetz erwähnt denn auch für den unterliegenden Fall nirgends etwas von der Möglichkeit

---

§ 66 II B. 1; Reichsgericht in E. 28, 422 f. und in JW. 1893, 343; OLG. Hamburg in HGZ. *B.* 15, 157 annehmen. Dagegen mit Recht Kohler in Civ.A. 84, 409 nebst Anm. 70, der freilich auf Grund seiner Annahme der Parteistellung des Verwalters konsequent nun auch die Nebenintervention des Kridars zuläßt. Auch Gaupp-Stein das. A. a. E. nehmen sie zu Gunsten des Verwalters an, wenn der Gemeinschuldner selbst bestritten hatte.

einer Aufnahme. Weder ein etwaiges Interesse der Parteien an der Fortsetzung des Rechtsstreits noch ihr übereinstimmender entgegenstehender Wille ändern etwas an der Unzulässigkeit der Reassumtion. Der Prozeß ist aus dem ordentlichen in das Konkursverfahren übergegangen und hat, was das *iudicium*, den Rechtsstreit angeht, in ihm seine tatsächliche, materielle Erledigung gefunden. Einer formellen Erledigung, wie sie in den Gerichtsakten in die Erscheinung träte, entbehrt er ebenso, wie etwa im Falle des kraft Sistierungsvertrags ruhenden und später nicht mehr fortgesetzten Verfahrens (§ 251 CPO; vgl. oben S. 86).[1]

---

[1] Petersen-Kleinfeller § 146, 9; Willenbücher § 10, 1; OLG. Hamburg in SA. 39, 382 f. und namentlich OLG. Dresden in Sä.A. 1, 665 ff. und LG. Heilbronn in E. 30, 68. Nicht dagegen Reichsgericht in RAnz. 1891, 15; hier ist Streit um den Betrag der dem Grunde nach festgestellten Forderung und also Klage möglich. Die Dresdner Entscheidung behandelt den Fall, daß die Parteien an der Weiterführung des Prozesses gegen den Gemeinschuldner sich deshalb für interessiert erklären, weil eine von diesem geleistete Sicherheit vertragsmäßig erst dann zur Befriedigung des Klägers verwendet werden soll, wenn der Prozeß rechtskräftig zu Ungunsten des Kridars entschieden worden sei. Das Gericht hat mit Recht gegen den Willen beider Parteien die Aufnahme verworfen, und die Entscheidung ist vom Reichsgericht bestätigt worden.

Im Gegensatz hierzu halten Gaupp-Stein § 240 II 2 A. 23; Petersen-Anger § 240, 8; v. Wilmowski-Levy § 218, 1 Abs. 1; Jäger § 146, 30 im Anschluß an die Entscheidung des Reichsgerichts in E. 27, 116 ff. die Fortsetzung des Rechtsstreits zum Zwecke seiner formellen Erledigung für zulässig. M. E. ist gerade dieses Fehlen einer formellen Erledigung dasjenige, was das Reichsgericht zur Entscheidung des fraglichen Falles als ausschlaggebend hätte verwerten sollen. Es hat der Kläger die ihm erstinstanzlich zuerkannte Forderung während der Berufungsinstanz zum Konkurse des Beklagten angemeldet und von keiner Seite Widerspruch erfahren; sein Gesuch um Erteilung des Rechtskraftzeugnisses für das Urteil ist — mit Recht — von allen Instanzen abgelehnt worden. Das Reichsgericht motiviert nur damit, daß die „Anerkennung" der Forderung im Prüfungstermin auch seitens des Kridars keine Zurücknahme der Berufung enthalte. Aber es verkennt, daß auch eine solche Zurücknahme gar nicht mehr möglich wäre; es ist unrichtig, wenn es für die Vollstreckung aus der Tabelle einen vorgehenden Verzicht des Gläubigers auf die Reassumtion als notwendig annimmt, und den Gläubiger auf den Weg weist, zur Erlangung der formellen Rechtskraft des Urteils das Verfahren aufzunehmen.

§ 10.

II. Die Aufhebung des Konkursverfahrens.

Wie die Eröffnung des Konkursverfahrens die partielle Prozeßunfähigkeit des Gemeinschuldners begründet hat, so stellt die Aufhebung des Verfahrens seine Prozeßfähigkeit in vollem Umfange wieder her. Daher führt, wenn das nach § 240 CPO unterbrochene Verfahren während des Konkurses nicht aufgenommen worden ist, noch auch der Rechtsstreit als Prozeß über die Passivmasse in der soeben gedachten Weise in das Konkursverfahren über und durch rechtskräftige Bejahung des Anspruchs in ihm aufgegangen ist, das Ende des Konkursverfahrens auch das Ende der Unterbrechung herbei. Das besagen die von der Reichstagskommission in den § 240 gebrachten Worte: „... oder das Konkursverfahren aufgehoben wird." Der Zusatz ist erfolgt, weil die Konkursordnung, auf welche der § 240 verweist, keine Vorschrift darüber enthält, wie es zu halten sei, wenn im Konkurse eine Aufnahme nicht erfolgt ist. Es hätte seiner nicht bedurft; denn nachdem mit dem Ende des Konkurses der Gemeinschuldner wieder prozeßfähig geworden ist, kann *cessante legis ratione* die Unterbrechung nicht fortdauern. Indessen bestätigt diese besondere Hervorhebung aufs neue die oben (S. 86) vertretene Auffassung, daß das Gesetz in dem Wegfall der Beziehung des Verfahrens zur Masse keinen Endigungsgrund für die Unterbrechung erblickt; denn wäre das der Fall, so hätte jener Zusatz sich erübrigt, da nach Aufhebung des Konkurses von einer Beziehung des nicht reassumierten Verfahrens zur Masse nicht mehr die Rede sein kann. Andere Gründe für die Beendigung der Unterbrechung, als die Aufnahme während

---

Das könnte zu einer Erneuerung des Streites über die rechtskräftig feststehende Forderung führen, denn das bloße Unterlassen des Widerspruchs enthält kein Anerkenntnis des Kridars (Oetker I S. 361). Überdies hat der Gläubiger in der Tabelle einen rechtskräftigen Titel und bedarf des Rechtskraftzeugnisses auf das Urteil nicht mehr; welches Interesse er für die Erlangung eines solchen *in concreto* geltend gemacht hat, geht aus dem Referate nicht hervor.

des Konkurses und das Ende des Konkurses kennt das Gesetz nicht.[1]

Es begründet keinen Unterschied, ob der Beschluß auf Aufhebung des Konkursverfahrens auf Grund der Abwicklung des Konkurses (§ 163) oder eines Zwangsvergleichs (§ 190) erlassen wird, oder die höhere Instanz auf die sofortige Beschwerde des Gemeinschuldners den Eröffnungsbeschluß aufhebt (§ 109 KO.). Die selbe Wirkung wie die Aufhebung hat, wie zwar nicht ausdrücklich im Gesetze ausgesprochen, aber mit Recht allgemein anerkannt ist, die Einstellung des Verfahrens (§§ 202 ff. KO.), denn auch sie bedeutet den Wiedereintritt der vollen Prozeßfähigkeit des Kridars.[2]

Mit dem Ende des Konkurses hört die Unterbrechung des Rechtsstreits *ipso iure* auf, also ohne eine besondere Form, insbesondere ohne Aufnahmeerklärung, und ohne Rücksicht auf die tatsächliche Kenntnis der Prozeßsubjekte von der Beendigung des Konkursverfahrens. Es entsteht die Frage: in welchem Zeitpunkte endet der Konkurs? Ihre Beantwortung kann an sich zweifelhaft sein; es ließe sich denken an den Tag des Erlasses des konkursbeendenden Dekrets, an den Tag seiner Rechtskraft, soweit es anfechtbar ist (§§ 116, 204 f. vb. 73 im Gegensatze zu 163, 190 KO.), an den Tag, an welchem nach § 76 KO. seine öffentliche Bekanntmachung als bewirkt gilt. Die Entscheidung

---

[1] Es ist ein offenbarer Irrtum, wenn Fitting Ko. S. 64 die Erledigung eines unterbrochenen Rechtsstreits durch Vergleich und infolge Anerkenntnisses oder Verzichts für möglich hält. Als prozessuale Rechtsgeschäfte setzen sie das Ende der Unterbrechung als eingetreten voraus, als außerprozessuale berühren sie formell den Prozeß überhaupt nicht.

[2] Vgl. die Kommentare zu § 240 CPO.; Seuffert S. 386, 434, 461, 464; Fitting a. O.; Beispiel: Reichsgericht in E. 45, 323, 326, wo der Prozeß in der Revisionsinstanz länger als drei Jahre unterbrochen gewesen ist. — Daß im Falle der Einstellung des Verfahrens oder seiner Aufhebung infolge Schlußverteilung oder Akkords die bestehende Unterbrechung endet, nicht etwa rückwärts zusammenfällt, als sei sie nie eingetreten, versteht sich von selbst. Das selbe gilt aber auch im Falle der Aufhebung des Eröffnungsbeschlusses durch die höhere Instanz, denn die Unterbrechung war eingetreten unerwartet der Rechtskraft dieses Beschlusses (vgl. oben S. 66 f. u. A. 1; Seuffert § 240, 1; Gaupp-Stein § 240 I 2; Reichsgericht in E. 36, 94 f. und in Frankf. Rsch. 31, 161 ff.).

ergibt sich für uns aus dem das Ende der Unterbrechung herbeiführenden Grunde. Da die Unterbrechung deshalb aufhört, weil der Gemeinschuldner wieder prozeßfähig ist, so kommt als der für das Ende des Konkursverfahrens maßgebende Zeitpunkt der Moment in Betracht, wo der Gemeinschuldner die Verfügungsgewalt über sein Vermögen zurückerlangt, m. a. W. wo das konkursbeendende Dekret für ihn wirksam wird. Nach § 76 KO. ist das für alle Beteiligten, und also auch für den Gemeinschuldner, der Fall mit dem Ablaufe des zweiten Tages nach der Ausgabe der die Einrückung oder die erste Einrückung des Dekrets enthaltenden Nummer des Amtsblatts. Mit dem Ablauf dieses Tages endet die Unterbrechung, mag das Dekret nun enthalten die rechtskräftige Aufhebung des Eröffnungsbeschlusses (§ 116), die Aufhebung des Konkursverfahrens nach Abhaltung des Schlußtermins (§ 163) oder rechtskräftiger Bestätigung des Zwangsvergleichs (§ 190) oder die Einstellung des Konkursverfahrens wegen Gantverzichts (§ 203) oder Mangels an Masse (§ 204 KO.). Damit ist, wie für den Anfang (oben S. 67), so auch für das Ende der Unterbrechung ein fester Zeitpunkt gewonnen, wie er angesichts der damit verbundenen prozessualen Wirkungen auch erforderlich ist.[1]

---

[1] Diese Fixierung der zeitlichen Grenze des Konkurszustandes und damit der Unterbrechung entspricht der herrschenden Meinung, die für die Fälle der Aufhebung des Konkursverfahrens nahezu die allgemeine ist, vgl. Jäger §§ 163, 4 u. 8; 190, 1; Petersen-Kleinfeller §§ 163, 4; 190 ff., 1; v. Wilmowski §§ 151, 2; 175, 2; Seuffert CPO. § 240, 6; Konk.Pr.R. S. 384, 386 unter c; 433, 434 unter b; Fitting Ko. S. 226, 228, 335, 370; OLG. e Dresden in Sä.Ann. 19, 152; Braunschweig in SA. 47, 482; Cöln in Rh.A. 81 I, 109 f.; anders namentl. v. Völderndorff §§ 151 f. II; 175 b II; OLG. Colmar in Els. Z. 20, 295 f. Das Reichsgericht in E. 45, 326 bezeichnet gelegentlich den Tag des Aufhebungsbeschlusses als den Zeitpunkt der Beendigung der Unterbrechung. — Für den Fall der Aufhebung des Eröffnungsbeschlusses wollen Seuffert § 240, 1 und wohl auch Jäger § 74, 1 im Gegensatz zu Fitting Ko. S. 294 nebst A. 15 das Ende des Konkurszustandes bereits mit der Rechtskraft der aufhebenden Entscheidung eintreten lassen, was der positiven Vorschrift des § 76 KO. widerspricht. — Für den Fall der Einstellung des Konkursverfahrens endlich führt die Meinung, daß die perfekte Bekanntmachung des Dekrets die Unterbrechung beende (Beispiele: Reichsgericht in Bolze 7, 952; Ob.LG. f. Bayern

Die Wirkungen der Beendigung der Unterbrechung sind die Negativen der Wirkungen ihres Eintritts (§ 249 CPO.). Von dem angegebenen Zeitpunkte an beginnen die Fristen wieder, und zwar von vorn, zu laufen, und haben die seitens des Gerichts, des Kridars und seines Gegners vorgenommenen Prozeßhandlungen volle und allseitige Wirksamkeit. Abgesehen von dem Neubeginn des Fristenlaufs wird der Prozeß in der Lage fortgesetzt, in der er sich bei Eintritt der Unterbrechung befand. Nach ihr beurteilt sich auch, welches Subjekt die prozeßfortsetzende Handlung vornehmen kann oder vorzunehmen hat. Im Stadium des Parteibetriebs kann jede Partei die andere laden oder ein Rechtsmittel einlegen. Kam der Prozeß in einer Lage zum Stillstand, in der das Gericht von Amts wegen tätig zu werden hatte, so hat es nach glaubhafter Kenntnis vom Ende der Unterbrechung die ihm obliegenden Handlungen vorzunehmen, z. B. einen Be-

---

in seinen Entsch. 16, 192 f.), zu erheblichen Differenzen im Resultate, je nachdem die streitige Vorfrage, ob der Einstellungsbeschluß erst nach Rechtskraft oder ohne Rücksicht auf diese bekannt zu machen sei, mit der überwiegenden Ansicht — Jäger § 206, 4; Petersen-Kleinfeller § 206, 5; v. Wilmowski § 191, 1 (diese beiden im Gegensatz zu früheren Auflagen); Seuffert S. 461, 465; Oetker I S. 402 — und der Praxis im Sinne der zweiten, oder mit einer Minorität — Fitting Ko. S. 388; Endemann S. 622 — im Sinne der ersten Alternative beantwortet wird. Die herrschende Meinung gerät in Schwierigkeiten bei der Behandlung der zwischen der öffentlichen Bekanntmachung und der Rechtskraft der den Einstellungsbeschluß aufhebenden Entscheidung liegenden Prozeßhandlungen des Kridars und des Fristenlaufs in dieser Zeit, die in praktisch brauchbarer Weise m. E. nur dadurch zu überwinden sind, daß man mit dem aufhebenden Beschlusse eine neue Unterbrechung eintreten läßt. Die Schwierigkeiten werden vermieden, wenn die Einstellung erst nach Eintritt der Rechtskraft bekannt gemacht wird, und es verdient neben anderen Gründen auch deshalb die Meinung Fittings S. 386 f. den Vorzug, daß der Einstellungsbeschluß zunächst im Falle des Gantverzichts den allein anfechtungsberechtigten widersprechenden Gläubigern, im Falle unzureichender Masse dem anfechtungsberechtigten Verwalter zuzustellen und erst nach Ablauf der Notfrist die Insertion zu bewirken ist. Das entspricht der Behandlung im Falle der Aufhebung des Eröffnungsbeschlusses, mit der die Einstellung bei aller sonstigen Verschiedenheit doch das gemeinsam hat, daß sie das Konkursverfahren ohne Erfüllung seines Zweckes der materiellen Befriedigung der Gläubiger beendet (vgl. Kohler S. 511: *absolutio ab instantia*).

weisbeschluß zu erledigen.[1] Seitens der Prozeßsubjekte während der Unterbrechung vorgenommene Prozeßhandlungen erwachsen in Gültigkeit, wenn die Rüge des Mangels zu gehöriger Zeit unterbleibt (§ 295 CPO.; vgl. oben S. 77f.). Daß in materieller Beziehung Einreden erwachsen sein können, z. B. dem Gemeinschuldner aus dem Zwangsvergleich (§ 193 KO.), ist auf die formelle Weiterführung des Rechtsstreits ohne Einfluß. — Die Wiederaufnahme des Konkurses nach abgeschlossenem Akkord (§ 199 KO.) führt bei Vorliegen der sonstigen Voraussetzungen eine neue, selbständige Unterbrechung des Verfahrens herbei.

Im vorstehenden war die Rede von denjenigen Prozessen, die mit der Konkurseröffnung unterbrochen und während des Konkurses nicht wieder aufgenommen worden sind. Eine andere Frage ist die, welchen Einfluß auf die *durante concursu* aufgenommenen und bei Beendigung des Konkursverfahrens noch schwebenden Rechtsstreitigkeiten diese Beendigung ausübt. Daß mit dem Ende des Konkurses eine Unterbrechung des Verfahrens nicht eintritt, kann beim Mangel einer gesetzlichen Bestimmung nicht zweifelhaft sein und wird auch so gut wie allgemein anerkannt.[2] Es kann sich nur fragen, ob zur Weiterführung solcher Prozesse nach wie vor der durch die Reassumtion in die Betätigung der Parteirolle hineingezogene Verwalter oder der Gläubigeropponent berufen sei, oder, vermöge seiner wieder erlangten Prozeßfähigkeit, der bisherige Gemeinschuldner an seine Stelle trete. Die Erörterung dieser Frage geht über das hier gestellte Thema hinaus, denn sie ist nicht beschränkt auf die unterbrochenen und nachmals aufgenommenen Prozesse, sondern

---

[1] Das widerspricht nicht den Grundsätzen des Parteibetriebs, denn da die Unterbrechung gegen den Willen der Parteien eintritt, muß im Mangel anderweiter Erklärung ihr fortdauernder Streitwille angenommen werden. Die gegenteilige Annahme würde bedeuten, daß mit der Konkursaufhebung nicht der Stillstand ende, sondern seinen Charakter wechsle, indem an die Stelle der Unterbrechung nunmehr die Ruhe des Verfahrens (§ 251 CPO.) träte. Vgl. Planck I S. 395, 527.

[2] In E. 47, 372 ff. hat sich das Reichsgericht mit dieser Frage *ex professo* beschäftigt. Für Unterbrechung (nach Versicherung von Kiehl in Z. 30, 321) Hellwig, Anspruch und Klagerecht S. 263.

erstreckt sich auch auf die praktisch noch häufigeren Fälle, daß der bei Aufhebung des Verfahrens schwebende Rechtsstreit erst während des Konkurses eingeleitet worden war. Ihre Beantwortung ist mit dem Satze, daß der Gemeinschuldner durch die Aufhebung des Konkursverfahrens die volle Prozeßfähigkeit wieder erlangt, nicht gegeben; sie richtet sich vielmehr danach, wie weit das konkursbeendende Dekret auf den Konkurszustand einwirkt. Nicht immer bringt das Dekret den Konkurs in jeder Beziehung zum Erlöschen. In den Bestimmungen über die Nachtragsverteilungen (§§ 166, 168f. KO.) ist die Anerkennung des Fortbestandes der Konkursmasse (Nachtragsmasse) und der Funktionen des Verwalters trotz der formellen Aufhebung des Konkurses enthalten. Insoweit bleibt also auch der Gemeinschuldner prozeßunfähig. Wenn der schwebende Rechtsstreit die Nachtragsmasse in aktiver oder passiver Beziehung betrifft, sei es daß noch ein Aktivum für die Masse erstritten werden soll oder ein Gläubiger im Liquidationsprozesse den Anspruch auf den für seine Forderung zurückbehaltenen Betrag erhebt, hat der Verwalter als gesetzlicher Vertreter des Kridars oder der opponierende Gläubiger als Partei den Rechtsstreit zu Ende zu führen. Dies gilt zunächst für den Fall, daß der Konkurs zufolge Ausschüttung der Masse beendet worden ist (§ 163 KO.). Ein weiteres Eingehen hierauf und auf die Fälle der Aufhebung des Konkursverfahrens auf Grund Akkords und seiner Einstellung mag aus dem angedeuteten Grunde unterbleiben.[1]

---

[1] Für dieses im einzelnen sehr streitige Gebiet vgl. Jäger §§ 10, 35 f.; 146, 28 f.; Petersen-Kleinfeller §§ 10 f., 9; Gaupp-Stein § 240 III; v. Wilmowski-Levy § 218, 3; Seuffert S. 183 f.; 273; Fitting Ko. S. 336; 337 A. 2; 338 A. 4; 374 A. 7; Oetker in Z. 25, 43; 45; 68. Die Judikatur ist umfangreich, vgl. Reichsgericht in E. 22, 155; 27, 113; 28, 68 ff.; 32, 72 ff. und 429; in JW. 1895, 63; OLG. Hamburg in SA. 38, 255 f.; OLG. Colmar in Els. Z. 20, 325 f.; OLG. Posen in Rspr. 3, 62 f.; OLG. Dresden das. 5, 89.

Fünftes Kapitel.

§ 11.

Die besonderen Verfahrensarten und das fakultativ mündliche Verfahren.

Was die sogenannten besonderen Arten des Verfahrens betrifft, so ist im allgemeinen davon auszugehen, daß die im ersten Buche der Prozeßordnung unter der Überschrift „Allgemeine Bestimmungen" gegebenen, zunächst auf das Ordinarium zugeschnittenen Vorschriften grundsätzlich und soweit möglich auch für die besonderen Prozedursysteme unmittelbare oder wenigstens entsprechende Anwendung zu finden haben. Das hat auch von dem Einflusse des Konkursverfahrens auf die nicht *in ordinario* verhandelten Rechtsstreitigkeiten zu gelten. In der Tat erhellt aus der insoweit noch zu erörternden Vorschrift des § 146 Abs. 6 KO., daß speziell für das Mahnverfahren eine Unterbrechung infolge Konkurses anerkannt wird. In Betracht kommen aber neben diesem der Urkunden- und Wechselprozeß, das Arrestverfahren und die einstweiligen Verfügungen. Dagegen bleiben außer Frage das Verfahren in Ehesachen und die damit verwandten Rechtsstreitigkeiten der §§ 640 ff. CPO., weil es für sie an einer Voraussetzung der Unterbrechung, der Beziehung zur Konkursmasse, gebricht, sowie das Entmündigungs- und das Aufgebotsverfahren, weil sie nach der richtigen Ansicht trotz ihrer Struktur der freiwilligen Gerichtsbarkeit angehören. Das Verfahren aus exekutorischen Urkunden ist Vollstreckungsverfahren und unterliegt als solches der „Hemmung" nach § 14 KO., von deren näherer Erörterung abgesehen worden ist (s. oben S. 19 ff.).

Der selbe allgemeine Grundsatz wie für die besonderen Arten gilt für die Behandlung derjenigen Teile des Verfahrens, welche außerhalb des Prinzips der Mündlichkeit stehen. Allerdings hat in der Regel die Anwendbarkeit der Vorschriften über Unterbrechung und Aufnahme auf das fakultativ mündliche Verfahren eine selbständige praktische Bedeutung nicht, weil dieses sich zumeist als Teilverfahren im Ganzen des Prozesses abspielt und als solches im Konkurse das Schicksal des Rechtsstreits überhaupt teilt. Eine besondere Unterbrechung ist aber möglich im Beschwerdeverfahren da, wo es selbständig auftritt (z. B. §§ 730, 733, 793, 102 Abs. 3 CPO.), und namentlich häufig im Verfahren zur Festsetzung der zu erstattenden Prozeßkosten (§§ 104 ff. CPO.).

Im folgenden sollen hinsichtlich ihrer Beeinflussung durch den inzidenten Konkurs einer Partei der Urkunden- und Wechselprozeß, das Mahnverfahren, das fakultativ mündliche Verfahren im allgemeinen und das Kostenfestsetzungsverfahren insbesondere betrachtet worden.[1]

I. Der Unterschied des Urkunden- und Wechselprozesses (§§ 592 ff. CPO.) vom ordentlichen Verfahren ist derart, daß er für das hier fragliche Gebiet eingreifende Verschiedenheiten nicht begründen kann. Unterbrechung und Aufnahme unterliegen den allgemeinen Regeln. Es sei hier nur daran erinnert, daß nach Erlaß des Vorbehaltsurteils für den Konkurs des Beklagten der Prozeß ein Passivprozeß ist und das Urteil einen Titel im Sinne von § 146 Abs. 6 KO. bildet, wenn die Judikatssumme noch nicht beigetrieben ist (oben S. 167), daß dagegen ein nach § 10 KO. aufzunehmender Aktivprozeß vorliegt, wenn der Kläger das Urteil vor Eintritt des Konkurses bereits hat vollstrecken lassen (oben S. 104).[2] Von besonderem Interesse ist für uns vor allem der Fall, daß der Urkundenprozeß als Passivprozeß über die Passivmasse zum Stillstand kam, der Fall also, daß im Laufe eines im Urkundenprozeß geführten Rechtsstreits — vor Erlaß des Vorbehalturteils — der Beklagte in Konkurs geraten ist und der Kläger die rechtshängige Forderung angemeldet und Widerspruch erfahren hat.

---

[1] Das Arrestverfahren unterliegt als fakultativ mündliches Streitverfahren den unten S. 199 ff. zu entwickelnden, als obligatorisch mündliches (nach Anordnung der mündlichen Verhandlung) den allgemeinen Grundsätzen über die Unterbrechung (hierzu OLG. Dresden in Sä.Ann. 16, 41 f.), endlich als Vollstreckungsverfahren der Hemmung nach § 14 KO. (oben S. 19 ff. u. S. 20 A. 1). Das Entsprechende gilt von den einstweiligen Verfügungen (vgl. OLG. Colmar in Els. Z. 20, 319 ff.).

[2] Eingehender bespricht den Eintritt der Unterbrechung in den verschiedenen Stadien des Verfahrens Stein S. 352 ff.

Nach der herrschenden Meinung ist der Urkundenprozeß eine für das Verfahren zur Feststellung von Konkursforderungen (§ 146 KO.) ungeeignete Prozedurform. Man weist darauf hin, daß § 146 Abs. 2 eigens vorschreibe, daß auf die Feststellung im ordentlichen Verfahren Klage zu erheben sei, daß der Urkundenprozeß zu seiner Voraussetzung den Anspruch auf eine Leistung habe (§ 592 CPO.), während der Liquidationsstreit die Feststellung der Forderung betreibe (§ 146 Abs. 1 KO.), daß der Urkundenprozeß auf Grund summarischer Kognition zu einem bloß provisorischen Ergebnisse führen könne und ein solches für die konkursmäßige Feststellung keinen Sinn habe. Es wird deshalb gemeinhin angenommen, daß der Gläubiger den schwebenden Urkundenprozeß bei oder nach der Reassumtion gegen den Opponenten gemäß § 596 CPO. in das ordentliche Verfahren überzuleiten habe, widrigenfalls die Klage „als in der gewählten Prozeßart unstatthaft" (§ 597 Abs. 2 CPO.) abzuweisen sei.[1]

Die Gründe für die Unvereinbarkeit des Urkundenprozesses und des konkursmäßigen Liquidationsverfahrens sind nicht durchschlagend. Wenn die Konkursordnung für die Erhebung der Feststellungsklage das ordentliche Verfahren vorschreibt, so ist als Gegensatz hierzu nicht das besondere, sondern das Konkursverfahren zu denken. Das Gesetz hat, sich in Gegensatz stellend zu dem im Rahmen des Konkursprozesses sich abspielenden gemeinrechtlichen Lokations- und Prioritätsstreit, mit jenem Zusatze zum Ausdruck bringen wollen, daß die Feststellung nicht wie früher innerhalb des Konkursverfahrens selbst, sondern im Wege einzelner, „ordentlicher" Prozesse durchzuführen sei. Die Argumentation aus der Natur der „Konkursfeststellungsklagen" erledigt sich mit der oben S. 159 ff. motiviert vertretenen Ansicht, daß diese Klagen der Sache nach Leistungsklagen und nur insofern besonders geartet sind, als eine besondere Rechtsschutzbedingung vorliegen muß, die den Anspruch als zur Verfolgung

---

[1] Vgl. Gaupp-Stein § 592 I. A; Petersen-Anger § 596, 2 a. E.; Struckmann-Koch § 592, 2 Abs. 2; Petersen-Kleinfeller § 146, 9; v. Sarwey-Bossert § 146, 6; v. Wilmowski § 134, 5; Rehbein, Wechselordnung, 6. Aufl. S. 187 ff.; Seuffert S. 269 A. 3; 271 A. 7; Fitting S. 108; Oetker I S. 344; Reichsgericht in E. 32. 231; Kammergericht in Rspr. 3, 60 f.

im Konkurse geeignet macht, seine Qualifikation als Konkursforderung. In der Tat steht der im Urkundenprozesse geführte Liquidationsstreit unter zwei besonderen Rechtsschutzbedingungen: er setzt den Rechtsschutzanspruch auf Urteil *in summario* und den Rechtsschutzanspruch auf konkursmäßige Befriedigung voraus. Den Mangel einer jeden dieser Voraussetzungen hat das Gericht von Amts wegen zu berücksichtigen; er führt zur Abweisung der Klage nach oder entsprechend § 597 Abs. 2 CPO. (vgl. oben S. 156 unter b); Beispiel: urkundlich verbriefte Forderung auf Geldzahlung aus einem Liberalitätsakt des Gemeinschuldners). — Endlich ist zwar richtig, daß die Liquidationsklage im Urkundenprozeß zu einer nur provisorischen Feststellung führen kann und eine solche für den Konkurs wertlos ist. Das Urteil, welches die Forderung des Liquidanten „unter Vorbehalt der Rechte des Beklagten" feststellt, ist auch als vorläufig vollstreckbares unbrauchbar zur Berichtigung der Tabelle und enthält auch, weil nach der Konkurseröffnung erlassen, keinen Titel nach § 146 Abs. 6 KO. Allein der Urkundenprozeß kann auch zur definitiven Entscheidung führen, z. B. im Falle des Versäumnisurteils gegen den Beklagten, und diese Möglichkeit genügt, ihn zu einer zulässigen Form der Rechtsverfolgung im Konkurse zu machen. Zur Feststellung der Forderung bezw. zur Verwerfung des einzelnen Widerspruchs führt freilich erst der für den Kläger siegreiche Ausgang des Nachverfahrens. Da in dem die Voraussetzung der Aufnahme bildenden Widerspruch zur Tabelle der Streitwille des Opponenten zum Ausdruck kommt, so mag die Klage und Aufnahme im Urkundenprozeß unzweckmäßig sein, für unzulässig wird man sie unter den Voraussetzungen der §§ 592 ff. CPO. nicht ansehen können.[1]

Dazu kommt, daß die Fortsetzung des Liquidationsstreits im Urkundenprozesse zur Notwendigkeit wird, wenn das Verfahren zur Zeit der Unterbrechung bereits in höherer Instanz schwebte.

---

[1] Im Ergebnis übereinstimmend Jäger § 146, 5; Wolff § 146, 5; Kohler S. 564. Das LG. Konitz in E. 32, 231 hat eine Konkursforderung im Wechselprozesse unter Vorbehalt der Rechte festgestellt. Auch das Reichsgericht in E. 50, 414 f. ist nicht mehr unbedingt ablehnend.

Es ist jetzt in Theorie und Praxis nahezu die allgemeine, durch gute Gründe gestützte und nicht wohl zu widerlegende Meinung, daß trotz der weiteren Fassung des § 596 CPO. die Abstandnahme vom Urkundenprozeß nur bis zum Schlusse der mündlichen Verhandlung erster Instanz erklärt werden kann.[1] Der klagende Liquidant sieht sich hiernach in zweiter und dritter Instanz einerseits der Notwendigkeit der Reassumtion und der Unzulässigkeit der Erhebung einer neuen Klage gegenüber, andererseits ist ihm der Übergang zum Ordinarium versagt, und die Fortsetzung im Urkundenprozesse soll ihm durch § 146 Abs. 2 KO. verboten sein. Gegenüber dieser „echten Antinomie" (Stein a. O. S. 356) entscheidet sich die Mehrzahl der Autoren dahin, daß der Liquidant die Klage zurückzunehmen und im ordentlichen Prozesse aufs neue zu erheben habe.[2] Die Annahme legt Bresche in den sonst ausnahmslosen Satz des § 271 CPO., daß *post litem contestatam* die Klagrücknahme nur mit Einwilligung des Beklagten möglich ist, und belastet den Kläger mit höchst überflüssigen und unverdienten Kosten, die er überdies sofort zu erstatten hat (§§ 271 Abs. 3 u. 4 vb. 274 Z. 6 CPO.). Stein a. O. verwirft deshalb die Klagrücknahme als eine von der Zustimmung des Gegners unabhängige, sieht aber selbst keinen anderen Ausweg als den einer Vereinbarung der Parteien entweder über diese Rücknahme oder dahin, daß der Opponent das Vorbehaltsurteil über sich ergehen lasse und dann im Nachverfahren über die Feststellung entschieden werde. Eine befriedigende Lösung ist das natürlich nicht. Folgt man dagegen der hier vertretenen Meinung von der Zulässigkeit des Urkundenprozesses als Liquidationsstreits, so entfallen die beregten Schwierigkeiten von selbst.

II. Im Mahnverfahren (§§ 688 ff. CPO.) gelten die allgemeinen Grundsätze über die Wirkung der Konkurseröffnung mit der Maßgabe, daß der Einreichung und Zustellung der Klagschrift im Ordinarium die Anbringung des Mahngesuchs und die

---

[1] Vgl. statt aller anderen namentlich Francke in Z. 5, 242 ff.; Stein, Urk.Pr. S. 262 ff.; Reichsgericht in E. 5, 351 ff. And. Mein. z. B. Rehbein a. O. (*ad hoc*); OLG. Braunschweig in Z. 7, 107.

[2] So die S. 192 in Anm. 1 aufgeführten Schriftsteller und Oetker in Z. 25, 60.

Zustellung des Zahlungsbefehls entsprechen (vgl. oben S. 8 ff.). Mit dieser letzteren treten die Wirkungen der Rechtshängigkeit ein (§ 693 CPO.) und ist die Möglichkeit der Unterbrechung gegeben; vor der Zustellung also keine Unterbrechung — wenigstens keine im eigentlichen Sinne (s. jedoch unten S. 200 f.). Die Unterbrechung entfällt, wenn der Vollstreckungsbefehl rechtskräftig ist. Ist, ehe die Konkurseröffnung erfolgt, vom Schuldner bereits Widerspruch erhoben, so sind auf das nunmehr *in ordinario* anhängige Verfahren die Vorschriften über Unterbrechung und Aufnahme unmittelbar anwendbar. Die Benachrichtigung vom Widerspruch (§ 694 Abs. 2 CPO.) wird durch die Unterbrechung nicht gehindert; statt an den Kridar, ist sie an den Konkursverwalter zu richten. Im übrigen gilt nur für den Fall landgerichtlicher Zuständigkeit nach § 697 CPO. die Besonderheit, daß auf Grund der Aufnahme die Klage zu erheben ist. In der Regel werden Klage und Aufnahmeerklärung verbunden werden; doch kann die letztere auch gesondert vorangehen. Die Aufnahmeerklärung und die dem Gegner des bankerotten Mahngläubigers zustehende, vor das Landgericht zu bewirkende Ladung zur Aufnahme (§ 10 KO.) unterliegen dem Anwaltszwange. Die sechsmonatige Ausschlußfrist des § 697 CPO. läuft von der Aufnahme von neuem. — Ist vor Eröffnung des Konkurses gegen den Mahnschuldner bereits der Vollstreckungsbefehl erwirkt, so ist dieser ein Titel im Sinne des § 146 Abs. 6 KO. (oben S. 166 ff.).

Zu Zweifel und Meinungsverschiedenheit aber gibt die prozessuale Behandlung Anlaß, wenn die Unterbrechung eintritt nach Zustellung des Zahlungsbefehls, aber vor Erhebung des Widerspruchs, zu einer Zeit also, wo es noch ungewiß ist, ob das Verfahren *in ordinario* anhängig werden wird. Die überwiegende Meinung entscheidet sich dafür, daß auch in diesem Stadium die Bestimmungen über die Unterbrechung entsprechende Anwendung zu finden haben in der Erwägung, daß bereits mit der Zustellung des Zahlungsbefehls der Charakter des zweiseitigen Verfahrens gegeben ist, daß Prozeßhandlungen von Partei zu Partei möglich und Fristen im Laufe sind. Dem ist beizustimmen.[1] Hiernach

[1] Für Unterbrechung in diesem Stadium: Gaupp-Stein § 693 IV;

wird zunächst durch den Konkurs die einwöchige Widerspruchsfrist des § 692 CPO. unterbrochen. Gemäß § 249 CPO. ist aber ferner nicht nur das Gesuch um Erlassung des Vollstreckungsbefehls abzuweisen, und sind der trotzdem erlassene Befehl und seine Zustellung unwirksam, sondern es ist auch der erhobene Widerspruch ohne rechtliche Bedeutung. Es ist zuvörderst die Aufnahme zu bewirken. Für das Aufnahmeverfahren betrachten wir die Aktiv- und die Passivprozesse besonders.

1. Ist der Gemeinschuldner der Mahngläubiger, so steht die Befugnis zur Aufnahme dem Konkursverwalter zu (§ 10 KO.). Sie erfolgt durch schriftliche Anzeige (§ 250 CPO.). Da das Mahnverfahren außerhalb des Grundsatzes der Mündlichkeit steht, ist eine Ladung zur mündlichen Verhandlung auf Grund der Reassumtion ausgeschlossen. Die Anzeige hat vielmehr nur die Funktion, die Widerspruchsfrist aufs neue in Lauf zu setzen und dem Schuldner den Eintritt des Verwalters kund zu tun.[1] Nunmehr nimmt das Verfahren seinen regelmäßigen Verlauf, indem an Stelle des Kridars der Verwalter steht. Die Vollstreckungsklausel auf seinen Namen erlangt dieser auf Grund seiner Bestallung und des Nachweises der Reassumtion (entspr. § 727 CPO.). — Verzögert der Verwalter die Aufnahme, so kann ihn der Schuldner zu dieser laden (§§ 10 KO. vb. 239 CPO.). Die Ladung zur Aufnahme geschieht in einen Termin vor das Amtsgericht, welches den Zahlungsbefehl erlassen hatte. Daß einer derartigen Behandlung die Struktur des Mahnverfahrens an und für sich

---

Struckmann-Koch § 693, 3; v. Wilmowski-Levy § 632, 2 Abs. 2; Petersen-Kleinfeller § 146, 10; Seuffert S. 271 A. 7; Fitting Ci. S. 636 A. 21 a. E.; Skedl, Mahnverfahren S. 150; Kohler, Pr. a. R. S. 90 Anm. ***; Goldenring in Z. 1, 467; Hachenburg in Bad. Ann. 54, 235 ff.; Reichsgericht in Bad. Ann. 61, 235 f.; LG. Bautzen in We.A. 2, 373; AG. Kosel (und Jastrow) in Z. 7, 560 f.; gegen die Unterbrechung u. a. Petersen-Anger § 693, 4; Jäger § 146, 19; OLG. Cöln in Rh.A. 89 I, 28 f. — Vgl. auch OLG. Breslau in Z. 27, 343 ff.

[1] Da sie auch den letzteren Zweck zu erfüllen hat, kann die Anzeige nicht, wie Skedl a. O. will, entbehrt werden, wenn bei Eintritt des Unterbrechungsgrundes die Paritionsfrist schon abgelaufen war. Die Anzeige setzt aber in diesem Falle, trotz § 694 CPO., die Frist des § 692 nicht etwa von neuem in Lauf, sondern nur die des § 701 CPO.

widerstrebt, ist zwar zuzugeben, aber diese Anomalie — einen „juristischen Schönheitsfehler“ nennt sie STEIN — muß notgedrungen in Kauf genommen werden, da die Prozeßordnung ein anderes Zwangsmittel gegen den Verwalter nicht an die Hand gibt.[1] Der Termin dient lediglich zur Verhandlung über die Aufnahme. Erklärt sie der Verwalter oder lehnt er sie ab, so bedarf es einer gerichtlichen Entscheidung nicht. Erklärt er sich nicht, so ist dieser echte Zwischenstreit durch Beschluß oder durch Versäumniszwischenurteil dahin zu entscheiden, daß das Verfahren vom Verwalter aufgenommen ist. Von der Aufnahmeerklärung bezw. der Rechtskraft des sie aussprechenden Dekrets an läuft die einwöchige Frist zur Erhebung des Widerspruchs gegen den Zahlungsbefehl, der in der üblichen Weise bei Gericht anzubringen ist. Im übrigen hat das Verfahren dann keine Besonderheiten.

2. Ist der Kridar Mahnschuldner, und der Konkurs nach Zustellung des Zahlungsbefehls und vor der Erhebung des Widerspruchs eingetreten, so kann der Gläubiger, wenn er die Konkursmasse nicht in Anspruch nehmen will, das Verfahren gegen den Gemeinschuldner durch Anzeige und unter Erklärung seines Verzichts, welche letztere jedoch nicht unbedingt notwendig ist (vgl. oben S. 147), aufnehmen und setzt dadurch die Widerspruchsfrist in Lauf. Nach ihrem fruchtlosen Ablauf ist dem Gläubiger der Vollstreckungsbefehl zu erteilen auf Grund des Nachweises der zugestellten Aufnahme- (und Verzichts)erklärung. Die Exekution aus dem Befehl ist *durante concursu* ausgeschlossen (§ 14 KO.).[2] — Will der Gläubiger die Masse in Anspruch nehmen, so hat er zunächst die Forderung zur Tabelle zu liquidieren. Unterbleibt jeder Widerspruch im Prüfungstermin, so

---

[1] So GAUPP-STEIN § 693 IV Abs. 7. HACHENBURG a. O. befürwortet statt dessen einseitiges Aufnahmegesuch an das Gericht und richterliche Fristsetzung zur Aufnahme, ein Verfahren, das für dieses Stadium (nach Zustellung des Zahlungsbefehls) nicht notwendig erscheint; vgl. aber unten S. 200 f.; SKEDL a. O. Anm. 151 hält eine Ladung zur Aufnahme überhaupt für ausgeschlossen.

[2] Aber nur sie, nicht die Erteilung des Vollstreckungsbefehls: vgl. oben S. 149 f. und SEUFFERT S. 186; OETKER I S. 206.

wird sie konkursmäßig festgestellt und auch über den Konkurs hinaus ein rechtskräftiger Schuldtitel begründet; dann ist das Mahnverfahren und der Prozeß überhaupt erledigt (oben S. 182 f.). Wird die Forderung vom Verwalter, einem Mitgläubiger oder dem Kridar bestritten, so liegt es dem Liquidanten ob, den Rechtsstreit nach §§ 146 Abs. 3 bezw. 144 Abs. 2 KO. gegen den Bestreitenden aufzunehmen. Die Aufnahme setzt die Frist zur Erhebung des Widerspruchs gegen den Zahlungsbefehl in Lauf. Im Widerspruche des Prüfungstermins ist der Widerspruch gegen den Zahlungsbefehl nicht enthalten, wie vereinzelt behauptet worden ist, denn dieser setzt die vorgängige Reassumtion voraus. Der Widerspruch gegen den Zahlungsbefehl steht jedem durch die Reassumtion in den Prozeß hineingezogenen Opponenten zu. Ihn den Kolliquidanten zu versagen, besteht angesichts der Stellung, die das Gesetz ihnen im Liquidationsprozesse nun einmal zugewiesen hat (oben S. 161 ff.), kein Bedenken. Verschiedenes Verhalten der einzelnen Opponenten ist hier wie sonst möglich. Erfolgt der Widerspruch, so hat das weitere Verfahren keine Besonderheiten. Wie aber, wenn er unterbleibt? Die Erwägung, daß der Vollstreckungsbefehl unmöglich die bloße Funktion der konkursmäßigen Feststellung haben könne, führt die Mehrheit der Autoren, die diese Frage berühren, zu der Annahme, daß das Mahnverfahren als Passivprozeß in diesem Stadium zur weiteren Fortsetzung im Konkurse überhaupt nicht tauglich, vielmehr neue Klage zu erheben sei.[1] Meines Erachtens ist dieser Umweg nicht notwendig. Inhalt des Vollstreckungsbefehls und des vollstreckbaren Leistungsurteils auf *certa quantitas rerum fungibilium* ist der selbe. Wie dieses sich auf die bloße Feststellung beschränkt, wenn es im Liquidationsstreit ergeht und die Vollstreckung sich mithin von selbst versteht, so steht kein innerer Grund entgegen, unter den gleichen Voraussetzungen den Vollstreckungsbefehl dahin zu erlassen, daß die „vorbezeichnete Forderung im Konkurse des Schuldners festgestellt" werde. Als Schuldsumme kann natürlich nur die zur Tabelle angemeldete aufgenommen werden (§ 699

---

[1] Gaupp-Stein § 693 a. E.; Jäger § 146, 19; Oetker a. O. und in Z. 25, 61.

CPO.; oben S. 155). Der *prima facie* gegen diese Auffassung sich regende Zweifel entbehrt der Berechtigung. Sie enthält nichts als die analoge Anwendung der Grundsätze des Mahnverfahrens auf den Liquidationsprozeß. Wenn die Prozeßordnung einmal die Kondemnation ohne Kognition zuläßt, warum sollte sie für den Liquidationsstreit, dem insoweit eine besondere Stellung nicht zukommt, eine Ausnahme machen? Der Opponent ist nicht beschwert, denn er hätte Widerspruch erheben können. Sachlich steht er nicht anders, als wenn er kontumaziert worden wäre; in beiden Fällen steht ihm der Einspruch zu. Die Erteilung des Vollstreckungsbefehls geschieht auf Grund des Nachweises der Aufnahme und des vorzulegenden beglaubigten Tabellenauszugs, aus dem Inhalt der Anmeldung, Prüfung und Widerspruch ersichtlich sind, und setzt natürlich weiter voraus, daß die dem Gericht obliegende Offizialprüfung die Qualität des Anspruchs als Konkursforderung ergeben hat. Der Befehl lautet je nachdem auf Feststellung oder Unbegründetheit des einzelnen Widerspruchs (oben S. 164).[1]

III. Daß auch auf das nicht vom Grundsatze der Mündlichkeit beherrschte, das sogenannte fakultativ mündliche Verfahren die Vorschriften der Prozeßordnung über Unterbrechung und Aufnahme Anwendung zu finden haben, wurde bereits ausgesprochen.[2] Diese Anwendbarkeit hat eine selbständige Bedeutung nicht, wenn das Verfahren sich in dem Ganzen des anhängigen Rechtsstreits als bloßes Nebenverfahren abspielt, also etwa die Aussetzung des Verfahrens (§ 248), die Ablehnung eines Sachverständigen (§ 406), die Festsetzung der zu erstattenden Kosten während der Anhängigkeit des Prozesses (§§ 104ff. CPO.) zum Gegenstande hat. Dann wird es von der das Hauptverfahren treffenden Unterbrechung und von dessen Reassumtion ohne weiteres mit betroffen und ist einer selbständigen Unterbrechung und Aufnahme nicht fähig; seine Fortsetzung, soweit dazu das

---

[1] Mit der im Texte vertretenen Auffassung im wesentlichen übereinstimmend Petersen-Kleinfeller § 146, 10; auch Wolff § 146, 5 Abs. 2 hält die Fortsetzung im Mahnverfahren für angängig.

[2] Vgl. auch Fitting Ci. S. 270.

Gericht in Anspruch genommen wird, ist abhängig von dem Nachweise der Aufnahme des Rechtsstreits.[1] Eine besondere Bedeutung für das fakultativ mündliche Verfahren hat der Eintritt eines Unterbrechungsgrundes nur, wenn es sich außerhalb eines anhängigen Prozesses abspielt, z. B. als selbständiges Beschwerdeverfahren (§§ 730, 733; auch 766 CPO.), als Mahn- oder selbständiges Arrestverfahren, als Verfahren nach § 319 CPO. nach Rechtskraft des Urteils (oben S. 13 Anm. 1), als selbständiges Verfahren zur Sicherung des Beweises (§ 486 Abs. 3 CPO.), als Kostenfestsetzungsverfahren auf Grund rechtskräftigen Titels. Dann sind die Vorschriften über die Unterbrechung entweder unmittelbar oder entsprechend anzuwenden.

Die für unsere Frage bedeutsame Eigentümlichkeit des fakultativ mündlichen Verfahrens liegt darin, daß es anhängig wird bereits mit der Anbringung des Gesuchs, und daß damit ein Stillstand des Verfahrens möglich wird zu einer Zeit, wo ein Verhältnis von Partei zu Partei noch gar nicht begründet, das Prozeßrechtsverhältnis zu einem dreiseitigen noch nicht ausgestaltet ist. Als ein zu dieser Zeit noch internes zwischen Gesuchsteller und Gericht kann das zum Stillstand gekommene Verfahren auch nur zwischen diesen beiden Prozeßsubjekten fortgesetzt, „aufgenommen“ worden. Es wäre sinnwidrig, dem Gegner durch eine formelle Erklärung („Anzeige“ § 250 CPO.) von der Fortsetzung eines gegen ihn gerichteten Verfahrens Mitteilung zu machen, von dessen Einleitung er überhaupt nichts weiß. Stillstand und Fortsetzung des Verfahrens in diesem Stadium entsprechen der Unterbrechung und der Aufnahme des obligatorisch mündlichen Verfahrens.

Wenn nach Anbringung eines Arrestgesuchs, eines Gesuchs

---

[1] Eine Ausnahme — besondere vorgängige Reassumtion des Nebenverfahrens allein — wird anzuerkennen sein für das Verfahren zur Sicherung des Beweises (§§ 485 ff. CPO.), weil dessen Zweck die mit der Aufnahme des Hauptstreits notwendig verbundene Verzögerung nicht verträgt. Nur muß der Gegner des Kridars immer auch diesen persönlich zum Termine laden (§ 493), da ungewiß ist, ob der Rechtsstreit gegen den Verwalter oder den Kridar fortgesetzt werden wird. — Das Entsprechende gilt von Arresten zu Gunsten des Kridars als Nebenverfahren.

um Erteilung einer weiteren vollstreckbaren Ausfertigung oder dgl. der Gesuchsteller in Konkurs verfällt, so ist er, wenn das Verfahren die Konkursmasse betrifft, als Prozeßunfähiger von der weiteren Betreibung desselben ausgeschlossen; das Verfahren ist „unterbrochen". Auch das Gericht hat, wenn ihm der Konkurs bekannt wird, von der weiteren Behandlung abzusehen, denn seine Entscheidung zur Sache wäre unwirksam, und hat vielmehr — nach den hier geltenden Grundsätzen von Amts wegen — den Gesuchsteller entsprechend zu bescheiden. An die Stelle des Gemeinschuldners kann nunmehr der Verwalter treten mit der Erklärung, daß er das Gesuch aufrecht erhalten und auf seinen Namen gestellt wissen wolle. Das gleiche gilt, wenn das Gericht vor Eintritt des Konkurses bereits Entschließung gefaßt hatte und es sich um Zustellung dieses Beschlusses handelt, und auch später noch, wenn der Gesuchsteller abgewiesen worden war und den Beschwerdeweg betritt, sowie wenn der Gegner des Gesuchstellers der Konkursifex ist.[1] Die Aufnahme erfolgt überall in Form eines Gesuchs an das Gericht. Wo dem Gesuchsteller nur die Ladung zur Aufnahme zusteht, hat er das Gericht um die Ladung zu ersuchen.[2]

Die Behandlung ist eine andere, wenn der Konkurs zu einer Zeit eintritt, wo der Gegner des Gesuchstellers bereits in das Verfahren hineingezogen und damit ein Verhältnis von Partei zu Partei begründet worden ist. Das kann geschehen sein durch Zustellung des Beschlusses, der den Gegner zur Äußerung auffordert oder die mündliche Verhandlung anordnet, oder des in der Sache ergangenen, vom Gericht oder dem Gesuchsteller zu-

---

[1] Beispiel: OLG. Colmar in Els. Z. 20, 319 f.: Das Amtsgericht hatte eine einstweilige Verfügung abgelehnt, das Landgericht auf sofortige Beschwerde sie erlassen. Nach Eingang der Beschwerdeschrift und vor Erlaß der Verfügung war der Antragsgegner in Konkurs verfallen. Das LG. Straßburg hat die Verfügung als unzulässig aufgehoben, die Berufung ist zurückgewiesen worden.

[2] So Fitting a. O. S. 270 f. Dagegen verlangt das Reichsgericht in E. 30, 409 ff. auch hier die Aufnahmeerklärung in Form der Zustellung eines Schriftsatzes; die Begründung wird den Besonderheiten des fakultativ mündlichen Verfahrens nicht gerecht. Die Kommentare schließen sich dem Reichsgericht an.

gestellten Beschlusses. Wir haben oben das Mahnverfahren in diesem Stadium — nach Zustellung des Zahlungsbefehls — behandelt (S. 195 ff.). Der nunmehr vorliegende Streit von Partei zu Partei ermöglicht die unmittelbare Anwendung der regelmäßigen Form der Aufnahme: sie erfolgt durch Anzeige (§ 250 CPO.) und wird seitens des Gegners des Kridars vorbereitet durch Ladung des Verwalters zur Aufnahme in einen nur zur Verhandlung über diese bestimmten Termin. Nur sind im Gegensatz zum obligatorisch mündlichen Verfahren die gerichtlichen Entscheidungen über die Aufnahme an die Form des Beschlusses gebunden. Eine Sonderstellung nehmen das Arrestverfahren und die einstweiligen Verfügungen ein. Sie werden durch Anordnung der mündlichen Verhandlung unter die Herrschaft der obligatorischen Mündlichkeit gestellt (*arg.* §§ 922, 936 CPO.).[1]

IV. Eine praktisch besonders wichtige Stellung unter den außerhalb des Mündlichkeitsprinzips stehenden Teilen des Verfahrens nimmt das Verfahren zur Festsetzung der der obsiegenden Partei zu erstattenden Prozeßkosten (§§ 104 ff. CPO.) ein.[2] Inhalt dieses Verfahrens ist nach der richtigen herrschenden Ansicht nur die richterliche Fixierung des Betrags der Kosten auf Grund bereits feststehender Erstattungspflicht, nicht die Erörterung dieser letzteren. Daraus ergibt sich, daß ein gegen den Gemeinschuldner sich richtender, im Konkurse angemeldeter Erstattungsanspruch im Falle der Bestreitung nicht durch Aufnahme oder Einleitung des in §§ 104 ff. CPO. geordneten Verfahrens zur konkursmäßigen Feststellung gebracht werden kann, sondern daß es dazu des ordentlichen Rechtsstreits, der Klage bedarf; das begonnene Festsetzungsverfahren ist also als solches nicht fortsetzbar (§ 12 KO.).[3] Von dieser Modifikation aber abgesehen, ist auch das Kostenfestsetzungsverfahren, welches nicht Zwangsvollstreckung ist, sondern diese nur vorbereitet, nach

---

[1] Vgl. oben S. 191 A. 1 und die dort angeführten Entscheidungen.

[2] Die Gestaltung des Festsetzungsverfahrens bei Konkurs des Kostenschuldners behandelt speziell Senst in Z. f. GV. 5, 10 ff. Der Verfasser gelangt im wesentlichen zu den selben Ergebnissen, wie die gegenwärtige Untersuchung.

[3] Senst a. O. S. 11, 12.

nahezu allgemeiner Ansicht der Unterbrechung und Aufnahme zugänglich.[1] Dabei ist zunächst zu unterscheiden, ob das Verfahren selbständig oder nur mit dem Verfahren im Rechtsstreite zusammen unterbrochen wird; jenes ist der Fall, wenn es auf einem rechtskräftigen, dieses, wenn es auf einem bloß vorläufig vollstreckbaren Urteil beruht. Ferner ergeben sich Unterschiede je nachdem der Kridar Kostengläubiger oder Kostenschuldner, und, im Falle der Rechtshängigkeit des Hauptstreits, je nachdem dieser ein Aktiv- oder ein Passivprozeß des Konkurses ist. Für die einzelnen Kombinationen die Gestaltung des Verfahrens eingehend zu betrachten, würde zu weit führen; wir müssen es an einem Überblick genügen lassen.

Die Basis des Kostenfestsetzungsverfahrens bildet der vollstreckbare Schuldtitel, insbesondere das vollstreckbare Urteil. Daher kann es wirksam nur eingeleitet werden, wenn das zu Grunde liegende Urteil wirksam erlassen ist. Wird bereits das Urteil von den Wirkungen der Unterbrechung getroffen (§ 249 CPO.), so ist die Anbringung des Festsetzungsgesuchs und das daran angeschlossene Verfahren der anderen Partei gegenüber ohne rechtliche Wirkung, und es kann erst nach der Aufnahme des Rechtsstreits gültig begonnen werden.[2]

Ist dagegen der Konkurs erst eingetreten nach Schluß der mündlichen Verhandlung, auf die das Urteil ergeht, dieses also rechtswirksam erlassen (§ 249 Abs. 3 CPO.), so ist zu unterscheiden, ob die Konkurseröffnung in die Zeit vor oder nach der Rechtskraft des Urteils fällt.

1. Basiert das Festsetzungsverfahren auf rechtskräftigem Titel, so ist der Erstattungsanspruch ein selbständiges Vermögensrecht, und die Voraussetzungen der Unterbrechung sind für dieses Verfahren selbständig zu prüfen, ohne Rücksicht auf den abgeschlossenen oder doch insoweit — durch Teilurteil oder Urteil gegen einen von mehreren Streitgenossen — abgeschlossenen

---

[1] Vgl. Gaupp-Stein § 105 I; Petersen-Anger § 105, 1; v. Wilmowski-Levy vor § 217 Abs. 6; Petersen-Kleinfeller §§ 10 f., 2 a. E.; Senst a. O. S. 11; Reichsgericht in Beitr. 44, 1169 f.; in JW. 1892, 204; grundsätzlich and. Mein. nur OLG. Naumburg in Z. 16, 312.

[2] Beispiel: Reichsgericht in JW. 1891, 198 f.

Rechtsstreit. Es kommt also insbesondere nicht darauf an, ob dieser, wenn er noch anhängig wäre, die Konkursmasse beträfe; nach rechtskräftig beendetem Ehescheidungsprozeß z. B. wird das schwebende Festsetzungsverfahren durch den Konkurs eines der früheren Ehegatten unterbrochen. In formeller Beziehung gelten für Unterbrechung und Aufnahme die für das fakultativ mündliche Verfahren im allgemeinen entwickelten Sätze.[1] Hervorzuheben ist, daß im Falle quotativer Kostenverteilung durch die nach § 106 CPO. an den Gegner gerichtete Aufforderung das Verfahren bereits als ein dreiseitiges begründet ist. Ist der Gemeinschuldner der Kostengläubiger, so hat der Verwalter das Verfahren weiter zu betreiben; eine Ladung zur Aufnahme an ihn ist jedoch ausgeschlossen, weil nach den Grundsätzen des Festsetzungsverfahrens die Initiative nur dem Erstattungsberechtigten zukommt. Ist der Kridar der Kostenschuldner, so kann das Verfahren, wenn der Gläubiger auf Befriedigung aus der Masse verzichtet, gegen jenen persönlich fortgesetzt werden.[2] Will der Gläubiger sich am Konkurse beteiligen, so kann er das nicht anders, als durch konkursmäßige Liquidation des Erstattungsanspruchs (§ 12 KO.); Einleitung und Fortsetzung des Verfahrens nach § 104 ff. CPO. sind, wie erwähnt, ausgeschlossen. Erfährt das Liquidat Widerspruch, so ist auf die Feststellung gegen den Opponenten Klage zu erheben. Hatte der Gläubiger vor der Konkurseröffnung bereits einen vollstreckbaren Festsetzungsbeschluß erwirkt, so verschafft ihm dieser in Verbindung mit dem Urteil die privilegierte Stellung eines titulierten Gläubigers (§ 146 Abs. 6 KO.).[3]

2. Ist dagegen das das Festsetzungsverfahren deckende Urteil zur Zeit der Konkurseröffnung noch nicht rechtskräftig,

---

[1] Daß das Verfahren gegen oder durch den Kridar auch nicht eingeleitet werden kann, versteht sich von selbst; vgl. Petersen-Anger vor § 239, 7; v. Wilmowski-Levy a. O.; Senst a. O.; OLG. Naumburg a. O.; OLG. Colmar in Els. Z. 23, 431 f. Nur ist hier eben eine Unterbrechung nicht in Frage; ungenau Fitting S. 270 A. 46 a. E.

[2] Senst a. O. S. 11, der aber den Zusatz verlangt, daß die Kosten als „nach Beendigung des Konkurses zu erstattende“ festgesetzt werden (hierzu oben S. 149).

[3] Senst a. O. S. 12.

so ist das Festsetzungsverfahren Teil des schwebenden Prozesses und seine Unterbrechung und Aufnahme von der Unterbrechung und Aufnahme des Hauptverfahrens abhängig. Wird dieses von der Unterbrechung nicht betroffen, so wird auch das eingeleitete oder einzuleitende Festsetzungsverfahren nicht berührt, und es kann weder, wenn der Gemeinschuldner Kostengläubiger ist, der Verwalter den Erstattungsanspruch als Aktivum der Masse geltend machen, noch, wenn der Kridar Kostenschuldner ist, der Gegner den Erstattungsanspruch gegen die Masse verfolgen, ohne Unterschied, ob in dem einen oder anderen Falle der schwebende Rechtsstreit ein Aktiv- oder Passivprozeß ist.[1]

Wird aber der Hauptprozeß nach Erlaß des über die Kosten entscheidenden, vorläufig vollstreckbaren Urteils unterbrochen, so wird damit zugleich das eingeleitete Festsetzungsverfahren unterbrochen, das einzuleitende verhindert. Die Aufnahme des Hauptprozesses wirkt von selbst auch die Möglichkeit der Betreibung oder weiteren Betreibung des Erstattungsverfahrens ohne besondere Reassumtion; und nur auf Grund jener kann dieses eingeleitet oder fortgesetzt werden.[2] Indessen ergeben sich Unterschiede, je nachdem der Rechtsstreit ein Prozeß über die Aktiv- oder die Passivmasse ist.

a) Ist der Rechtsstreit ein Prozeß über die Aktivmasse und das Festsetzungsverfahren ein Aktivprozeß, also der Kridar Kostengläubiger, so kann das letztere nur eingeleitet und fortgesetzt werden, nachdem das Hauptverfahren aufgenommen worden ist. Hat der Verwalter nach § 10 KO. die Aufnahme des Rechtsstreits abgelehnt, so kann er den Erstattungsanspruch des Gemeinschuldners nicht in die Masse ziehen und also seine Festsetzung nicht betreiben, vielmehr steht das dem Kridar zu, nachdem die Aufnahme nach § 10 Abs. 2 erfolgt ist.

Ist der Gemeinschuldner Kostenschuldner[3] und der Ver-

---

[1] Vgl. Petersen-Kleinfeller § 3, 11; Eccius in Beitr. 33, 739; inkonsequent Jäger § 3, 24 f., der den Erstattungsanspruch zwar im Prozesse über eine Nichtkonkursforderung als nicht anmeldbar bezeichnet, ihn aber im schwebenden Ehescheidungsprozesse als Konkursforderung zulassen will.

[2] Richtig AG. Kosel in Z. 7, 559 f.

[3] Da das klagabweisende Urteil nicht für vorläufig vollstreckbar erklärt werden kann, so ist hier an Aktivprozesse zu denken, in denen der

walter lehnt die Aufnahme des Rechtsstreits ab, so ist der Anspruch auf Erstattung der bis zur Konkurseröffnung entstandenen Kosten des Gegners Konkursforderung unter der aufschiebenden Bedingung, daß in dem nach § 10 Abs. 2 aufzunehmenden Streite die Kostenpflicht des Gemeinschuldners rechtskräftig bestätigt wird, und als solche zu liquidieren;[1] das regelmäßige Erstattungsverfahren ist unangängig. Wird widersprochen und der Widerspruch nach Eintritt der Bedingung aufrecht erhalten, so bleibt nur der Liquidationsprozeß. Ein vollstreckbarer Festsetzungsbeschluß ist nach Rechtskraft des zu Grunde liegenden Urteils Titel im Sinne des § 146 Abs. 6 KO. Hinsichtlich der nach der Konkurseröffnung entstandenen Kosten kann nach Aufnahme des Prozesses gegenüber dem Gemeinschuldner die Festsetzung betrieben werden. — Ist der Kridar Kostenschuldner, und der Verwalter nimmt den Rechtsstreit auf, so bilden, wenn und soweit der Verwalter unterlegen ist, die sämtlichen Prozeßkosten eine Masseschuld (§ 59 Z. 1 KO.; oben S. 98 ff.). Der Gegner braucht sie also nicht im Konkurse zu liquidieren und kann ihre Höhe in Erwartung der Bestätigung der ihm günstigen Kostenentscheidung gegen den Verwalter festsetzen lassen oder die begonnene Festsetzung weiter betreiben. — Hat endlich der Verwalter den Anspruch sofort anerkannt und sind nach § 11 Abs. 2 KO. die Kosten dem Gegner auferlegt worden, so kann dieser, soweit sie vor der Konkurseröffnung erwachsen sind, sie zur Tabelle liquidieren, soweit sie nachher entstanden sind, sich nur mit besonderer Klage an den Gemeinschuldner halten (oben S. 141 f.). Für ein Verfahren nach § 104 ff. CPO. ist kein Raum.

b) Ist das Hauptverfahren ein Passivprozeß über die Passivmasse und wird der in ihm verfolgte Anspruch im Konkurse nicht angemeldet, so hat auch der Kostenerstattungsanspruch mit dem Konkurse nichts zu tun. Er kann weder vom Verwalter verfolgt werden, wenn er dem Gemeinschuldner, noch zur Tabelle liquidiert werden, wenn er seinem Gegner zu-

---

Kridar Beklagter, z. B. an den Fall, daß der Streitgegenstand durch vorläufige Vollstreckung beigetrieben ist (oben S. 103 ff.).

[1] Jäger § 3, 24; v. Wilmowski § 55, 1; Seuffert S. 55; OLG. Dresden in Sä.Ann. 20, 187 ff.; and. Mein. Eccius a. O.

steht; er ist im Konkurse nur zusammen mit der Hauptforderung verfolgbar (*arg.* § 62 Z. 1 KO.).[1] Unterbleibt deren Anmeldung, so ist das Festsetzungsverfahren nach der dem Kridar persönlich gegenüber bewirkten Reassumtion des Rechtsstreits zu betreiben.

Wird dagegen die Hauptforderung liquidiert und der Gemeinschuldner ist Kostenschuldner,[2] so kann der Gläubiger mit jener auch die ihm bis zur Konkurseröffnung erwachsenen Kosten anmelden; unterbleibt der Widerspruch, so erledigt sich das etwa eingeleitete oder noch einzuleitende Erstattungsverfahren. Wird allein der Kostenanspruch bestritten, so bedarf es der Aufnahme des Rechtsstreits in der Beschränkung auf den Kostenpunkt nach § 146 Abs. 6 KO. vb. § 99 Abs. 2 CPO., und es ist im Falle des Einspruchs mittels Ergänzungsurteils, sonst in der höheren Instanz über die begehrte Feststellung zu erkennen. — Werden die Haupt- und die Kostenforderung bestritten und der Rechtsstreit deshalb *in toto* aufgenommen, so bilden, wenn die Reassumtion dem Verwalter gegenüber erfolgt ist und dieser unterliegt, die sämtlichen Kosten von dem Beginne der Rechtsverfolgung gegen den Kridar ab nach § 59 Z. 1 KO. eine Masseschuld. Auf entsprechenden Antrag des Gläubigers hat sich also das Urteil auf die Feststellung des Betrags der Hauptforderung zu beschränken und die Kosten des Verfahrens — deren Bezifferung dem Erstattungsverfahren überlassen bleibt — dem Verwalter (als Masseschuld) aufzuerlegen (vgl. oben S. 98 ff.). Ist der Rechtsstreit von einem Kolliquidanten aufgenommen, so haftet dieser im Falle des Unterliegens für die sämtlichen Kosten persönlich (oben S. 163). In beiden Fällen kann nach Reassumtion des Rechtsstreits das Festsetzungsverfahren auf der Basis des vorliegenden Urteils gegen den Opponenten betrieben werden.[3]

---

[1] Mot. S. 269 f.; Petersen-Kleinfeller §§ 3, 11; 62, 2 a. E.; Eccius a. O. u. a.

[2] Ist er Kostengläubiger, also die Klage abgewiesen, so liegt kein vollstreckbares Urteil vor.

[3] Vgl. hierzu Petersen-Kleinfeller § 62, 2; v. Wilmowski § 55, 1 und namentlich Eccius a. O. S. 740 f., der jedoch auch ohne Antrag statt der Feststellung der Kosten als Konkursforderung ihre Auferlegung als Masseschuld für geboten zu halten scheint. Das LG. Chemnitz (und OLG. Dresden) in Sä.A. 5, 147 haben in einem derartigen Falle antragsgemäß auch die Kosten in der angemeldeten Höhe als Konkursforderung festgestellt.

Sechstes Kapitel.

§ 12.

Anhang.

Die Unterbrechung der Anfechtungsprozesse zufolge Konkurses des Schuldners.

Der Einfluß des Konkurses auf die schwebenden Prozesse des Gemeinschuldners äußert sich in der nach § 240 CPO. eintretenden Unterbrechung des Verfahrens. Eine Unterbrechung anhängiger Prozesse infolge Konkurses hat das positive Recht noch an einer anderen Stelle angeordnet. In § 13 des Gesetzes, betreffend die Anfechtung von Rechtshandlungen eines Schuldners außerhalb des Konkursverfahrens, vom $\frac{\text{21. Juli 1879}}{\text{17. Mai 1898}}$ heißt es:

„Wird über das Vermögen des Schuldners das Konkursverfahren eröffnet, so steht die Verfolgung der von Konkursgläubigern erhobenen Anfechtungsansprüche dem Konkursverwalter zu. . . .“

„Ist das Verfahren über den Anfechtungsanspruch noch rechtshängig, so wird dasselbe unterbrochen. Im Fall einer Verzögerung der Aufnahme u. s. w. . . .“

I. Es ist zu untersuchen, wie diese Bestimmung sich zu der Vorschrift des § 240 CPO. verhält. Es wird sich zeigen, daß es sich im Anfechtungsprozesse nur der Form nach um eine Unterbrechung und Aufnahme des Verfahrens handelt, der Sache nach weder das eine noch das andere vorliegt.

Das Anfechtungsrecht des erwähnten Gesetzes — Gegenstand einer umfangreichen Literatur und der verschiedensten juristischen Konstruktion, in seiner letzten Wurzel auf römisch-rechtliche Bestimmungen zurückgehend, von ihnen aber inhaltlich wesentlich verschieden — gründet sich wie diese auf die legislative Erwägung, daß es einem Schuldner nicht gestattet sein kann, durch Veräußerung der letzten Reste seines Vermögens dem Gläubiger die Mittel der Befriedigung zu entziehen unter Umständen, welche den Erwerb des Dritten gegenüber dem begründeten, nun nicht realisierbaren Anspruche des Gläubigers als unbillig erscheinen lassen.[1] Positivrechtlich hat man in den §§ 3 f. Anf.G. eine solche Unbilligkeit dann als vorhanden angenommen, wenn der Erwerb des Dritten entweder ein unredlicher oder ein unentgeltlicher war. Das Nähere interessiert hier nicht.

Das Anfechtungsrecht steht dem Gläubiger zu und richtet sich gegen den dritten Mitkontrahenten des Schuldners, den sog. Anfechtungsgegner. Dieser, nicht der Schuldner, ist der Beklagte im Anfechtungsprozesse; nicht der Schuldner, sondern der Gläubiger ist als Subjekt des Anfechtungsanspruchs der Kläger aus eigenem Rechte.[2] Es versteht sich von selbst, daß der Konkurs über das Vermögen einer dieser Parteien, die Beziehung des Verfahrens zur Masse vorausgesetzt, die Unterbrechung des anhängigen Anfechtungsprozesses begründet, und es ist von der Unterbrechung solcher Prozesse oben gelegentlich die Rede gewesen (S. 130 A. 2 g. E.). Aber nicht diese auf § 240 CPO. beruhende Folge wiederholt § 13 Anf.G. Er bestimmt vielmehr, daß der Konkurs des Schuldners das Verfahren zwischen Anfechtungskläger und Anfechtungsgegner unterbreche, also nicht der Konkurs einer Partei, sondern der eines Dritten. Schon daraus ergibt sich, daß man es bei dieser Unterbrechung nicht mit einem Falle des § 240 CPO. zu tun hat, wo die Parteistellung

---

[1] Hartmann, Vorbem. S. 28; Cosack S. 25 f.; Seuffert S. 198.

[2] Daß das Anfechtungsrecht dem Gläubiger, bezw. im Konkurse den Gläubigern (der „Gläubigerschaft"), und nicht dem Schuldner, bezw. Gemeinschuldner, zusteht, ist fast allgemein anerkannt (and. Mein. Fitting Ci. S. 762 Anm. 24). Es sollte aber auch nicht, wie es inkonsequenter Weise mehrfach, namentlich von Petersen in Z. 9, 45 ff. u. s., geschieht, geleugnet werden, daß der Konkursverwalter, wenn er das Anfechtungsrecht ausübt, als Vertreter der Konkursgläubiger und nicht des Kridars handelt, denn die Vertretung im Rechte setzt dessen Existenz in der Person des Vertretenen voraus. Der Schuldner ist an das in unserem Sinne anfechtbare Geschäft ebenso gebunden, wie sein Gegenkontrahent; ficht der Gläubiger es nicht an, so bleibt es intakt. Die den Vertragsparteien zustehende Anfechtung wegen Mangels im Willen (Irrtum, Täuschung u. s. w., §§ 119 ff. BGB.) ist ein *aliud*. Auch Scheingeschäfte (§ 117 BGB.) können als solche vom Gläubiger nicht angefochten werden, doch können die Voraussetzungen der ihm gegebenen Anfechtung konkurrierend vorliegen; die Frage ist vielfach kontrovertiert (vgl. Hartmann § 1, 7).

des Kridars Grund und Voraussetzung der Unterbrechung ist. Es erhellt weiter, daß es nicht ein Prozeß des Gemeinschuldners ist, auf den der Konkurs eine Wirkung äußert. Der Fall des § 13 Anf.G. war daher außerhalb der Erörterung des vorgesetzten Themas zu behandeln.

Die sachliche Verschiedenheit der Unterbrechung der §§ 240 CPO. und 13 Anf.G. findet ihre Bestätigung in folgendem.

Die Anfechtung steht dem exekutionsberechtigten Gläubiger als solchem zu. Sie bezweckt die Erstreckung der Exekution auf Gegenstände, die sich nicht mehr *in bonis* des Schuldners befinden. Sie setzt für den Gläubiger voraus den Besitz eines vollstreckbaren Schuldtitels und die Unmöglichkeit der Befriedigung aus dem vorhandenen Vermögen des Schuldners. Sie verlangt von dem dritten Erwerber, daß er die ihm gewordenen Vermögenswerte in das Vermögen des Schuldners zurückgewähre, damit der Gläubiger sich aus ihnen befriedige; denn nur aus des Schuldners Vermögen kann er sich nach dem Inhalt seines Schuldtitels befriedigen. Hiernach ist die Anfechtung ihrem Zweckbegriffe nach eine Maßregel subsidiärer Zwangsvollstreckung, wenn man unter Zwangsvollstreckung in einem weiteren Sinne nicht bloß die unmittelbar gegen den Schuldner sich richtenden Zwangsakte, sondern alles versteht, was der Gläubiger auf Grund der Gesetze zur Befriedigung des ihm urteilsmäßig und vollstreckbar zuerkannten Anspruchs unternehmen darf. Sie ist eingekleidet in die Form des ordentlichen Prozesses gegen einen Dritten als materiell Verpflichteten. Erscheinungen ähnlicher Art sind auch sonst dem Rechte nicht fremd. Auch das Verfahren zur Leistung des Offenbarungseides bewegt sich in den Formen des Rechtsstreits; entfernter ist auch die Klage des Gläubigers gegen den Drittschuldner auf Zahlung der gepfändeten und überwiesenen Forderung verwandt. Alle diese Maßnahmen charakterisieren sich durch den sie alle beherrschenden Zweck der Befriedigung eines judikatsmäßig als solchen anerkannten Gläubigers als Akte der Zwangsvollstreckung i. w. S.[1]

[1] Treffend hat der Berichterstatter der Reichstagskommission Dr. Wolffson geäußert: „Der Entwurf geht von dem Grundgedanken aus, daß es nur ein Stadium der Vollstreckungsinstanz ist, um das es sich hier handelt“;

Auch die Anfechtung ist der Sache nach Zwangsvollstreckung gegen den Schuldner. Weil sie das ist, kann sie nicht fortgesetzt werden, sobald der Schuldner in Konkurs verfällt (§ 14 KO.). Die Unterbrechung des § 13 Anf.G. ist sachlich die Hemmung der Zwangsvollstreckung, wie sie oben (S. 19 ff.) charakterisiert worden ist. Der allgemeine Fall des § 13 findet sich nicht in § 240 CPO., sondern in § 14 KO. Die Unterbrechung ist nur die notwendige Form für den Stillstand des Verfahrens, weil die Vollstreckung hier in der Form des ordentlichen Prozesses auftritt, dessen *ipso iure* eintretender Stillstand eben die Unterbrechung ist. Aus dieser Auffassung, die sich bei der Erörterung der einzelnen Bestimmungen des § 13 bestätigen wird, läßt sich die eigenartige Behandlung der hier angeordneten Unterbrechung ohne Zwang erklären: nur soweit es sich um die Formalien des Prozesses handelt, kommen die Vorschriften der §§ 239 ff. zur eigentlichen Geltung.

II. Die *ratio legis* für § 240 CPO. ist, wie oben (S. 6 f., 66) ausgeführt worden ist, die mit der Konkurseröffnung eintretende Defensionslosigkeit, Prozeßunfähigkeit des Kridars als eines der Prozeßsubjekte. Für die Unterbrechung des § 13 Anf.G. kann dieser Grund nicht maßgebend sein, denn der Kridar ist am Anfechtungsstreit als Prozeßsubjekt nicht beteiligt, er steht nicht *in iudicio.* Der Grund der Unterbrechung der Anfechtungsprozesse ist vielmehr der selbe, wie der Grund der nach § 14 KO. eintretenden Hemmung der Singularexekution überhaupt, die Rücksicht auf die *par condicio creditorum* (vgl. oben S. 20). Der exequierende Einzelgläubiger soll bei Konkurs des Schuldners, wie überhaupt nicht, so auch nicht auf dem Umwege der Anfechtung einer Rechtshandlung des Schuldners weiter vollstrecken. Nach eingetretenem Konkurs kann die Zwangsvollstreckung nur als eine generelle, zu Gunsten der Gesamtheit der Konkursgläubiger erfolgen. Diesen Übergang von der Singular- zur Generalexekution zu vermitteln, ist die Unterbrechung des Anfechtungsprozesses bestimmt. Den Übergang selbst werden wir bei Erörterung der Reassumtion des Anfechtungsstreits durch den

vgl. Hartmann S. 29, der selbst (S. 28) die Anfechtungsklage mit der Judikatsklage vergleicht.

Verwalter darzustellen haben (unten S. 223 ff.); zunächst sind die Voraussetzungen der Unterbrechung zu betrachten. Sie sind:

1. die Anhängigkeit des Anfechtungsprozesses;
2. die Konkurseröffnung über das Vermögen des Schuldners;
3. die Eigenschaft des Anfechtungsklägers als eines Konkursgläubigers.

Die an zweiter Stelle genannte Voraussetzung bedarf einer näheren Erörterung nicht. Es sei nur darauf hingewiesen, daß auch hier die Tatsache der Konkurseröffnung die Unterbrechung *ipso iure* herbeiführt, ohne Rücksicht sowohl auf die Kenntnis der Prozeßsubjekte als auf die Rechtskraft des Eröffnungsbeschlusses. Eine im Beschwerdewege erfolgende Aufhebung desselben (§ 109 KO.) läßt nicht die Unterbrechung *ex tunc* zusammenfallen, sondern beendet sie (vgl. oben S. 66 f.).[1] — Bei den andern Voraussetzungen ist zu verweilen.

Die Unterbrechung ist möglich, sobald die Anfechtungsklage erhoben, sie ist ausgeschlossen, sobald das abschließende Totalendurteil rechtskräftig ist (§ 13 Abs. 2 S. 1 Anf.G. *verb.* „noch rechtshängig"); in diesen Beziehungen kann auf die oben S. 8 ff. gegebenen Ausführungen verwiesen werden. Der Satz, daß die Rechtskraft des Urteils die Unterbrechung ausschließe, hat aber hier, dem Charakter des Anfechtungsverfahrens gemäß, nur formale Bedeutung. Wenn der ganze Anfechtungsprozeß seinem Zwecke nach nichts anderes ist, als eine Maßregel der Zwangsvollstreckung gegen den Kridar und deshalb von seinem Beginne an der Hemmung des § 14 KO. unterliegt, so bezeichnet die Rechtskraft des Urteils nicht die Grenze der Möglichkeit dieser Hemmung überhaupt, sondern sie bedeutet nur, daß dieselbe nicht mehr in der Form der Unterbrechung erscheint. Auch wenn das Anfechtungsverfahren nach rechtskräftigem Abschluß des *iudicium* sich im Stadium der Zwangsvollstreckung befindet, kann es von dem Anfechtungskläger nicht weiter betrieben werden, wird es gehemmt, um vom Konkursverwalter fortgesetzt zu werden (unten S. 227 f.). Der Punkt, von wo ab auch diese Hemmung nicht mehr eintritt, ist hier, wie bei der Singularexekution überhaupt, auch über die etwaige Rechtskraft des Urteils hinaus vorgeschoben

[1] And. Mein. v. Völderndorff § 13a.

bis zu dem Momente, mit welchem der Kläger im Wege der Vollstreckung für seinen Anspruch eine Sicherung erlangt hat. Denn damit ist für einen nun eintretenden Konkurs der Anfechtungskläger nicht mehr Konkursgläubiger, sondern Absonderungsberechtigter kraft Pfändungspfandrechts; § 13 Abs. 1 trifft dann nicht mehr zu.[1] Das führt zu der dritten Voraussetzung.

Nach der soeben angeführten Gesetzesvorschrift tritt die Unterbrechung nur ein in den von Konkursgläubigern geführten Anfechtungsprozessen. Diese Beschränkung entspricht dem in der Garantie der Parität der Konkursgläubiger liegenden Zwecke der Unterbrechung. Es muß der Anfechtungskläger in Ansehung der die Basis seines Anfechtungsrechts bildenden Forderung gegen den nunmehrigen Kridar (§ 2 Anf.G.) im Konkurse die Eigenschaft eines Konkursgläubigers gewinnen, damit die Unterbrechung eintrete. Dabei ist, wie wohl allgemein anerkannt wird, gleichgültig, ob der Anfechtungskläger in der Tat Befriedigung aus der Masse sucht, die Forderung anmeldet.[2] Maßgebend ist auch hier die im Momente der Konkurseröffnung feststellbare Qualität des basierenden Anspruchs als einer materiellen Konkursforderung nach § 3 KO. Die Voraussetzung bedeutet den Ausschluß der Unterbrechung in allen Anfechtungsprozessen, in denen der Kläger in Ansehung seines Anspruchs an den Gemeinschuldner vom Standpunkte des Konkurses aus als Aussonderungsberechtigter, als Absonderungsberechtigter oder als Massegläubiger erscheint. Alle diese Fälle sind denkbar. Daneben bleiben noch die von den Gläubigern der §§ 63 und 5 Abs. 2 KO. eingeleiteten Anfechtungsprozesse zu betrachten.

A. In der Literatur am meisten nicht so sehr erörtert als erwähnt ist der Fall eines in der Person des Anfechtungsklägers begründeten Absonderungsrechts. Der Satz, daß *durante concursu* verfolgbar seien und mithin nicht unterbrochen werden

---

[1] Daß die so erlangte Sicherung — oder Befriedigung — des Anfechtungsklägers selbst wieder Gegenstand der konkursmäßigen Anfechtung sein kann (§ 13 Abs. 3 Anf.G.), ist eine Sache für sich.

[2] Ausdrücklich hervorgehoben von v. Wilmowski § 29, 2 Abs. 5; v. Völderndorff § 13b; Bunsen in Z. 26, 319 Anm. 364; vgl. auch OLG. Dresden in Sä.Ann. 5, 262 f.

Anfechtungsprozesse auf Grund von Forderungen, für die dem Kläger der Gegenstand, dessen Rückgewähr er petiert, nach den näheren Bestimmungen der §§ 47 ff. KO. pfandmäßig oder in ähnlicher Weise verfangen ist, wird allgemein anerkannt.[1] Alle einzelnen Fälle absonderungsberechtigter Anfechtungskläger können hier nicht besprochen werden. Wir beschränken uns auf eine kurze Darstellung der Komplikationen, welche sich bei dem relativ häufigsten Fall, daß das Absonderungsrecht durch eine Pfändung begründet wird, ergeben. Die Tatbestände sind verschieden, je nachdem das Pfandrecht entsteht durch Pfändung gegenüber dem Schuldner oder gegenüber dem Anfechtungsgegner, durch Zwangsvollstreckung oder durch Arrestvollziehung.

a) Das die Unterbrechung ausschließende Absonderungsrecht kann begründet sein durch eine auf Grund des im Anfechtungsstreite erlangten vorläufig vollstreckbaren Urteils vor der Konkurseröffnung dem Anfechtungsbeklagten gegenüber vorgenommene Zwangsvollstreckung in den zurückzugewährenden Gegenstand. Dem steht es gleich, wenn der Anfechtungsgegner zum Zwecke der Abwendung der Vollstreckung nach § 713 Abs. 2 CPO. Sicherheit geleistet hat, denn auch dann ist der Kläger für die basierende Forderung an den nachmaligen Kridar pfandmäßig gesichert (vgl. oben S. 131 Anm. 1). Beruht die Vollstreckung auf rechtskräftigem Titel, so ist — als nach beendetem Prozeß — die Unterbrechung als solche schon nach dem oben S. 212 Bemerkten ausgeschlossen. Dann ist die vom Anfechtungskläger erlangte Sicherung unter den Voraussetzungen des § 30 Z. 1 KO. in selbständigem Prozesse des Konkursverwalters gegen ihn anfechtbar (§ 13 Abs. 3 Anf.G.). Ist das gegen den Anfechtungsgegner ergangene Urteil noch nicht rechtskräftig, so wird man die Anfechtungsklage des Verwalters gegen die beiden Parteien des schwebenden Einzelanfechtungsprozesses auf Grund des § 13 Abs. 3 Anf.G. bezw. der §§ 29 ff. KO. im Wege der Hauptintervention („um Sache") zuzulassen haben. — Die selben Sätze und

[1] Auch in der Judikatur: Reichsgericht in E. 25, 63 und 32, 103; in JW. 1899, 492; Ob. LG. f. Bayern in SA. 51, 404; OLG. Dresden in Sä.Ann. 5, 263 und in We.A. 9, 419 f.; OLG. Kiel in Schl.-H.Anz. 45, 10 (zu dieser Entsch. s. auch unten S. 222 Anm. 1).

die allgemeine Folge des Nichteintritts der Unterbrechung gelten entsprechend, wenn der Anfechtungsberechtigte bereits vor Einleitung oder Durchführung des Anfechtungsprozesses unter Glaubhaftmachung seines Anfechtungsanspruchs den zurückzugewährenden Gegenstand im Wege des Arrestes beim Anfechtungsgegner hatte pfänden lassen,[1] und während des Laufs des Anfechtungstreits gegen den Schuldner Konkurs eröffnet wird.

b) Der nachmalige Anfechtungskläger hat auf Grund des gegen den nachmaligen Kridar erlangten Vollstreckungstitels bei diesem pfänden lassen. Danach hat der Schuldner den gepfändeten Gegenstand in anfechtbarer Weise veräußert. Daß für den diese Veräußerung anfechtenden Gläubiger ein Absonderungsrecht besteht, erscheint jedenfalls dann außer Zweifel, wenn der Erwerber, der Anfechtungsgegner, das Pfandrecht kannte, den veräußerten Gegenstand also mit dieser Belastung erwarb (§ 936 Abs. 2 BGB). Aber auch, wenn der Erwerb in gutem Glauben (§ 932 Abs. 2 das.) geschah, das Pfandrecht also im allgemeinen erloschen wäre (§ 936 Abs. 1 das.), muß man dem Gläubiger, dem ein Anfechtungsrecht zusteht, die Stellung eines Absonderungsberechtigten zuerkennen. Denn er erstrebt und erreicht bei seinem Obsiege, daß die Veräußerung ihm gegenüber unwirksam ist (§ 1 Anf.G.). Der Erwerber erlangt aber das freie Eigentum nicht auf Grund seines guten Glaubens allein, sondern nur in Verbindung mit dem angefochtenen Veräußerungsakt. Fällt dieser zufolge der Anfechtung als unwirksam, so lebt auch das Pfandrecht des Klägers wieder auf, oder richtiger: es erhellt, daß es ihm gegenüber niemals erloschen gewesen ist. Man wird also auch im Falle gutgläubigen Erwerbes des Anfechtungsgegners — mithin ohne Rücksicht auf seine *bona* oder *mala fides* im Sinne § 932 Abs. 2 BGB. überhaupt — die Unterbrechung des Anfechtungsstreits als eines nicht von einem Konkursgläubiger geführten zu verneinen haben; die Annahme des Gegenteils ließe das Pfandrecht des Gläubigers illusorisch erscheinen. Behufs seiner Entscheidung über die Unterbrechung braucht also der

---

[1] Über die Zulässigkeit solcher Arreste s. Cosack S. 225; Jäckel S. 187; Hartmann § 2, 3; vgl. auch Reichsgericht in DJZ. 1, 18; OLG. Dresden in We.A. 11, 427.

Richter nicht zu prüfen, *quanam fide* der Erwerb sich vollzogen habe. — Auch hier hat der Verwalter die Anfechtungsklage aus § 13 Abs. 3 Anf.G. gegen den Singularkläger und kann sie zugleich mit der gegen den Erwerber kompetierenden als Hauptintervention geltend machen. Auch hier steht es gleich, wenn das Pfandrecht durch Arrestvollziehung entstanden, und der arrestierte Gegenstand anfechtbar veräußert worden war.[1]

c) Es fragt sich, ob eine andere rechtliche Beurteilung Platz zu greifen hat, wenn die vom nachmaligen Anfechtungskläger gegen den nachmaligen Gemeinschuldner vorgenommene arrestatorische oder exekutorische Pfändung erst, wie *in praxi* häufig der Fall, zu einer Zeit geschehen ist, wo der gepfändete Gegenstand bereits in anfechtbarer Weise veräußert, insbesondere die gepfändete Forderung bereits abgetreten war. Die Frage, ob der Anfechtungskläger auch hier in dem *durante lite* eröffneten Konkurse des Schuldners absonderungsberechtigt sei, ist in der Judikatur verschieden beantwortet worden. Der höchste Gerichtshof hat in mehreren Entscheidungen ihm das Absonderungsrecht versagt, mithin eine Unterbrechung des Prozesses angenommen: ein Pfandrecht habe nicht entstehen können, die siegreiche Anfechtung lasse ein solches zwar im Verhältnis zum Anfechtungsgegner als entstanden erscheinen, nicht aber dem Verwalter, dem Konkurse gegenüber; der Kläger sei einfacher Konkursgläubiger. M. E. ist die Unterscheidung zwischen den Rechtsbeziehungen des Anfechtungsklägers zum Beklagten und zum Schuldner ohne inneren Grund; es steht das in der Person des Klägers begründete Recht in Frage, das auch im Konkurse seine Wirkung äußern muß. Im übrigen erscheint die Folge der siegreichen Anfechtung verkannt. Die veräußernde Rechtshandlung ist unwirksam einerseits (nur) dem anfechtenden Gläubiger gegenüber, andrerseits aber nicht bloß für den Anfechtungsbeklagten, sondern auch für den Schuldner; sein Konkurs rechtfertigt keine Ausnahme. Die siegreiche Anfechtung stellt allenthalben — nur nicht im Verhältnis zwischen Schuldner und Anfechtungsgegner — den Rechtszustand so her, als wäre nicht veräußert worden; sie er-

[1] Vgl. auch Hartmann § 1, 10.

gibt, daß das Pfandrecht entstanden ist, obwohl die Pfändung der veräußernden Handlung folgte. Daher keine Unterbrechung.[1]

B. Der Fall, daß der Anfechtungskläger im Verhältnisse zum Konkurse des Schuldners mit seinem Anspruche an diesen die Stellung eines Aussonderungsberechtigten erlangt, ist nur gegeben, wenn man als genügende Grundlage der außerkonkursmäßigen Anfechtung auch solche Ansprüche des Gläubigers gelten lassen kann, vermöge deren er einen ihm gehörigen Gegenstand kraft persönlichen Rechts von dem besitzenden Schuldner herausverlangt. Die Frage ist bestritten. Eine starke, auch vom Reichsgericht in Beibehaltung der Praxis des Preußischen Obertribunals geteilte Meinung will nur eine Geldforderung als geeignete Basis der Anfechtung anerkennen.[2] Ihre Argumentation aus der Terminologie des Gesetzes („Zahlungsunfähigkeit", „Schuldtitel" u. s. w.) ist indessen nicht überzeugend. Das Gesetz verlangt als Basis nur allgemein eine „Forderung" (§ 2), also nur einen persönlichen Anspruch. Mit Recht wird daher jene restriktive Auslegung überwiegend verworfen, und insbesondere anerkannt, daß auch ein Anspruch auf Herausgabe einer individuell bestimmten Sache die Anfechtung begründen könne.[3] Damit ist die Möglichkeit gegeben, daß der Anfechtungskläger in Ansehung der fundierenden Forderung aussonderungsberechtigt ist. Der typische Fall ist der, daß der Schuldner die einem anderen gehörige Sache, die er in Besitz hat, anfechtbar veräußert, und der Eigentümer die Veräußerung anficht.

Dieser Anfechtung steht nicht entgegen, daß sie nicht der einzige dem Gläubiger gegebene Rechtsbehelf ist. War der

---

[1] Die abweichende Ansicht des Reichsgerichts ist in E. 25, 63 f.; 32, 103 und 19, 202 niedergelegt. Mit der hier vertretenen Meinung im Ergebnis übereinstimmend OLG. Dresden als Vorinstanz in E. 32, 102 f.; ferner in Sä.Ann. 4, 210 und 5, 257 ff.; 263.

[2] Reichsgericht in E. 18, 145 und 19, 204; OLG. Rostock in Meckl. Zschr. 6, 320 f.; von den Theoretikern folgen Fitting Ci. S. 755 f. Anm. 3; Korn S. 2 ff. u. a.

[3] So Petersen-Kleinfeller § 2, 3; v. Sarwey-Bossert § 29 D 3 e; Hartmann § 2, 2; Cosack S. 40 und namentlich Jäckel S. 213 ff. und mit eingehender Polemik gegen das Reichsgericht Marcus in Beitr. 33, 251 ff., bes. 257 ff.

Erwerber nicht in gutem Glauben im Sinne des § 932 Abs. 2 BGB., d. h. kannte er das Eigentum des Klägers, so steht diesem auch die Vindikation zu, denn Eigentum ist nicht übergegangen. War er gutgläubig in diesem Sinne und obendrein *inscius fraudis*, so stehen dem Gläubiger die Ansprüche aus § 816 BGB. gegen den Veräußerer auf Herausgabe des durch die entgeltliche Verfügung Erlangten, gegen den Erwerber auf Herausgabe des durch die unentgeltliche Verfügung Erlangten, und im Konkurse des Veräußerers die Ansprüche aus § 46 KO. auf Abtretung des Rechts auf die Gegenleistung oder auf die zur Masse eingezogene Gegenleistung zu. Handelte aber der Erwerber *bona fide* im Sinne des BGB., dagegen *mala fide* im Sinne des Anf.G., d. h. war er eben so überzeugt vom Eigentume des Schuldners, wie von seiner Benachteiligungsabsicht, so konkurriert mit den Klagen aus § 816 BGB. die Anfechtungsklage. In diesem Falle hat der Anfechtungsgegner an sich, nämlich abgesehen von der Anfechtbarkeit, Eigentum erworben (§ 932 das.). Dasselbe ruht auf dem mit dem Schuldner abgeschlossenen Rechtsgeschäft und dem eigenen guten Glauben. Fällt das Rechtsgeschäft zufolge Anfechtung, so fällt das Eigentum dem anfechtenden Kläger gegenüber; es wird konstatiert, daß der Kläger Eigentümer der Sache geblieben ist. Diesem Zwecke dient der Anfechtungsprozeß; der Kläger ist also nicht Subjekt einer Konkursforderung, sondern eines Anspruchs auf Aussonderung seiner Sache aus des Schuldners Vermögen, in das die Anfechtung sie zurückbringen soll. Der Rechtsstreit verfällt der Unterbrechung nicht.

C. Es ist möglich, daß der Anfechtungskläger im Konkurse des Schuldners die Eigenschaft eines Massegläubigers erlangt. Die Anfechtung kann ausgeübt werden auf Grund eines Schuldtitels, der dem Gläubiger eine Forderung aus einem zweiseitigen, beiderseits nicht oder nicht vollständig erfüllten Vertrage zuerkennt. Dieser Anspruch ist Masseanspruch, wenn der Verwalter Erfüllung seitens des Gläubigers verlangt (§§ 17, 59 Z. 2 KO.).[1] Tut das der Verwalter, so ergibt sich, daß der Prozeß nicht unterbrochen worden ist. Was der Singularkläger erlangt, darf er zu

[1] Über die Zulässigkeit solcher Ansprüche als Grundlagen der Anfechtung s. Cosack S. 40; vgl. im übrigen § 224 KO.

seiner Befriedigung verwenden; wegen eines etwaigen Restes haftet die Masse; er seinerseits muß an die Masse leisten. Verweigert der Verwalter die Erfüllung, so hat das die materielle Wirkung, daß auch der anfechtende Kläger auf der vertragsmäßigen Erfüllung — auf welche sein Judikat lautet — nicht mehr bestehen kann, sondern nur eine zur Tabelle liquidierbare Forderung auf Entschädigung erhält (vgl. oben S. 117; S. 138). Für diese Entschädigungsforderung hat er keinen vollstreckbaren Titel (§ 2 Anf.G.); die ihm vollstreckbar zuerkannte Forderung ist materiell beseitigt. Dem Anfechtungsprozeß fehlt also die notwendige Basis, d. h. er ist in der Hauptsache erledigt. Einer Verhandlung und Entscheidung bedarf noch der Kostenpunkt. Sie erfolgt ohne Unterbrechung des schwebenden Prozesses. Denn sie würde nur eintreten, wenn der Kläger in Ansehung der der Anfechtung zu Grunde liegenden Forderung Konkursgläubiger wäre. Eine solche steht ihm aber zufolge der Erfüllungsverweigerung des Verwalters nicht mehr zu. Eine Prozeßunterbrechung findet also in keinem Falle statt, mag sich der Rechtsstreit nach dem Verhalten des Verwalters materiell erledigen oder nicht. Die Abhängigkeit der Eigenschaft des fundierenden als eines Masseanspruchs von einem der Konkurseröffnung erst folgenden Akte des Verwalters führt also nicht, wie es zunächst den Anschein haben könnte, zu einer Schwierigkeit für die bei der Konkurseröffnung zu erledigende Frage, ob Unterbrechung eingetreten sei oder nicht. Nur der Inhalt des Streits wird zunächst ins Ungewisse gestellt, wie bei jedem Prozesse aus Verträgen des § 17 KO. (vgl. oben S. 138 f.).

D. Es fragt sich schließlich, wie es mit der Unterbrechung von Anfechtungsprozessen steht, deren Basis eine nach § 63 Z. 4 (die anderen Ziffern kommen nicht in Betracht) oder § 5 Abs. 2 von der Teilnahme am Konkurse ausgeschlossene Forderung an den Gemeinschuldner ist: der Gläubiger aus einem Liberalitätsakte des nachmaligen Kridars, der Gläubiger als Angehöriger eines ausländischen Staats, hinsichtlich dessen das Vergeltungsrecht angeordnet ist, haben auf Grund erlangten vollstreckbaren Titels die Anfechtungsklage erhoben, und im Laufe des Rechtsstreits verfällt der Schuldner in Konkurs. Die Antwort auf die

Frage, ob Unterbrechung eintrete, ergibt sich aus dem Verhältnisse der §§ 63 u. 5 Abs. 2 zu dem § 3 KO. Man mag die in jenen Paragraphen bezeichneten Gläubiger Konkursgläubiger, ihre Ansprüche Konkursforderungen nennen oder nicht: an dem Ergebnis, daß sie von der Liquidation zur Tabelle ausgeschlossen sind, ändert das nichts. Für unseren Fall aber ist es von Wichtigkeit, festzustellen, daß jene Gläubiger begrifflich Konkursgläubiger sind, denn die Definition, die § 3 von den Konkursforderungen aufstellt, trifft auf ihre Ansprüche zu. Nur sind diese, an sich als Konkursforderungen zu qualifizierenden Ansprüche durch positive Ausnahmevorschriften von der Teilnahme an der Ausschüttung der Masse ausgeschlossen.[1] Daraus ergibt sich, daß Anfechtungsprozesse, die auf solchen Forderungen basieren, der Unterbrechung verfallen gleich den von anderen Konkursgläubigern geführten. Der auf anderem Gebiete liegende Unterschied, daß bei jenen die zu Grunde liegende Forderung nicht zur Tabelle liquidiert werden kann, berührt die Unterbrechung nicht. Hinsichtlich der Aufnahme gelten die allgemeinen Regeln (unten S. 223 ff.). —

Als eine Voraussetzung der Unterbrechung wird im Gegensatz zu § 240 CPO. in § 13 Abs. 1 u. 2 Anf.G. nicht aufgeführt die Beziehung des Verfahrens zur Masse. In der Tat haben wir gesehen, daß trotz gegebener, in der fundierenden Forderung liegender Beziehung zur Masse eine Unterbrechung nicht eintritt, wenn der Anfechtungskläger Aus- oder Absonderungsberechtigter oder Massegläubiger ist. Insoweit gilt also die Beschränkung des § 240 CPO. hier nicht. Wohl aber gilt sie in ihrer Umkehrung: wenn das Verfahren die Masse nicht betrifft, so tritt keine Unterbrechung ein, mag auch der anfechtende Kläger Konkursgläubiger sein. Das ergibt sich aus § 13 Abs. 5 Anf.G. Wenn nach dieser — eine Ausnahme von § 14 KO. enthaltenden — Bestimmung Rechtshandlungen hinsichtlich des nicht zur Masse gehörigen Vermögens auch *durante concursu* von den Konkursgläubigern angefochten werden können, so ist daraus an sich zu entnehmen, daß schwebende Anfechtungsprozesse dieser Art der

[1] Vgl. PETERSEN-KLEINFELLER § 63, 1; STIEGLITZ § 2 VII; anders OETKER I S. 135 und die herrschende Lehre.

Unterbrechung nicht unterliegen. Praktische Bedeutung hat freilich dieser Folgesatz nicht. Denn für Prozesse, die vor dem Konkurse begonnen sind, können als angefochtene Rechtshandlungen über konkursfreies Vermögen nicht, wie nach Abs. 5 *cit.*, Verfügungen über den Neuerwerb in Betracht kommen, sondern nur Verfügungen über das nicht exigible Vermögen. Derartige Rechtshandlungen sind aber schon von der Anfechtung selbst ausgeschlossen. Denn der Anfechtungskläger erstrebt Befriedigung durch Zwangsvollstreckung. Gibt der Schuldner Gegenstände weg, die ihm nicht abgepfändet werden könnten, so bringt auch die siegreiche Anfechtung dem Gläubiger keinen Vorteil. Die Anfechtungsklage muß in solchem Falle abgewiesen werden.[1] Es kann sich nur fragen, wie die formelle Behandlung sich gestaltet, wenn außerhalb des Konkurses Handlungen eines Schuldners angefochten sind, durch die er unpfändbare Sachen veräußert hat, und *durante lite* der Schuldner falliert. Ist die Sache unpfändbar, so tritt keine Unterbrechung ein (*arg.* Abs. 5); zugleich aber erweist sich die Anfechtungsklage als unbegründet. Ist die Sache pfändbar, so wird das Verfahren unterbrochen. Das Gericht hat also in solchen Fällen zunächst — und zwar von Amts wegen (oben S. 70) — die Exigibilität der veräußerten Sache zu prüfen. Stellt es sie fest, so ist das Verfahren — nach Befinden durch besonderen prozeßleitenden Beschluß, der dem schließlichen Urteil materiell nicht präjudiziert (oben S. 72 f.) — für unterbrochen zu erklären. Verneint es sie, so ist nach verhandelter Sache die Klage abzuweisen. Das Urteil wirkt Rechtskraft gegenüber dem Einzelgläubiger, nicht gegenüber dem Verwalter, d. i. der Gläubigerschaft. Der Verwalter kann mit der Behauptung, daß die weggebene Sache zur Masse gehöre, der Prozeß also unterbrochen worden sei, das Verfahren aufnehmen und das Urteil gemäß § 249 CPO. anfechten.

Den erörterten Voraussetzungen der Unterbrechung schließt sich eine weitere Beschränkung an: die Unterbrechung tritt nur ein, wenn der Prozeß als solcher auf der Anfechtung beruht, d. h. wenn die Anfechtbarkeit den Klaggrund bildet, die Anfechtung also im Wege der Klage oder der Widerklage geltend gemacht

[1] So richtig OLG. Dresden in Sä.Ann. 10, 89.

ist. Sie entfällt, wenn die Anfechtung mittels Einrede oder Replik erfolgt. Als Beispiel diene der häufige Fall der Bekämpfung der Vollstreckungsintervention (§ 771 CPO.) durch den Pfändungspfandgläubiger mittels Anfechtung des Rechtsgeschäfts, insbesondere des Kaufs, auf das der Kläger das die Veräußerung hindernde Recht gründet. Geschieht die Anfechtung einredeweise, so hat das nur den Sinn der Verteidigung gegen den Klaganspruch, nur den Zweck, das erlangte Pfandrecht dem Angriffe des Dritten gegenüber integer zu erhalten. Die Einrede ist nicht von weiterer Bedeutung als jede andere Einrede, die den Klaganspruch paralysieren soll; der Rechtsstreit wird durch sie nicht zum Anfechtungsprozeß und bleibt vom Konkurse des Schuldners unberührt.[1] Anders, wenn der beklagte Gläubiger das der Klage zu Grunde liegende Rechtsgeschäft mit der Widerklage anficht, etwa um noch weitere, gleichzeitig veräußerte Gegenstände behufs Vollstreckung in sie in das Vermögen des Schuldners zu revozieren. Dann begehrt der Gläubiger nicht bloß Abwehr, sondern petiert angriffsweise die Anerkennung seines Rechts zur Befriedigung aus den veräußerten Objekten; dann liegt ein selbständiger, mit der Intervention kumulierter Prozeß vor. Also tritt bei Konkurs des Schuldners Unterbrechung ein,[2] und zwar erstreckt sich dieselbe *de facto* auch auf das Verfahren auf die Klage, wenn die Anfechtung der einzige ihr entgegengesetzte Einwand ist. Über sonstige Einwendungen kann weiter verhandelt werden, und nur dann kommt der Prozeß überhaupt zum tatsächlichen Stillstand, wenn er im übrigen zur kondemnatorischen Entscheidung reif ist. —

Hinsichtlich ihrer Form und ihrer Wirkungen hat die Unterbrechung der Anfechtungsprozesse keine Verschiedenheiten von der in der Prozeßordnung angeordneten Unterbrechung (§§ 239 ff.,

---

[1] Petersen-Kleinfeller § 13, 4; v. Sarwey-Bossert vor § 29 D 3; Willenbücher § 13 I 2; Hartmann § 13, 4; Cosack S. 360 Anm. 7; Reichsgericht in E. 15, 62 ff. Das OLG. Kiel in Schl.-H.Anz. 45, 10 übergeht in einem Fall, wie dem im Texte erwähnten, bei Verneinung der Unterbrechung dieses naheliegende Argument zu Gunsten des anderen, daß der exzipierende Gläubiger absonderungsberechtigt sei (s. oben S. 214 Anm. 1). — Für Unterbrechung bei einredeweiser Anfechtung wohl nur Bunsen in Z. 26, 321.

[2] Die in der vor. Anm. genannten Schriftsteller, außer Cosack a. O., der Unterbrechung leugnet.

249 CPO.) aufzuweisen; in dieser Beziehung sind die oben S. 66 ff. entwickelten Sätze maßgebend.

III. Die unterbrochenen Anfechtungsprozesse können nach dem weiteren Inhalt des § 13 Abs. 1 und 2 Anf.G. vom Konkursverwalter in der Rolle des Klägers aufgenommen werden. Der Konkursverwalter kann auch die Aufnahme ablehnen. Ob er das eine oder andere tun wolle, ist er dem Anfechtungsbeklagten ohne Verzug zu erklären verpflichtet. Verzögert er die Aufnahme, d. h. die Erklärung über sie, so kann ihn der Beklagte[1] gemäß § 239 CPO. zur Aufnahme laden. In formeller Hinsicht haben diese Vorschriften keine Besonderheit. Es gilt alles das entsprechend, was über die Aufnahme, ihre Ablehnung und die Ladung zur Aufnahme oben S. 86 ff. im allgemeinen bezw. S. 102 ff. im besonderen für die Aktivprozesse (§ 10 KO.) gesagt worden ist; es genügt, auf diese Ausführungen zu verweisen.

Materiell hat die Reassumtion des Verwalters nach § 13 Anf.G. offenbar eine andere Bedeutung als die nach § 10 KO. Dort stellt sie den formellen Eintritt des Verwalters als des gesetzlichen Vertreters in den von der Konkurseröffnung ab seiner Disposition unterliegenden Rechtsstreit an Stelle der prozeßunfähig gewordenen Partei dar. Davon kann hier keine Rede sein; zu einem Verlust der Prozeßfähigkeit des bisherigen Klägers liegt kein Grund vor.[2]

Der reassumierende Verwalter ist auch nicht Rechtsnachfolger in das von dem Einzelgläubiger im Prozesse geltend gemachte Anfechtungsrecht. Die Fassung des Gesetzes in Abs. 1: die Verfolgung der Einzelansprüche stehe dem Verwalter zu, ist ungenau und steht auch in Widerspruch mit der in den Motiven enthaltenen richtigen Vorstellung. Der Verwalter tritt zwar ein in die Parteirolle, die der Kläger inne hatte, aber nicht in sein Recht. Er tritt ein auf Grund des § 34 KO. Das Anfechtungsrecht, welches er verfolgt, ist nicht das Individualrecht des bisherigen Klägers, sondern dasjenige, welches durch

[1] Nicht auch der Kläger, wie v. Völderndorff § 13 g annimmt.

[2] Der Satz Hartmanns § 13, 4: „Der anfechtende Gläubiger verliert gewissermaßen die besondere (für den konkreten Fall bestehende) Prozeßfähigkeit“ verkennt deren Begriff.

die Konkurseröffnung den Konkursgläubigern in ihrer Gesamtheit, der Gläubigerschaft, erwächst und vom Verwalter als ihrem gesetzlichen Vertreter ausgeübt wird.[1] Daß es das Recht der Gläubigergesamtheit, das konkursmäßige Anfechtungsrecht ist, welches der Verwalter geltend macht, ergibt sich aus der noch zu besprechenden Vorschrift, daß der Verwalter den Klagantrag erweitern kann über den Betrag hinaus, dessen der Einzelkläger zu seiner Befriedigung bedurfte, also den Anfechtungsanspruch in einem Umfange geltend machen kann, in dem er jenem überhaupt nicht zustand. Eine Rechtsnachfolge, ein Übergang des Anfechtungsrechts liegt sonach nicht vor, wenn schon, wie zu zeigen sein wird (S. 225, 227), die Anfechtung des Verwalters in einzelnen Beziehungen so zu behandeln ist, wie wenn ein Übergang stattgefunden hätte. Das Verhältnis der Anfechtung des einzelnen zu der der Gesamtheit ist zu denken wie das der Singular- zur Generalexekution. Der einzelne Vollstreckungsberechtigte darf die Exekution nicht betreiben, solange der Konkurs dauert (§ 14 KO.). Die Aufnahme durch den Verwalter bedeutet, wie man mit Recht bemerkt hat, einen Wechsel der Parteirolle ohne Rechtsnachfolge; das eine Prozeßrechtsverhältnis wird nicht zu Ende geführt, das andere auf dem außerordentlichen Wege der Reassumtion begründet.[2] Dieser Wechsel findet nicht *ipso iure* mit der Konkurseröffnung statt, sondern wird herbeigeführt durch einen Willensakt des Verwalters — eben die Aufnahme — zum Zwecke der Verfolgung des Anfechtungsrechts der Gläubigerschaft im schwebenden Rechtsstreit. Daß der schwebende Prozeß in anomaler Weise diesem Zwecke dienstbar gemacht wird, ist möglich, weil die Voraussetzungen, welche die Anfechtung außer-

[1] Vgl. Wach I S. 589 f.; Seuffert S. 218 f. Wie diese „Gläubigerschaft" des näheren zu denken, interessiert hier nicht.

[2] So Petersen-Kleinfeller § 13, 10, freilich mit dem Unterschied, daß sie das Anfechtungsrecht dem Kridar zuschreiben; vgl. ferner v. Sarwey-Bossert vor § 29 D 2; v. Wilmowski § 29, 2a; Seuffert a. O.; Hartmann § 13, 5; Fitting Ci. S. 764 f.; Reichsgericht in E. 30, 70 f., welches mit Recht die Konsequenz zieht, daß der Vorbehalt des § 10 Anf.G. für den aufnehmenden Verwalter bedeutungslos ist. Dagegen nimmt Bunsen in Z. 26, 320 f. eine Rechtsnachfolge an, während Kiehl in Z. 30, 319 f. in dem Verwalter selbst das Subjekt des Anfechtungsrechts sieht.

halb des Konkurses rechtfertigen, sämtlich auch den Gläubigern im Konkurse das Anfechtungsrecht gewähren (§ 3 Anf.G. u. §§ 31, 32 KO.).

1. Durch seine Aufnahme tritt der Verwalter in den schwebenden Prozeß in der Lage ein, in der er sich befindet. Das liegt im Begriffe der Reassumtion (vgl. § 10 KO. und oben S. 92). Der Verwalter ist auch an den Klaggrund gebunden, auf den der Einzelkläger den Rechtsstreit basiert hatte, und es sind in dieser Beziehung die Anfechtungsgründe des § 3 Anf.G. im Verhältnis zu denen des § 30 KO. und die Fraudulosität im Verhältnis zur Unentgeltlichkeit der angefochtenen Rechtshandlung verschiedene Klaggründe. Der Verwalter kann also ohne Einwilligung des Beklagten die Klage nur ändern, wenn er ihm dadurch die Verteidigung nicht wesentlich erschwert (§ 264 CPO.).[1]

Dagegen hat der Verwalter zunächst den Klagantrag dahin umzustellen, daß er die Rückgewähr der weggegebenen Vermögenswerte „zur Konkursmasse" petiert (§ 37 Abs. KO.). Sodann kann er „den Anspruch nach den Vorschriften der KO. §§ 37 bis 39, 41 in Gemäßheit der §§ 268, 529 CPO. erweitern." Der Anfechtungsanspruch der Gläubigerschaft ist inhaltlich nicht beschränkt durch den Betrag, dessen der Einzelkläger zu seiner Befriedigung bedurfte, sondern erstreckt sich auf den veräußerten Wert in vollem Umfange. Es ist also nicht bloß eine Erweiterung möglich, wie sie auch der ursprüngliche Kläger hätte vornehmen können, wenn er z. B. auf Grund einer Forderung von 1000 die Veräußerung eines Wertes von 2000 nach Höhe von 500 angefochten hat, auf 1000, sondern auf 2000. Aus der vorbehaltlosen Bezugnahme auf § 37 KO. in Verbindung mit den Motiven zum Anf.G. ergibt sich ferner, daß die Erweiterung selbst dann noch zulässig ist, wenn die Frist zur Anfechtung als eine von der Konkurseröffnung zurück zu rechnende nicht gewahrt ist. Die fristgerechte Anfechtung des Sonderklägers (§ 3 Z. 2—4 Anf.G.) genügt, um auch die an sich nicht mehr fristgerechte Erweiterung zu stützen.[2]

---

[1] So die überwiegende Meinung: Petersen-Kleinfeller § 13, 9; v. Sarwey-Bossert vor § 29 D 3a; Hartmann § 13, 7; Gaupp-Stein § 268 I A. 2 Anm. 21; Jäckel S. 242; Reichsgericht in E. 22, 390 u. a. Dagegen Cosack S. 224; E[ccius] in Beitr. 25, 160 u. a.

[2] Motive S. 28; Korn S. 260. Hier wird also der Konkursverwalter

Der Verwalter „kann“ diese Erweiterung vornehmen; er ist dazu nicht verpflichtet. Man hat das Gegenteil als eine durch das materielle Recht (§ 37 KO.) gebotene Notwendigkeit hingestellt und die Wahl des Wortes „kann“ damit erklärt, daß nach der Dispositionsmaxime eine Handlungspflicht der Partei überhaupt nicht bestehe.[1] Allein das Wort wendet sich an das pflichtmäßige Ermessen des Verwalters. Keineswegs notwendig ist die Erweiterung ein Vorteil für die Masse, so z. B. nicht, wenn der zur Geldzahlung verpflichtete Anfechtungsgegner nur beschränkt zahlungsfähig und die tatsächliche Erstattung der infolge der Erweiterung erhöhten Kostenvorschüsse nicht zu erlangen ist.

Die Erweiterung ist zulässig in der ersten und in der zweiten, nicht mehr in der Revisionsinstanz. Wird durch sie die amtsgerichtliche Zuständigkeit überschritten, so ist der Rechtsstreit gemäß § 506 CPO. vor das Landgericht zu verweisen. Bestritten ist, welche Behandlung einzutreten habe, wenn der Rechtsstreit in der Berufungsinstanz vor dem Landgericht aufgenommen und der Antrag bis zu einer Höhe erweitert wird, die die amtsgerichtliche Kompetenz übersteigt. Die Streitfrage hat nicht bloß für die Anfechtungsprozesse, sondern allgemeine Bedeutung. Ein Teil der Autoren gibt dem Beklagten die Einrede der sachlichen Unzuständigkeit des Land- als Berufungsgerichts mit der Folge der Verweisung der Sache an das Landgericht als erste Instanz. Dieser Ansicht kann nicht beigetreten werden. Denn das Amtsgericht hat innerhalb seiner Zuständigkeit erkannt; sein Urteil kann nicht aus dem Grunde beseitigt oder übergangen werden, weil es zur Entscheidung des Rechtsstreits, wie er sich nachträglich gestaltet, im ersten Rechtszuge nicht zuständig gewesen wäre. Die fehlerfreie Devolution in die Sekunda kann nicht rückgängig gemacht werden.[2]

---

wie ein Rechtsnachfolger in den singulären Anfechtungsanspruch behandelt. Das selbe gilt von der weiteren positiven Bestimmung des Gesetzes, daß nicht die Reassumtion des Verwalters allein, sondern erst die Erweiterung des Klagantrags nach § 37 KO. den Anfechtungsbeklagten in Ansehung seiner zurückzufordernden Gegenleistung aus einem Konkursgläubiger (*arg.* § 8 Anf.G.) zu einem Massegläubiger macht (§ 38 KO.); hierzu Jäckel S. 240f.

[1] So namentlich Petersen-Kleinfeller § 13, 8, die bei unterbliebener Erweiterung Klagabweisung wollen, gegen die herrschende Lehre.

[2] Übereinstimmend Petersen-Anger § 506, 3; Gaupp-Stein § 506 IV;

Das Recht des Verwalters zum Eintritt in den schwebenden Prozeß ist nicht begrenzt durch die Rechtskraft des kondemnierenden Urteils; er kann dann nur nicht mehr in der Form der Aufnahme eintreten. Als ein in den Formen des ordentlichen Prozesses eingeleitetes Exekutionsverfahren gegen den Schuldner unterliegt der Anfechtungsstreit der Hemmung, wie wir gesehen haben (S. 212 f.), von der Klagerhebung an über die Rechtskraft hinaus bis dahin, wo der Kläger auf Grund Pfändungspfandrechts zur abgesonderten Befriedigung befugt wird. *Durante lite* geschieht die Hemmung in Form der Unterbrechung, der Eintritt des Verwalters in Form der Aufnahme. Nach Rechtskraft des Urteils vollzieht sich sein Eintritt dadurch, daß er sich eine vollstreckbare Ausfertigung auf seinen Namen erteilen läßt, wie wenn eine Rechtsnachfolge stattgefunden hätte (§§ 727, 730 CPO.). Die Motive sprechen sich ausdrücklich für diese Behandlung aus, und daß auch das Gesetz den Eintritt des Verwalters zu Gunsten der Konkursgläubiger noch in diesem Stadium anerkennt, ergibt sich aus der allgemeinen, von der „Verfolgung" der Sonderansprüche redenden Fassung des Abs. 1. Natürlich ist in diesem Falle eine Erweiterung des Anspruchs ausgeschlossen. Der Verwalter kann nur beitreiben, was dem Einzelkläger zugesprochen war. Ein etwaiger Überschuß des veräußerten Wertes kann nur durch besondere Klage des Verwalters zur Masse gebracht werden.[1]

Ist die Kondemnatoria nur vorläufig vollstreckbar, so ist die Beitreibung seitens des Verwalters nicht von der vorgängigen Aufnahme des Rechtsstreits selbst abhängig, und es liegt in der Beitreibung auch nicht ohne weiteres ein Verzicht auf die Ablehnung der Reassumtion. Bei gegenteiliger Annahme wäre die vorläufige Vollstreckbarkeit häufig illusorisch (vgl. oben S. 16 f.). Nur muß der Verwalter, wenn er schließlich weder

v. Wilmowski-Levy § 491, 2; Sprenger in Civ.A. 72, 471 ff.; Reichsgericht in E. 23, 421 und in JW. 1891, 527; auch Heidenfeld in Beitr. 25, 583 ff. And. Mein. Seuffert § 529, 3b; Struckmann-Koch § 506, 6; E[ccius] in Beitr. 24, 775 f. und 25, 158 ff.; Hartmann § 13, 6.

[1] Motive S. 30; Hartmann § 13, 2 und herrschende Meinung. Dagegen Petersen-Kleinfeller § 13, 6, die den Verwalter auf selbständige Klage verweisen.

aufnimmt noch selbständig klagt, dem Einzelkläger den beigetriebenen Betrag als Masseschuld (§ 59 Z. 3 KO.) herauszahlen.[1]

In allen Fällen, in denen der Verwalter in die Verfolgung eines Anfechtungsanspruchs eintritt, für die Masse etwas erstreitet und auch tatsächlich einen Zuwachs der Masse erlangt, hat er dem Sonderkläger die aufgewendeten Prozeßkosten aus dem Erlangten vorweg zu erstatten (§ 13 Abs. 1 Anf.G.).

2. Der Verwalter kann die Aufnahme des oder der mehreren oder des einen oder anderen von mehreren unterbrochenen Anfechtungsprozessen ablehnen. Die Ablehnung erfolgt spontan oder auf Interpellation des Anfechtungsbeklagten, als außergerichtliche durch eine formlose, an den Anfechtungsbeklagten zu richtende Erklärung. Zur Ablehnung der Reassumtion von Prozessen mit mehr als 300 M. Streitwert bedarf der Verwalter nach innen der Genehmigung des etwa bestellten Gläubigerausschusses (§ 133 Z. 2 KO). In allen diesen Beziehungen ist auf die oben S. 113 ff. gegebenen Ausführungen zu verweisen.

Die Ablehnung enthält einen Verzicht auf den Eintritt in den schwebenden Prozeß, aber nicht den Verzicht auf die nach Maßgabe der Konkursordnung zu bewirkende Anfechtung der bereits im Einzelprozesse angefochtenen Handlung. Der Verwalter kann trotz der Ablehnung diese selbe Handlung seinerseits durch besondere Klage anfechten und die Klage auf den selben oder einen anderen Anfechtungsgrund, insbesondere auf § 30 KO. stützen. Die Klage wird auch durch eine bereits vorliegende rechtskräftige Verneinung eines einzelnen Anfechtungsrechts nicht ausgeschlossen. Maßgebend sind aber für sie ausschließlich die Vorschriften der Konkursordnung. Die erlangte prozessuale Position des Einzelklägers kommt dem Verwalter nicht zugute. Soweit die Anfechtung an bestimmte Fristen gebunden ist, sind sie erst von der Konkurseröffnung an zurückzurechnen; ihre Wahrung durch den Einzelkläger genügt hier nicht. Das besagen die von der Reichstagskommission in den Schlußsatz des Abs. 2 § 13 Anf.G. aufgenommenen Worte: „nach den Vorschriften der Konkursordnung."

Die Entscheidung über Aufnahme oder Ablehnung hat der Verwalter nach pflichtmäßigem Ermessen zu treffen. Die pro-

[1] And. Mein. Bunsen in Z. 26, 321.

zessuale Lage kann für ihn bestimmend sein. Angewiesen ist er, wie gesagt, auf die Reassumtion, wenn die Frist zur Anfechtung für ihn abgelaufen ist, angewiesen auf die selbständige Klage, wenn der Einzelstreit in dritter Instanz oder wenn er rechtskräftig beendet ist, und er den Anspruch erweitern will. Im letzteren Falle hat er aber das vom Einzelkläger erstrittene rechtskräftige Erkenntnis für die Masse zu realisieren und kann die eigene Klage nur auf den Überschuß richten.[1] Ausgeschlossen ist die Aufnahme natürlich auch, wenn der Einzelkläger nicht Konkursgläubiger, der Rechtsstreit also nicht unterbrochen ist (oben S. 213). Es kann sich in diesem Falle der Verwalter auch nicht als Nebenintervenient anschließen, denn sein Interesse ist nicht auf den Obsieg des Einzelklägers beschränkt. Wohl aber kann er unter Umständen eine Anfechtungsklage als Hauptintervention gegen beide Parteien des Singularprozesses anstrengen (oben S. 214 f., 216).

Folge der Ablehnung der Reassumtion für die ursprünglichen Parteien des unterbrochenen Prozesses ist ihre Befugnis, ihrerseits den Rechtsstreit aufzunehmen, aber nur in der Beschränkung auf den Kostenpunkt (§ 13 Abs. 2 Anf.G.). Denn von der Verfolgung der Sache selbst ist der Einzelkläger trotz der Ablehnung des Verwalters während des Konkurses ausgeschlossen. Die Aufnahme, die seitens des Beklagten natürlich nur dem Einzelkläger, nicht dem Verwalter gegenüber erfolgen kann, ist, wie aus dem Mangel einer entgegenstehenden Vorschrift zu entnehmen, schon während des Konkursverfahrens zulässig. Damit wird möglich, daß neben dem Streit der ursprünglichen Parteien über die Kosten ein selbständiger Prozeß des Verwalters gegen den Anfechtungsgegner geführt wird, der die Rechtshandlung mit der selben Begründung anficht, die schon dem Einzelkläger zur Basis diente. Das Korrektiv gegenüber der Gefahr widersprechender Entscheidungen liegt, wie zutreffend anerkannt wird, in der Befugnis des Gerichts, den Streit über

---

[1] So mit Recht Jäckel S. 248 f., weil der Beklagte beim Vorliegen eines für die Masse vollstreckbaren Titels nicht genötigt sein könne, dem Verwalter gegenüber abermals zu Gericht zu stehen, andernfalls auch dem siegreichen Gläubiger der Verlust seines Anspruchs auf Vorwegerstattung der Prozeßkosten drohe.

die Kosten bis zur Erledigung des Anfechtungsprozesses des Verwalters gemäß § 148 CPO. auszusetzen. —

Fraglich ist, inwiefern ein Verzicht des Verwalters auf das Anfechtungsrecht auf die Aufnahmebefugnis der Parteien wirkt. Es wird zu unterscheiden sein. Verzichtet der Verwalter dem Anfechtungsgegner gegenüber, so bringt er damit das konkrete Anfechtungsrecht überhaupt und mit der Wirkung zum Erlöschen, daß es auch der Einzelgläubiger nicht mehr, auch nicht nach Beendigung des Konkursverfahrens geltend machen kann. Denn innerhalb des Konkurses ist der Verwalter der alleinige Disponent über das Anfechtungsrecht. Durch seinen Verzicht erlangt der Gegner „eine dem Anspruch entgegenstehende Einrede gegen den Verwalter“ (§ 13 Abs. 4 Anf.G.). Anders, wenn der Verwalter sich dem Anfechtungskläger gegenüber bindend verpflichtet, das Anfechtungsrecht zu Gunsten der Masse nicht ausüben zu wollen. Damit bringt er nicht dieses Recht überhaupt zum Erlöschen, sondern er beseitigt nur die Wirkung der Konkurseröffnung, daß der Einzelgläubiger die Anfechtung nicht mehr verfolgen kann. Er setzt dadurch den Gläubiger in die selbe Lage, in die er durch die Beendigung des Konkursverfahrens von selbst kommen würde (Anf.G. a. O.). Es dürfte keinem Bedenken unterliegen, dem Verwalter eine solche Disposition zuzugestehen, wenn er einmal entschlossen ist, die konkrete Rechtshandlung doch nicht anzufechten.[1] Sie würde zur Folge haben, daß die Parteien schon *durante concursu* den Rechtsstreit auch in der Sache selbst aufnehmen könnten, und unter Umständen geeignet sein, den Anfechtungskläger vor einem ihm aus dem notwendigen längeren Ruhenlassen des Prozesses erwachsenden Nachteil zu bewahren. Das Erstrittene käme natürlich nur ihm selbst zugute.

3. Ist der vom Einzelkläger eingeleitete, durch den Konkurs des Schuldners unterbrochene Prozeß *durante concursu* aufgenommen und die Unterbrechung damit beendet worden, so ist der ursprüngliche Kläger dadurch für immer von der Weiterführung des Rechtsstreits ausgeschlossen. Er steht diesem Prozesse, abgesehen von seinem bedingten Anspruch auf Vorwegerstattung seiner Kosten aus dem Erstrittenen (oben S. 228),

[1] And. Mein. v. Sarwey-Bossert vor § 29 D 3b.

gerade so gegenüber, wie wenn erst der Verwalter durch seine Klage den Prozeß begründet hätte. Daran ändert auch die Beendigung des Konkursverfahrens nichts, wenn zu dieser Zeit der Rechtsstreit noch schwebt.

Ist dagegen der schwebende Anfechtungsstreit nicht während des Konkursverfahrens aufgenommen worden, so endet die Unterbrechung analog der Vorschrift des § 240 CPO. mit der Beendigung des Konkursverfahrens, mag diese eintreten durch Einstellung oder Aufhebung aus dem einen oder anderen Grunde (oben S. 184f.). Sie endet mit dem Momente, wo das den Konkurs beendigende Dekret wirksam wird (§ 76 KO.), *ipso iure;* einer Aufnahme des Prozesses bedarf es also nicht.[1] Haben die Parteien den Rechtsstreit im Kostenpunkte bereits aufgenommen, so können sie nunmehr ohne weiteres die Verhandlung auch auf die Sache selbst ausdehnen.

Es steht wenigstens formell dieser Fortsetzung des Rechtsstreits nichts im Wege. Materiell kann der Anfechtungsanspruch des Einzelgläubigers vernichtet sein. Das ist dann der Fall, wenn der Verwalter — nach Ablehnung der Aufnahme des Singularprozesses — die fragliche Rechtshandlung im Wege selbstständiger Klage und mit der selben Begründung, auf die die Sonderklage basiert war, seinerseits angefochten hat. Während des Konkurses stand die Anfechtung ausschließlich dem Verwalter zu. Hat er sie ausgeübt, so hat er damit über sie definitiv und auch für die einzelnen Gläubiger bindend verfügt. Der Beklagte kann sich mit Erfolg auf das zwischen ihm und dem Verwalter ergangene Urteil, auf den mit diesem abgeschlossenen Vergleich, auf dessen Verzicht berufen.[2] Denn nur, „soweit nicht dem Anspruch entgegenstehende Einreden gegen den Verwalter erlangt sind“ (§ 13 Abs. 4 Anf.G.), können die einzelnen Gläubiger ihre

---

[1] Eigentümlich der den Motiven S. 31 a. E. untergelaufene Widerspruch: „Die Unterbrechung der anhängig gewesenen Prozesse hört . . . von selbst auf; sie können . . . mittels einfachen Schriftsatzes (CPO. § 227 a. F.) aufgenommen werden“.

[2] Nicht auf den Fristablauf aus § 41 KO.: Hartmann § 13, 12 mit eingehender Begründung; Petersen-Kleinfeller § 13, 17; and. Meinung v. Sarwey-Bossert vor § 29 D 4; Jäckel S. 244.

Anfechtungsrechte weiter verfolgen. Es bleibt auch in solchem Fall den ursprünglichen Parteien die Fortsetzung des Streits nur rücksichtlich der Kostenpflicht, über die nach allgemeinen Grundsätzen zu erkennen ist: kostenfällig ist die Partei, welche unterlegen sein würde, wenn die Hauptsache nicht erledigt wäre.

Bestritten ist, welchen Einfluß die Beendigung des Konkursverfahrens auf die vom Verwalter geführten — eingeleiteten oder aufgenommenen — und zu dieser Zeit noch nicht erledigten Anfechtungsprozesse ausübe. Unterbrochen werden sie nicht.[1] Im übrigen ist zunächst zu unterscheiden, ob der Anspruch verfolgt wird behufs Verwertung des Erstrittenen bei einer Nachtragsverteilung, oder ob eine solche, wie nach Einstellung des Konkurses oder in der Regel nach abgeschlossenem Akkord, nicht in Frage steht. Im ersten Falle bleibt der Verwalter zur Fortführung des Rechtsstreits ausschließlich berufen.[2] Für den letzteren ist streitig, ob das Anfechtungsrecht erlösche und, wenn ja, wer auf seiten des Klägers zur Fortsetzung des Prozesses im Kostenpunkte berechtigt bezw. verpflichtet und nach welchen Grundsätzen über die Kosten zu entscheiden sei. Auf die verschiedenartigen Antworten, die diese Frage in der Wissenschaft und der hier ziemlich umfangreichen Judikatur gefunden haben, mag hier nur verwiesen sein.[3] Da die Kontroversen nicht beschränkt sind auf den Fall, daß ein anhängiger Prozeß durch den Konkurs unterbrochen wurde, sondern sich gleichmäßig ergeben für alle bei Beendigung desselben noch schwebenden, auch die erst vom Verwalter angestrengten Anfechtungsprozesse, greift ihre Erörterung über den Rahmen der gegenwärtigen Untersuchung hinaus.

---

[1] Die gegenteilige Annahme nur vereinzelt: Makower in Z. 20, 459; AG. F(reiburg i. B.) das. 19, 479.

[2] And. Mein. wohl nur Petersen-Kleinfeller § 13, 14.

[3] Außer den Kommentaren s. Seuffert S. 228 f.; v. Lang in Z. 21, 421 ff.; Kohler in Civ.A. 81, 354 f.; Makower a. O.; Neubauer in Z. 23, 204 ff.; Reichsgericht in E. 7, 35; 27, 113; 31, 40 ff.; 32, 72 ff.; in Beitr. 39, 1091 ff.; in JW. 1894, 171; Ob. LG. f. Bayern in SA. 50, 383 f.; Kammergericht in Z. 23, 200 ff. und das. 203 f.; OLG. Braunschweig in SA. 47, 482 ff.; LG. Chemnitz in Sä.A. 3, 486 ff.; LG. Freiburg in Z. 19, 478 ff.

Sachregister.

Druck von Metzger & Wittig in Leipzig.

MIX

Papier | Fördert gute Waldnutzung

FSC® C083411

Kolibri 360 GmbH
Ferdinand-Jühlke-Straße 7
99095 Erfurt, Deutschland
produktsicherheit@kolibri360.de